La cybercriminalité au Cameroun

Samuel TEPI

La cybercriminalité au Cameroun

Enjeux d'une législation en quête d'efficacité

Préface de Spener Yawaga

L'Harmattan

5-7, rue de l'Ecole-Polytechnique, 75005 Paris

http://www.editions-harmattan.fr

ISBN : 978-2-343-19631-2
EAN : 9782343196312

LISTE DES ABRÉVIATIONS

Al.	Alinéa
ANSSI	Agence nationale de la sécurité des systèmes d'information
ARCEP	Autorité de régulation des communications électroniques et des postes
Arpanet	Advanced Research Projects Agency Network
BEFTI	Brigade d'enquêtes sur les fraudes aux technologies de l'information
BEPI	Bureau de l'entraide pénale internationale
Bull. civ. /crim.	Bulletin des arrêts de la Cour de cassation (chambres civiles)/(chambres criminelles)
C. civ.	Code civil
CA	Cour d'appel
CAS	Centre d'analyse stratégique
Cass crim	Chambre criminelle de la Cour de cassation
Cass. ass. Plén.	Cour de cassation rassemblée en assemblée plénière
Cass. Soc.	Chambre sociale de la Cour de cassation
CE	Conseil d'État
CEDH	Cour européenne des droits de l'homme
CEPC	Comité européen pour les problèmes criminels
Chron.	Chronique
CIJ	Cour internationale de justice
CJCE	Cour de justice des Communautés européennes (avant 2009)

CJUE	Cour de justice de l'Union européenne
CNCIS	Commission nationale de contrôle des interceptions de sécurité
CNEJITA	Compagnie nationale des experts de justice en informatique et techniques associées
CNIL	Commission nationale de l'informatique et des libertés
Comm.	Commentaire
Comm. com. Elec.	Revue Communication commerce électronique
Cons. const.	Conseil constitutionnel
CP	Code pénal
CPP	Code de procédure pénale
D.	Recueil Dalloz
FAI	Fournisseur d'accès Internet
Gaz.Pal.	Gazette du Palais
Ibid.	Référence identique à la précédente
Infra	Ci-dessous
JCP/E/A/N /S	Juris-Classeur, revue Semaine juridique, éd. générale/entreprise/administrations/notariale/sociale
JDI	Journal de droit international
JO	Journal officiel
JOCE	Journal officiel des Communautés européennes
JoR	Journal of Regulation
LOPPSI	Loi pour la programmation et la prévention de la sécurité intérieure
n.	Note
NTIC	Nouvelles technologies de l'information et de la communication
obs.	Observations

OCLCTIC	Office central de lutte contre la criminalité liée aux technologies de l'information et de la communication
OIV	Opérateurs d'importance vitale
OMPI	Organisation mondiale de la propriété intellectuelle
op. cit.	*opere citato* (référence d'ouvrage ou d'article précité)
p.	Page
plén.	Formation plénière
préc.	Jugement ou texte juridique précité
réf.	Référence
Rev. sc.crim.	Revue de science criminelle et droit comparé
RJE	Réseau judiciaire européen
RTD com.	Revue trimestrielle de droit commercial
S.	Recueil Sirey
SMSI	Sommet mondial sur la société de l'information
spéc.	Spécialement
STAD	Système de traitement automatisé de données
Supra	Ci-dessus
TGI	Tribunal de grande instance
TIC	Technologies de l'information et de la communication
UIT	Union internationale des télécommunications
v.	Voir
vol.	Volume

SOMMAIRE

PRÉFACE

Les technologies numériques sont en plein essor. Malheureusement, ce développement n'a pas que des avantages ; nombreux sont les inconvénients qui en découlent. En effet, l'esprit du web 2.0 basé sur le partage de l'information banalise l'outil informatique et génère des failles largement exploitées par les cyberdélinquants pour usurper des identités ou voler. Les chiffres avancés par l'Agence nationale des technologies de l'information et de la communication (ANTIC) et le Ministère des Postes et Télécommunications qui multiplient les initiatives pour protéger les consommateurs décrivent à suffisance la gravité des dégâts causés par cette forme de délinquance sur l'économie camerounaise.

Cette nouvelle forme de criminalité est essentiellement caractérisée par l'immatérialité de son objet, sa nature planétaire et par l'anonymat qu'elle offre à ces délinquants. Ces particularités criminologiques et criminalistiques de la cyberdélinquance ont vite entraîné un bouleversement de l'ordre pénal classique dont les réponses traditionnelles orientées vers la recherche et la répression des biens corporels dans le cadre d'un territoire déterminé peinent à saisir les actions malveillantes du cyberespace. L'arsenal juridique doit constamment s'adapter à cette criminalité organisée et internationale, utilisant les ressources des technologies numériques et Internet comme cibles ou vecteurs d'infractions.

L'anachronisme du droit pénal substantiel quant à la cybercriminalité se traduit par deux phénomènes. Le premier est relatif au vieillissement des incriminations contenues dans le Code pénal par rapport à la répression de la cyberdélinquance, et le second concerne l'inadaptation des sanctions pénales applicables à la cybercriminalité. À titre illustratif, il a été montré l'inadaptation du droit pénal classique des atteintes aux biens, lorsque l'objet de l'infraction porte sur un élément immatériel des systèmes informatiques comme l'information. Pour ce qui est de l'inadaptation du droit pénal procédural, elle se manifeste en ce qui concerne l'inadaptation des règles de procédure relatives au déroulement de l'instance pénale et de l'inadéquation des normes de la coopération internationale. Même en cas de commission d'une infraction au moyen de nouvelles technologies, les autorités chargées de la recherche des preuves mènent l'enquête dans le cadre d'actes classiques de la procédure pénale : constatations matérielles, perquisitions, saisies, etc. Le recours à ces procédés de recherches se révèle souvent inapproprié, en raison de l'immatérialité de l'objet de l'activité et de la localisation des éléments de preuve.

Au Cameroun pourtant, on a longtemps considéré ce phénomène comme un mythe, propriété particulière des pays développés où la connectivité est plus importante et les technologies beaucoup plus avancées. Aujourd'hui, ce postulat ne tient plus parce que notre pays a réalisé des avancées considérables en matière de télécommunications et de TIC. Et comme on le sait, plus on est connecté, plus on est cybervulnérable. Ce qui fait qu'aujourd'hui, la cybercriminalité constitue une réalité de politique criminelle au Cameroun. C'est un phénomène qui se développe de façon exponentielle et qui est devenu un véritable fléau.

Au sujet des enjeux suscités par l'avènement de la cybercriminalité, les pouvoirs publics camerounais ont entrepris un vaste chantier juridique de mise en place des textes législatifs et réglementaires favorables au développement des TIC au Cameroun, en vue de protéger les biens, les personnes et les institutions publiques contre le phénomène cybercriminel. Cette réforme de grande ampleur de l'arsenal pénal a donné naissance à la loi n° 2010/012 du 21 décembre 2010 relative à la cybersécurité et à la cybercriminalité au Cameroun, pour qualifier et réprimer avec une sévérité particulière les crimes cybernétiques.

Relativement à ce bouleversement-rénovation du droit pénal classique, tout juriste doit se remettre en cause, car les connaissances traditionnelles n'offrent plus satisfaction. Il faut donc reprendre les chemins de l'école. Mais, comme pour tout apprentissage, il faut un guide. Les pénalistes camerounais n'ont pas vite investi ce champ nouveau. Ainsi, le plaisir que nous ressentons en rédigeant ces lignes est proportionnel au très grand apport de ce nouvel ouvrage. L'utilité de ce dernier quant aux nouveaux développements de cette forme de criminalité au Cameroun ne saurait être contestée. Compte tenu de toutes ses qualités, que ceux qui le connaissent très bien peuvent déceler à travers ses travaux antérieurs, sieur TEPI était particulièrement bien placé pour réaliser ce travail. En effet, d'une part il a publié plusieurs articles dans le domaine de la cybersécurité ; d'autre part, après une habilitation à diriger des recherches sur le thème *« les nouvelles technologies de l'information et de la communication, la justice et le droit »*, il dispose aujourd'hui d'un retour d'expérience riche et varié dans le domaine de la sécurité de l'information.

L'intérêt de ce nouvel ouvrage, enrichi et actualisé notamment avec des exemples étrangers, tient au regard très averti que l'auteur porte sur l'évolution du cybercrime et des réponses juridiques qui se mettent en place, aussi bien au plan national qu'à l'international. De façon très structurée, l'auteur étudie en deux parties la loi de 2010 sur la cybercriminalité au Cameroun. La première partie met l'accent sur la stratégie de modernisation des instruments de répression de la cybercriminalité articulée autour des différents schémas d'implication des réseaux électroniques dans le processus criminel. La seconde partie est axée sur la stratégie d'amélioration du processus de répression de la cyberdélinquance qui se décline autour d'une extension des pouvoirs d'investigation du juge et d'un renforcement de la coopération internationale. Cette option tire sa légitimité d'une approche participative de politique criminelle impliquant les acteurs privés (prestataires techniques) et les internautes à la lutte contre les cybercontenus illicites.

En définitive, ce texte de droit interne a fini par produire un véritable cyberdroit pénal au Cameroun, régulateur de la société camerounaise de l'information. Compte tenu de la qualité du contenu apporté par l'auteur, on ne peut que recommander très fort la lecture de ce livre écrit par un enseignant-chercheur qui a consacré plusieurs années à l'étude du phénomène de la cybercriminalité. Cet ouvrage s'adresse aussi bien aux internautes qu'aux acteurs économiques et aux professionnels du droit, confrontés à ce domaine vaste et complexe qu'est la cybercriminalité. Ils y trouveront réponse dans les développements à la fois denses et variés.

Loin de constituer une diatribe contre les efforts fournis par les pouvoirs publics camerounais en matière de lutte contre la cybercriminalité, cet ouvrage se veut un complément des sources d'inspiration du droit en la matière, afin que les usagers des TIC soient davantage à même d'en disposer en toute sécurité. À vous qui tenez ce livre entre les mains, qu'il vous surprenne agréablement par son contenu et vous apporte une nouvelle appréhension des enjeux contemporains que revêtent actuellement les TIC pour le développement de nos sociétés. C'est sur cette note que nous vous souhaitons une bonne découverte du contenu de ce livre.

Professeur SPENER YAWAGA,

Doyen de la Faculté des sciences juridiques et politiques de l'Université de Maroua et chef de département de droit privé de l'Université de Maroua, Cameroun.

INTRODUCTION

Les technologies numériques connaissent leur apogée au XXIe siècle, comme ce fut le cas de l'imprimerie à la fin du Moyen-âge. C'est grâce au cyberespace[1] que cette révolution contemporaine est possible. Le cyberespace (Internet et espace virtuel) est généralement défini comme « un ensemble de réseaux commerciaux, réseaux publics, réseaux privés, réseaux d'enseignement, réseaux de services, qui opèrent à l'échelle planétaire »[2].

L'ère numérique permet l'accès à la culture et à la connaissance, et favorise les échanges entre les personnes par-delà les frontières. Grâce à elle, il est possible de constituer une économie en ligne et rapprocher le citoyen de son administration. Les technologies numériques sont porteuses d'innovations et de croissance. C'est dans ce sens qu'elles aident ou accélèrent le développement des pays reconnus émergents.

Il est toutefois à observer que comme chaque progrès, celui numérique génère des failles nouvelles, sources de menaces et de risques, portant la criminalité à une expertise plus poussée, engendrant de ce fait ce que l'on nomme « cybercriminalité ». Cette nouvelle forme de discrimination s'avère très dangereuse, parce qu'elle pénètre au sein des familles, exactement où la délinquance ordinaire n'avait pas jusqu'ici accès.

Le doyen Jean CARBONNIER, en 1972, affirmait déjà que « l'évolution des mœurs et des techniques donne naissance à de nouvelles formes de délinquance »[3] ; ceci confirme juste que la plupart des grandes découvertes technologiques ont

---

[1] Dérivé de l'anglais *"Cyberspace"*, contraction des mots *"Cybernétique"* et *"Espace"*, ce terme a été introduit pour la première fois par l'auteur américain William Gibson dans son roman de science-fiction *"Neuromancer"*, paru en 1984.

[2] LEBERT, (M-F), *« De l'imprimé à Internet »,* Thèse de Doctorat, Paris, éditions Minuit, 1999.

[3] CARBONNIER (J), *« Sociologie juridique »,* éditions A. Colin, 1972, éditions PUF, coll. Thémis, Paris, 1978, Refondue coll. Quadrige, 1994 et 2004.

presque toujours engendré, à côté des progrès économiques qu'elles procurent à l'humanité, des retombées négatives parmi lesquelles figure en bonne place l'avènement de nouvelles formes de criminalité. Internet n'échappe pas à cette loi sociologique du développement[4].

Selon le général d'armée Marc WATIN-AUGOUARD, fondateur et codirecteur du Forum international de la cybersécurité, « lorsque le développement économique se limitait au secteur primaire agricole, l'insécurité se résumait aux atteintes contre les personnes. Le secteur secondaire a vu l'apparition de la production de biens manufacturés, de vols, de destruction et de dégradation. Le développement du secteur tertiaire des services a inspiré les infractions dites « intelligentes »[5]. Avec l'apparition du secteur quaternaire de l'économie, où l'information est devenue source de richesse, la cybercriminalité ignore les frontières entre les États, rapproche la victime de son agresseur et éloigne le fautif de son juge.

Non seulement Internet apparaît comme le lieu indiqué pour l'accomplissement des crimes et délits dits classiques, il favorise aussi le développement de la criminalité informatique. En plus, la forte augmentation des actes commis et l'impact financier témoignent de l'intérêt particulier que suscite le réseau Internet auprès des criminels. Selon les dernières estimations, la cybercriminalité a engendré un préjudice estimé à « 1 000 milliards de dollars en 2008, soit environ 1,64 % du PIB mondial. Ces coûts devraient passer à plus de 2 100 milliards d'ici à 2021 »[6].

Désormais, le droit pénal est confronté à un nouvel espace qu'il ne peut ignorer : le cyberespace. C'est dans cet univers immense et dense que va se développer la cybercriminalité. Dérivé du mot « cyber »[7], ce terme concerne les traitements informatiques et il est associé à la délinquance en lien les réseaux informatiques. Le terme « cyber » est désormais utilisé fréquemment et est associé à toutes sortes de

---

[4] GASSIN (R.), *Le droit pénal de l'informatique*, DS., [1986], Chron p. 35.

[5] WATIN-AUGOUARD (M), Préface du livre *Cybercriminalité défi mondial,* VII.

[6] Étude réalisée par l'éditeur d'antivirus McAfee, présentée au *Forum économique mondial de Davos (Suisse). Des éléments ont été recueillis auprès de plus de 800 responsables au Japon, en Chine, en Inde, au Brésil, en Grande-Bretagne, à Dubaï, en Allemagne et aux États-Unis ».*

[7] Du grec "*kubernan* "qui veut dire diriger, gouverner.

délinquances perpétrées au travers de l'informatique : qu'il s'agisse de cyberfraude ou de cyberterrorisme.

Le cybercrime demeure à ce jour, pour les juristes, une notion abstraite que la Convention sur la cybercriminalité du Conseil de l'Europe de 2001[8] ne définit pas. Aucun texte ne précise la notion de cybercriminalité qui n'est d'ailleurs mentionnée que dans le cadre de la procédure du mandat d'arrêt européen[9]. C'est ce qui explique la variété de définitions qu'on lui donne.

D'après le ministère français de l'Intérieur, et plus particulièrement pour l'OCLCTIC[10], la cybercriminalité recouvre « l'ensemble des infractions pénales susceptibles de se commettre sur les réseaux de télécommunication en général et plus particulièrement sur les réseaux partageant le protocole TCP-IP, appelé communément l'Internet »[11].

D'après l'ONU[12], la cybercriminalité désigne « tout comportement illégal faisant intervenir des opérations électroniques qui visent la

---

[8] La Convention du Conseil de l'Europe sur la cybercriminalité est la première convention internationale dédiée à la lutte contre la criminalité informatique sur Internet. Elle oblige les États parties à adapter leur législation aux défis posés par les nouvelles technologies de l'information.

[9] Art. 695-23 du Code de procédure pénale

[10] Acronyme de *« Office central de lutte contre la criminalité liée aux technologies de l'information et de la communication »*. Créé par le décret n° 2000-405 du 15 mai 2000 au sein de la direction centrale de la police judiciaire, c'est une structure nationale, à vocation interministérielle et opérationnelle.
Les missions principales de l'Office recouvrent l'animation et la coordination opérationnelle et technique, au niveau national, de la lutte contre la cybercriminalité. Il lui appartient également de fournir une assistance technique, pour les dossiers les plus sensibles et les plus complexes, à d'autres services de police ou de gendarmerie. Depuis le 6 janvier 2009, l'Office accueille deux plateformes accessibles au public : la plateforme *« PHAROS »* qui exploite les signalements de contenus illicites de l'Internet, formulés sur le site officiel de l'Office, et la plateforme *« Infos-Escroqueries »* pour orienter et conseiller les victimes d'escroqueries.
Disponible sur : http://www.police-nationale.interieur.gouv.fr/Organisation/Direction-Centrale-de-la-Police-Judiciaire/Lutte-contre-la-criminalité-organisée/Office-central-de-lutte-contre-la-criminalité-liée-aux- technologies-de-l-information-et-de-la-communication.

[11] Le Ministère de l'Intérieur français. Disponible sur http://www.intérieur.gouv.fr/

[12] *Organisation des Nations Unies* fondée le 26 juin 1945 lors de l'entrée en vigueur de la charte des Nations Unies. Constituée de 193 membres, réunis aux quatre coins du globe, elle a pour but principal de maintenir la paix dans le monde, de développer des relations amicales entre les nations et d'aider ces dernières à travailler ensemble

sécurité des systèmes informatiques et des données qu'ils traitent ». Dans une acception plus large, « tout fait illégal commis au moyen d'un système ou d'un réseau informatique ou en relation avec un système informatique »[13].

De son côté, la Commission européenne définit la cybercriminalité, dans un sens large, comme « toute infraction qui implique l'utilisation des technologies informatiques »[14]. L'Office fédéral de la police suisse voit en la cybercriminalité « des nouvelles formes de criminalité spécifiquement liée aux technologies modernes et de délits connus qui sont commis à l'aide de l'informatique plutôt qu'avec les moyens conventionnels »[15].

Pour le Collège canadien de police, la cybercriminalité est « la criminalité ayant l'ordinateur pour objet ou pour instrument de perpétration principale »[16]. Aux États-Unis, l'on conçoit la cybercriminalité suivant l'état dans lequel on se trouve. Néanmoins, le département de la Justice considère ce délit comme *une violation du droit pénal impliquant la connaissance de la technologie de l'information pour sa perpétration, son investigation, ou ses procédures pénales*[17]. Le Code pénal de Californie se démarque en définissant une liste d'actes illicites inscrits sous le coup de la cybercriminalité. Cette dernière apparaît alors comme le fait « d'accéder ou de permettre intentionnellement l'accès à tout système ou réseau informatique afin de :

a) concevoir ou réaliser tout plan ou artifice pour frauder ou extorquer ;

---

pour aider les pauvres à améliorer leur sort, pour vaincre la faim, la maladie et l'analphabétisme et pour encourager chacun à respecter les droits et libertés d'autrui. Et enfin de coordonner l'action des nations pour les aider à atteindre ces buts.

13 Dixième Congrès des Nations Unies à Vienne, *« La prévention du crime et le traitement des délinquants »*, 2000. Disponible sur http://www.uncjin.org/

14 La Commission européenne, *« Créer une société de l'information plus sûre en renforçant la sécurité des infrastructures de l'information et en luttant contre la cybercriminalité »*. Disponible sur http://www.ssi.gouv.fr/archive/fr/réglémentation/CrfimeComFR.pdf

15 Rapport d'analyse stratégique, 2001, disponible sur http://www.fedpol.admin.ch/content/dam/data/kriminalitaet/diverse_berichte/cybercrime_sab_200110f.pdf

16 Disponible sur le site officiel du service de police de la ville de Montréal, http://www.spvm.qc.ca/fr/Fiches/Détails/Cybercriminalité.

17 United States Department of Justice, disponible sur http://www.justice.gov/.

…nt, des biens, ou des services, dans le but de

…, ou endommager tout système, réseau, … informatique »[18].

… ode pénal du Texas, la cybercriminalité est … teur, un réseau, ou un système informatique sans avoir l'autorisation de son maître[19].

Ces diverses définitions démontrent tout simplement la réserve des États vis-à-vis d'une notion encore peu cernée. Nous pouvons nous appuyer sur la définition proposée par l'OCLTIC qui ne vise que les infractions dirigées contre les réseaux de télécommunication. Que dire donc dans ce cas des autres délits tels que l'escroquerie, l'abus de confiance ou encore des atteintes à l'image et à la vie privée des citoyens ? La définition proposée par l'ONU pour se référer à la cybercriminalité met en avant « le comportement illégal », mais un comportement peut être illégal dans une juridiction et être toléré ailleurs. En ce qui concerne les définitions proposées par l'Office fédéral de la police suisse et le Collège canadien de police, elles ne permettent pas de distinguer nettement la cybercriminalité de la criminalité informatique.

La cybercriminalité peut donc se définir comme toute action illégale dont l'objet est de perpétrer des infractions pénales, sur ou au moyen d'un système informatique interconnecté à un réseau de télécommunication. Elle vise soit des infractions spécifiques d'Internet, pour lesquelles les technologies de l'information et de la communication sont l'objet même du délit, soit des infractions de droit commun pour lesquelles Internet devient le moyen pour développer des infractions préexistantes. Les premières concernent surtout la violation de ces systèmes, les atteintes à l'intégrité des données et des systèmes informatiques, ou à leur confidentialité. Les secondes comportent les infractions de droit commun commises au moyen d'un système de traitement automatisé de données, comme l'escroquerie ou la contrefaçon. Il apparaît donc que la cybercriminalité recouvre une dimension importante, eu égard à la

[18] Code pénal de l'État de Californie, Section 502. Disponible sur http://www.calpers.ca.gov/eip-docs/utilities/condistions/502-ca-penal-code.pdf

[19] Code pénal de l'État du Texas, Section 33.02.

diversité des actes illicites commis, à son caractère int…
aux dommages causés aux États, aux entreprises et aux per…

Les statistiques relatives à la cybercriminalité ne sont pas ju… exactes, vu la difficulté de la mesure. Cette complexité, com… également pour l'ensemble des infractions, est particulièrement accrue s'agissant de la cybercriminalité. Toutes les infractions relevant spécifiquement de la criminalité informatique ne sont pas répertoriées avec celles relevant du droit commun en lien avec les systèmes d'information. Certainement, le silence des victimes, plus spécifiquement celui des entreprises (pour préserver leur notoriété certainement), relativement aux multiples attaques informatiques dont elles ont fait l'objet, rend la tâche encore plus difficile.

Néanmoins, sur le produit criminel mondial brut de 1 000 milliards de dollars annuels (faits découverts et constatés par les autorités), soit 20 % du commerce mondial dans les années deux mille, 200 milliards de dollars concernent les profits issus du piratage informatique[20]. Certaines études ont révélé que plus d'un milliard vingt-trois millions de données ont été soustraites durant l'année 2014[21]. Ces opérations de vol de données, ayant pour victimes les États et les entreprises (Sony, eBay, Areva, Total…), ont pu être réalisées par l'intermédiaire de milliers d'opérations d'intrusion dans les systèmes. De même, les usurpations d'identité représentent 54 % des attaques informatiques[22]. Les secteurs d'activité les plus touchés sont la vente de détail et les services financiers. Par ailleurs, cette délinquance est accompagnée d'un sentiment d'impunité chez les hackers et les pirates, eu égard à la volatilité des données, l'anonymat, de même que l'évolution constante des technologies et la dimension internationale des actes commis.

Voilà donc la raison pour laquelle les États se sont mobilisés afin de faire évoluer les normes dans le sens d'une répression efficace. Ainsi, en France par exemple, l'Office central de lutte contre la criminalité liée aux technologies de l'information et de la communication (OCLCTIC) a été créé en 2000[23]. Placé au sein de la

---

[20] B. Pereira, *La responsabilité pénale des entreprises et de leurs dirigeants*, EMS, 2011, p. 17.

[21] Rapport SafeNet 2014, http://www.breachlevelindex.com/pdf/Breach-Level-Index-Annual-Report-2014.pdf.

[22] Loi n° 2011-267 du 14 mars 2011 d'orientation et de programmation pour la performance de la sécurité intérieure, loi LOPSI II, *JO*, n° 62, 15 mars 2011.

[23] Décret n° 2000-405 du 15 mai 2000 portant création de l'Office central de lutte

Direction centrale de la police judiciaire, cet office est doté d'une compétence judiciaire nationale étendue en matière d'enquêtes sur les fraudes à la carte bancaire et les piratages. En outre, l'Agence nationale de sécurité des systèmes d'information (ANSSI) a été créée en 2009, afin d'assurer, de façon préventive, la partie technique de la sécurité des systèmes d'information. Il est aisé de constater que les instruments européens et internationaux ont été multipliés, afin d'accroître la coopération internationale. À cet égard, la Convention de Budapest de lutte contre la cybercriminalité constitue l'instrument international de référence[24].

En Afrique en général, on a longtemps considéré ce phénomène comme un mythe, propriété particulière des pays développés où la connectivité est plus importante et les technologies beaucoup plus avancées. Aujourd'hui, ce postulat ne vaut plus parce que l'Afrique est de plus en plus connectée. Si l'on prend l'exemple du Cameroun, c'est l'un des pays ayant la plus importante bande passante sur le continent. Le pays a réalisé des avancées considérables en matière de télécommunications et de TIC. Et plus on est connecté, plus on est cybervulnérable. Ce qui fait qu'aujourd'hui, la cybercriminalité constitue une réalité de politique criminelle au Cameroun et partout en Afrique. C'est un phénomène qui se développe de façon exponentielle et est devenu un véritable fléau.

Les États s'organisent et coalisent leurs moyens, juridiques et humains pour faire front.[25] La question est à ce point sensible qu'elle interpelle les plus hautes autorités du continent[26].

---

contre la criminalité liée aux technologies de l'information et de la communication (OCLCTIC), NOR : INTX0004111D.

[24] Convention du Conseil de l'Europe et des États non membres, relative à la lutte contre la cybercriminalité du 23 novembre 2001, complétée par son protocole additionnel relatif à l'incrimination d'actes de nature raciste et xénophobe commis par le biais de systèmes informatiques.

[25] À titre d'exemple, une réunion dite spécialisée sur la cybercriminalité en Afrique centrale s'est tenue du 26 au 28 avril 2011 au bureau régional d'Interpol pour l'Afrique centrale à Yaoundé. La réunion présidée par le responsable local de cette institution regroupait les représentants des services chargés de l'application de la loi (police, gendarmerie) et certains fonctionnaires de l'agence de régulation des télécommunications du Congo-Brazzaville, du Cameroun, des Républiques Centrafricaine et du Tchad. Également représentés, la Délégation générale à la sûreté nationale du Cameroun, la Communauté économique et monétaire des États de l'Afrique centrale (CEMAC), le groupe d'action contre le blanchiment d'argent (GABAC)

et l'Union internationale des télécommunications (DIT). Présentant les objectifs de la rencontre face aux médias, Marcel Yves Mapangou Moussali, officier régional chargé de la cybercriminalité dans la sous-région, a fait savoir que chaque pays va présenter sa situation et le mode opératoire des cybercriminels constaté. L'échange d'expérience permettra, a-t-il indiqué, de diagnostiquer et d'élaborer des recommandations avec pour objectif de créer dans chaque pays, une synergie entre les hommes de loi, les administrations en charge de réguler les télécommunications et les fournisseurs d'accès à Internet. Parlant de la cybercriminalité, il ajoute que « c'est une préoccupation en Afrique. Le phénomène existe. Mais à l'heure actuelle, nous avons du mal à récolter les informations sur les faits constatés, élucidés ou non dans notre sous-région ».

[26] Après le Forum sur la cybercriminalité de juin 2003, il est apparu nécessaire de créer un cadre de réflexions périodiques pour combattre le mal qui se propage dans presque tous les pays africains. Au début de l'année 2008, les fournisseurs d'accès ont fait le constat que le volume de spams ou courriers électroniques non sollicités, et dont l'objectif est d'escroquer, est devenu considérable. Ces spams ou courriers électroniques non sollicités proviennent, en majorité de la Côte d'Ivoire. Une situation favorisée sans doute par la guerre et la crise que le pays a connue de 2002 à ce jour, et qui focalise les autorités davantage sur la gestion de la crise que sur la cybercriminalité, bien que ce phénomène puisse constituer une « arme de destruction massive » de l'économie plus que des armes conventionnelles. Face à la prolifération de ces e-mails indésirables disséminés à partir de la Côte d'Ivoire, de nombreux pays africains ont demandé aux autorités ivoiriennes de prendre des mesures susceptibles d'aider à endiguer ou à défaut à maîtriser le phénomène. Faute de quoi, ces pays menacent d'interdire l'accès de leurs sites aux internautes naviguant à partir de la Côte d'Ivoire. Ces pratiques répréhensibles posent le problème général de la cybercriminalité qui, avec le développement de l'Internet, s'est amplifié pour atteindre aujourd'hui des proportions inquiétantes.

Face à l'ampleur de ces actes cybercriminels aux conséquences désastreuses pour l'économie et l'image du pays, l'Agence des télécommunications de Côte d'Ivoire (ATCI) a décidé de porter une attention particulière à la question en faisant de la cybersécurité, son cheval de bataille. À cet effet, l'Agence a entrepris une série d'actions relatives aux aspects techniques et à la sensibilisation globale des internautes :

- Créer un cadre de concertation avec les fournisseurs d'accès Internet en vue de déterminer les mesures techniques immédiates à mettre en œuvre ;
- Susciter l'émergence de discussions entre les acteurs nationaux à travers forum et conférences afin d'éveiller la conscience nationale sur le sujet.

C'est dans ce cadre qu'en juin 2008, en partenariat avec l'Internet Society chapitre de la Côte d'Ivoire, l'ATCI a organisé un forum national sur la cybersécurité, pour sensibiliser la communauté nationale sur le phénomène. Ce forum, faut-il le rappeler, visait cinq objectifs spécifiques :

-sensibiliser les acteurs nationaux, le gouvernement, le secteur privé et la société civile sur les enjeux liés à la cybersécurité ;

-faire un état des lieux et identifier les tendances fortes en matière de protection de l'information et des réseaux d'information au plan national ;

-réunir les spécialistes et les parties prenantes pour proposer des solutions en vue de

Qu'il s'agisse de la législation, de l'harmonisation des textes juridiques entre les États, de la formation des agents de police spécialisés ou du développement du cyberrenseignement, les États africains commencent à mettre en synergie leurs ingénieries pour combattre les cybercriminels, s'inspirant de la Convention sur la Cybercriminalité du 23 novembre 2001 qui a d'abord été conclue entre pays industrialisés[27].

Le Cameroun, à la suite d'autres États africains[28], a ainsi promulgué une loi en décembre 2010 pour qualifier et réprimer avec une sévérité particulière les crimes cybernétiques. Les juges camerounais peuvent se sentir soulagés ! Parce que selon l'article 4 du Code civil, il leur est interdit de refuser de statuer sous prétexte de vide juridique puisque ce faisant, ils risquent même d'être reconnus coupables de deni de justice. Et en matière de cybercriminalité, ils ont souvent eu de la peine, les plus avisés faisaient recours à des emprunts de législation[29], d'autres procédaient à un

---

définir une stratégie nationale en matière de cybersécurité,
-sensibiliser les acteurs nationaux, le gouvernement, le secteur privé et la société civile sur les enjeux liés à la cybersécurité ;
-faire un état des lieux et identifier les tendances fortes en matière de protection de l'information et des réseaux d'information au plan national ;
-réunir les spécialistes et les parties prenantes pour proposer des solutions en vue de définir une stratégie nationale en matière de cybersécurité.
La Conférence régionale africaine sur la cybersécurité qui s'est tenue du 8 au 10 octobre 2008, à la salle de conférence de la CGRAE, au Plateau (Côte d'Ivoire) se situait dans le prolongement des réflexions et recommandations du Forum sus indiqué. Elle était coorganisée par la Côte d'Ivoire et l'Organisation internationale de la francophonie, en relation avec l'Union africaine.

[27]Le 23 novembre 2001, les pays membres du Conseil de l'Europe ainsi que les États-Unis, le Canada, le Japon et l'Afrique du Sud, ont adopté la convention sur la cybercriminalité, aboutissement d'un long processus de négociations (vingt-sept versions antérieures et quatre années de négociations officielles). Il s'agit d'une convention pénale à vocation internationale destinée à lutter contre le cybercrime. En 2007, seuls 14 États avaient ratifié la convention sur les 47 signataires. Par ailleurs en 2003, a été ouvert à la signature le protocole additionnel à la Convention sur la cybercriminalité, qui visait à élargir le champ d'application de la convention aux infractions de propagande raciste ou xénophobe commises) à partir des réseaux Internet. Ce protocole, non ratifié par les États-Unis, prévoit des mesures facilitant l'extradition et l'entraide judiciaire.

[28] Loi n° 2008-ll du 25 janvier 2008 portant sur la cybercriminalité au Sénégal. ; Loi n° 09-04 du 5 août 2009 portant règles particulières relatives à la prévention et à la lutte contre les infractions liées aux technologies de l'information et de la communication en Algérie.

[29] Voir Cour d'appel de Yaoundé, arrêt n° .012/2Û06 du 18 avril 2008, inédit ; arrêt n° 021/2008 du 26 décembre 2008, inédit.

raisonnement par analogie pour rendre justice[30]. C'est fini désormais. Le Cameroun dispose maintenant d'une loi relative à la cybersécurité et à la cybercriminalité.

Adopté par l'Assemblée nationale, le texte a été promulgué par le président de la République le 21 décembre 2010. Cette loi, qui rentre immédiatement en application, régit le cadre de sécurité des réseaux de communications électroniques et des systèmes d'information. Elle définit et réprime les infractions liées à l'utilisation des technologies de l'information et de la communication au Cameroun. Selon ses termes, elle vise à instaurer la confiance dans les réseaux de communications électroniques et les systèmes d'information, à fixer le régime juridique de la preuve numérique, et à protéger les droits fondamentaux des personnes physiques : le droit à la dignité humaine, à l'honneur et au respect de la vie privée, entre autres. Après définition des termes et expressions admis dans le cadre du cyberespace, la loi camerounaise dissocie bien la cybersécurité de la cybercriminalité.

La cybersécurité englobe ainsi les dispositifs de régulation, de certification et de protection. Elle dispose ainsi que pour la régulation et le suivi des activités de sécurité électronique, l'Agence nationale des technologies de l'information et de la communication (ANTIC), instituée par la loi régissant les communications électroniques au Cameroun, est chargée de la régulation des activités de sécurité électronique, en collaboration avec l'Agence de régulation des télécommunications (ART).

Quant à la cybercriminalité qui relève du droit pénal, envisage successivement le droit processuel, les infractions et les sanctions notamment. En effet, l'irruption de ce nouveau phénomène criminel dénommé « cybercriminel », caractérisé par sa transnationalité, son immatérialité, sa volatilité et l'anonymat de ses acteurs, a contribué à brouiller les repères du système pénal dont les réponses traditionnelles et permanentes, conçues et élaborées pour un environnement matérialisé et national, se sont vite révélées inappropriées et inadaptées pour saisir cette nouvelle réalité de l'ère numérique.

Ainsi, l'examen de la législation pénale camerounaise a permis de constater son inadaptation par rapport aux spécificités de la délinquance numérique, aussi bien en droit substantiel qu'en droit procédural. L'anachronisme du droit pénal substantiel en ce qui

---

[30] Voir Cour d'appel de Bafoussam, arrêt n° 12/012 du 21 juin 2007 inédit.

concerne la cybercriminalité se traduit par deux phénomènes. Le premier est relatif au vieillissement des incriminations contenues dans le Code pénal par rapport à la répression de la cyberdélinquance et le second concerne l'inadaptation des sanctions pénales applicables à la cybercriminalité.

À titre illustratif, il a été démontré l'inadaptation du droit pénal classique des atteintes aux biens, lorsque l'objet de l'infraction porte sur un élément immatériel des systèmes informatiques comme l'information. Pour ce qui est de l'inadaptation du droit pénal procédural, elle se manifeste au niveau des règles de procédure relatives au déroulement de l'instance pénale et de celle des normes de la coopération internationale.

Même en cas de commission d'une infraction au moyen des nouvelles technologies, les autorités chargées de la recherche des preuves mènent l'enquête dans le cadre d'actes classiques de la procédure pénale : constatations matérielles, perquisitions, saisies, etc. Le recours à ces procédés de recherches se révèle souvent inapproprié, en raison de l'immatérialité de l'objet de l'activité et de la localisation des éléments de preuve.

L'accomplissement des actes classiques peut, sans doute, se révéler efficace dans le cadre d'une procédure menée pour rechercher les preuves d'une infraction ayant pour objet le support de l'information. Après tout, il n'y a aucune différence entre le vol d'une disquette ou d'un CD-ROM et le vol d'un objet mobilier quelconque. En revanche, lorsqu'il s'agit de réunir des preuves contre une personne poursuivie pour avoir manipulé le système informatisé d'autrui, ou pour avoir stocké et transmis des informations illicites, les méthodes classiques peuvent se révéler tout à fait inappropriées.

En réglementant les perquisitions, on a généralement en vue la découverte d'objets provenant de l'infraction ou ayant servi à la commettre. Manifestement, une telle mesure ne peut être prise lorsqu'il s'agit de se rendre dans un lieu virtuel où tout est immatériel. En fait, les dispositions pertinentes du code de procédure pénale camerounaise ont été adoptées avant la connaissance ou la prise de conscience par le législateur de l'existence d'infractions pouvant être commises dans un monde virtuel. Ce monde virtuel est fort différent du réel. Il ne s'agira plus, dans ce nouveau contexte, de perquisitionner un bureau, mais un système informatique pour y saisir, non des « documents » sur support papier, mais des « données informatiques », ni des « pièces », mais des « informations ». Les données informatiques stockées ne sont pas considérées en soi comme des choses tangibles, et ne peuvent donc pas être obtenues aux fins d'enquête de la même façon. Ensuite, les perquisitions et visites domiciliaires ne peuvent avoir lieu que dans une fourchette de temps déterminée par la loi, sauf dans certains cas exceptionnels où elles sont autorisées à toute heure[31]. Or, dans l'hypothèse de la diffusion de contenus illicites sur Internet, réseau aux contenus volatils, le respect de cette règle peut aboutir au fait qu'une infraction commise intervienne en dehors des heures légales de perquisition, et, de ce fait, interdise la mise en œuvre des mesures tendant à la récupération des éléments de preuve, quand bien même les autorités répressives en seraient informées[32].

Par ailleurs, il est peu certain que la saisie du support implique celle des informations qu'il pourrait contenir. Bien plus, une telle mesure est inconcevable lorsqu'il s'agit des données non fixées sur un support ou encore des données disséminées dans tout le système informatique[33]. La situation de la législation camerounaise ne peut que mener à de telles situations ; elle n'autorise pas la saisie de données immatérielles. Ainsi, seules les données stockées sur un support informatique (disquettes, CD- ROM ou disques durs) peuvent être saisies en application de cette législation[34].

---

[31] Supra pp. 18-19.

[32] En application de l'article 23 du Code de procédure pénale, les perquisitions et visites domiciliaires ne peuvent débuter avant six heures du matin et après dix-huit heures (à moins de faire une interprétation analogique ou extensive de cette disposition qui n'a pas fait référence au numérique et l'exception apportée n'a visé que les infractions classiques). Or, dans l'hypothèse de la diffusion de contenus illicites sur Internet, réseau mondial par excellence, l'existence des fuseaux horaires peut aboutir à ce qu'une infraction commise sur notre territoire, ou à partir de celui-ci, intervienne en dehors des heures légales de perquisition et de ce fait, interdise la mise en œuvre des mesures tendant à la cessation du trouble à l'ordre public qu'elle constitue, quand bien même les autorités répressives compétentes en seraient informées, ce qui n'est guère satisfaisant.

[33] Par la saisie du support.

[34] Le schéma traditionnel de la police judiciaire recouvre trois catégories de personnes : les OPJ, les APJ et les fonctionnaires auxquels la loi attribue des fonctions de police judiciaire. Les plus en vue sont les OPJ. Les enquêteurs, *officiers de police judiciaire* ou agents de police judiciaire, sont les premiers intervenants de

Une observation similaire peut être faite à propos des saisies. Lorsque la perquisition révèle l'existence d'objets pouvant servir à la manifestation de la vérité, leur saisie peut être entreprise en observant un certain nombre de formalités telles que la mise sous scellés. Une telle mesure conçue pour des objets corporels peut difficilement être mise en œuvre pour les besoins d'une procédure initiée par exemple contre l'auteur du stockage et de la transmission d'informations illicites. On peut, il est vrai, envisager la saisie des supports de l'information, mais une telle saisie englobe-t-elle celle des informations qu'ils sont supposés contenir ? La question reste posée même si une réponse positive semble devoir être donnée dans d'autres pays[35]. En tout état de cause, une mesure de cette nature est tout à fait inconcevable lorsqu'il s'agit de données non fixées sur un support. C'est d'ailleurs parce qu'il a pris conscience de ce phénomène que le comité des ministres du Conseil de l'Europe a rappelé, dans la recommandation numéro R (95) 13, la nécessité d'adapter les règles de procédure afin « de permettre aux autorités chargées de l'enquête de perquisitionner dans les systèmes informatiques, et d'y saisir des données dans des conditions similaires à celles utilisées dans le cadre des pouvoirs traditionnels de perquisition et de saisie »[36].

C'est d'ailleurs parce qu'il a pris conscience des limites du personnel et du matériel de services d'enquête que le législateur camerounais de 2010 a rappelé la nécessité d'adapter les règles de procédure pénale, afin de permettre aux autorités chargées de l'enquête de perquisitionner dans les systèmes informatiques et d'y saisir des données, dans des conditions similaires à celles utilisées dans le cadre des pouvoirs traditionnels de perquisition et de saisie.

L'adaptation des règles de procédure est d'autant plus nécessaire, que les délinquants ont recours à des procédés de plus en plus sophistiqués pour rendre impossible la découverte de leurs agissements ; la cryptologie qui « permet de chiffrer les messages et maintenir leur confidentialité »[37] constitue un enjeu considérable dans

---

l'enquête judiciaire. Un officier de police judiciaire, ayant suivi une formation complémentaire, est en mesure de prendre la direction d'une enquête et certains actes relèvent de ses prérogatives, tels que la mise en garde à vue.

[35] Voir pour le Luxembourg-M. Jaeger, les crimes informatiques et d'autres crimes dans le domaine de la technologie informatique, RTDP, 1993, p. 451.

[36] Il s'agit du principe du chapitre I de la recommandation n° R (9 5) 13 relative aux problèmes de procédure pénale liés à la technologie de l'information.

[37] H. Maisl, *De la télématique à Internet : rupture ou continuité,* GP, 11-

un environnement dématérialisé où la quasi-totalité des relations s'établit à travers des systèmes électroniques d'information ; elle est assurément, à l'heure actuelle, l'un des moyens les plus sûrs pour garantir la sécurité des transactions qui se nouent dans l'espace électronique.

L'on peut noter à ce sujet que cette nécessaire adaptation des règles de procédure pénale n'est pas absente des préoccupations des signataires de la Convention sur la cybercriminalité[38]. En effet, partant de l'idée qu'il est extrêmement difficile d'identifier l'auteur de l'infraction et d'évaluer l'impact ou la portée de celle-ci ou de trouver des données électroniques intactes en raison de leur caractère volatil[39], ils ont opté non seulement pour l'adaptation des procédures classiques telles que les perquisitions et saisies au contexte technologique actuel, surtout pour de nouvelles mesures telles que celles qui tendent à la conservation des données[40], à la collecte des données relatives au trafic[41], à l'interception des données relatives au contenu[42] et l'injonction de produire[43].

Ces quelques difficultés recensées révèlent à quel point les autorités chargées de mener les enquêtes sont démunies devant la

---

12 sept. 1996, p.57.

[38] Conseil de l'Europe (STE n° 185)

[39] Cette volatilité s'explique par les possibilités de modification, de déplacement et de destruction.

[40] Conserver les données signifie garder celles qui existent déjà sous une forme stockée en les protégeant contre tout ce qui pourrait en altérer ou en dégrader la qualité ou l'état actuel (convention sur la cybercriminalité, rapport explicatif).

[41] Cela correspond à toutes les données d'une communication passant par un système informatique et produites par ce dernier en tant qu'élément de la chaîne de communication avec une indication relative à l'origine, à la destination, à l'itinéraire, à la date, à la durée de la communication ou au type de service. Cette mesure permet de déterminer la source ou la destination, ceci afin d'identifier les personnes auteurs des faits poursuivis.

[42] Ces données désignent le contenu informatique de la communication c'est-à-dire le message ou l'information qu'elle transmet. Cela permet de constater certaines infractions comme la diffusion de la pornographie infantile ou d'établir la preuve d'autres infractions telles que l'association des malfaiteurs ou la contrebande, etc.

[43] C'est une mesure souple qu'il est possible de mettre en œuvre lorsque certaines mesures plus contraignantes se révèlent disproportionnées ou lorsque les tiers gardiens des données tels que les fournisseurs d'accès ou d'hébergement sont disposés à collaborer sur une base volontaire, mais souhaitent se prémunir contre les conséquences de leur collaboration (en disposant par exemple d'un moyen propre à leur permettre de s'exonérer d'une éventuelle responsabilité contractuelle).

nouvelle forme de délinquance. Ce texte de loi, qui a apporté de grandes innovations dans le droit criminel camerounais, a trouvé une source d'inspiration notamment dans la Convention de Budapest sur la cybercriminalité du 23 novembre 2001[44], dans la décision-cadre du conseil de l'Union européenne du 24 avril 2005, relative aux attaques visant les systèmes d'information, et dans certaines législations européennes[45].

À la différence d'autres législations[46], cette loi procède d'une appréhension globale du phénomène cybercriminel. En effet, les rédacteurs de la loi sur la cybercriminalité ont élaboré une véritable cyberstratégie de

---

[44]Ce 23 novembre, les États membres du Conseil de l'Europe se réunissaient à Budapest lors d'un sommet consacré à la cybercriminalité. Le projet de Convention, adopté le 8 novembre 2001 par les ministres des Affaires étrangères des pays membres, était à cette occasion ouvert à la signature. Trente (30) États ont signé la Convention : les ministres ou les représentants des 26 États membres suivants ont signé le traité : Albanie, Arménie, Autriche, Belgique, Bulgarie, Croatie, Chypre, Estonie, Finlande, France, Allemagne, Grèce, Hongrie, Italie, Moldavie, Pays-Bas, Norvège, Pologne, Portugal, Roumanie, Espagne, Suède, Suisse, « l'ex-République yougoslave de Macédoine « Ukraine et Royaume-Uni. En outre, le Canada, le Japon, l'Afrique du Sud et les États-Unis, qui ont participé à son élaboration, l'ont également signée. Elle constitue un texte pionnier de caractère universel, pour lequel des solutions novatrices ont parfois été adoptées. Cet instrument s'efforce en effet d'apporter des réponses concrètes aux problèmes soulevés par le monde des réseaux, soit en adaptant les principes juridiques classiques de l'entraide judiciaire lorsque ceux-ci paraissent incapables de s'appliquer de manière efficiente au nouveau contexte des réseaux, notamment à la fugacité de l'information, soit en retenant des solutions qui s'inspirent des travaux menés dans d'autres enceintes, notamment le G8. Le texte de la Convention est disponible sur le site du Conseil de l'Europe (http://conventions. Coe. Int.)

[45] Voir la loi française dite loi Godfrain n° 88-19 du 5 janvier 1988 relative à la fraude informatique (JO.O.R. S du 6 janvier 1988, p. 231), modifiée par la loi n° 2004-575 du 21 juin 2004, pour la confiance dans l'économie numérique (LCEN) (J.O.K.S du 22 juin 2004, p, 11 568), et la loi belge du 28 novembre 2000, relative à la criminalité informatique, modifiée par la loi du 15 mai 2006.

[46] Voir par exemple pour le Sénégal ; G. RIVES, le droit criminel sénégalais, R.S.D, juin 1974, n° 15, 7e année, p. 45 ; ND. FALL, le droit pénal africain à travers le système sénégalais, EDJA, 2003, p. 13., voir également ; cadre législatif des TIC au Sénégal, février 2009, in Actu des TIC ; Traitement de la cybercriminalité devant le juge : l'exemple du Sénégal, Thèse de doctorat d'État, Université Gaston Berger, 22 déc. 2010 ; loi 04-09 d'août 2009 sur la cybercriminalité en Algérie, précitée ; la loi n" 07-Û3 de 11 novembre 2003, complétant le Code pénal en ce qui concerne les infractions relatives aux systèmes de traitement automatisé des données au Maroc. Cette loi constitue un texte fondateur pour la mise à niveau de l'arsenal juridique marocain afin de tenir compte des infractions imputables à la criminalité informatique.

répression de ce phénomène, articulée d'une part autour de la modernisation des instruments de répression de la cybercriminalité **(1re partie)** et d'autre part autour de l'amélioration de la procédure pénale contre la cybercriminalité **(IIe partie).**

PREMIÈRE PARTIE

LA MODERNISATION DES INSTRUMENTS DE RÉPRESSION DE LA CYBERCRIMINALITÉ

La stratégie de modernisation a eu pour objectif principal de remédier aux situations de vide et d'inadaptation juridiques qui caractérisaient l'édifice pénal classique. Aussi, a-t-il été envisagé de créer de nouvelles infractions spécifiques aux TIC **(chapitre I)** et d'adapter les infractions classiques aux TIC **(chapitre II).**

CHAPITRE I

L'ADOPTION D'INCRIMINATIONS NOUVELLES SPÉCIFIQUES AUX TIC

La loi camerounaise de 2010 a élaboré une stratégie de comblement des vides législatifs pour conjurer le développement des paradis numériques. Les grands axes de cette option législative se sont articulés autour de la protection pénale des systèmes informatiques et des données informatiques **(Section 1)**, de la répression des abus de dispositifs (**Section 2**), des infractions informatiques **(Section 3**) et celles se rapportant au contenu **(Section 4).**

Section 1 : La protection pénale des systèmes informatiques

Le législateur a proposé de donner une définition à la notion de « système informatique » **(paragraphe 1)** avant de décliner les différentes atteintes aux systèmes informatiques **(paragraphe 2).**

Paragraphe 1 : La notion de système informatique

D'après l'article 4 de la loi du 21 décembre 2010, on entend par système informatique, « tout dispositif isolé, ou groupe de dispositifs interconnectés ou apparentés, assurant par lui-même ou par un ou plusieurs de ses éléments, conformément à un programme, un traitement automatisé de données ». Cette approche du système est conforme aux définitions données à cette notion par la convention de Budapest du 23 novembre 2001 sur la cybercriminalité, et par la décision-cadre du Conseil de l'Union européenne du 24 février 2005 relative aux attaques visant les systèmes d'information.

Nous pouvons approfondir nos connaissances de la définition de la Convention en nous arrêtant sur des notions clés. « Automatisé » signifie sans intervention humaine directe. Le « traitement des données » est un ensemble d'opérations appliquées à des données et effectuées par le biais de l'exécution d'un programme informatique. Un « programme informatique » est un ensemble d'instructions pouvant être exécutées par l'ordinateur pour obtenir le résultat attendu.

Un ordinateur peut exécuter différents programmes. Dans un système informatique, on distingue généralement plusieurs composantes, à savoir le processeur ou unité centrale, et les périphériques. Par « périphérique », l'on entend un dispositif qui remplit certaines des fonctions spécifiques en interaction avec l'unité centrale : imprimante, écran, lecteur/graveur de CD-ROM ou autre moyen de stockage, par exemple. Un « réseau » est une interconnexion entre deux systèmes informatiques ou plus. Les connexions peuvent être reliées à la terre (fil ou câble, par exemple), sans fil (radio, infrarouge ou satellite, par exemple), ou les deux. Un réseau peut être géographiquement limité à une zone peu étendue (réseau local) ou couvrir une zone étendue (réseau étendu), et eux-mêmes peuvent être interconnectés. Internet est un réseau mondial composé de nombreux réseaux interconnectés, qui utilisent tous les mêmes protocoles. Il existe encore d'autres types de réseaux, connectés ou non à Internet, capables de faire circuler des données entre des systèmes informatiques ; ils peuvent être connectés au réseau en tant que points de sortie ou comme moyen de faciliter la transmission de l'information (routeurs et dispositifs similaires, par exemple). II peut s'agir d'un ordinateur pris isolément, d'un distributeur automatique de billets, d'un smartphone, d'une carte à puce, etc. Les auteurs contemporains s'accordent pour reconnaître Internet, comme un système informatique, au sens légal du terme[47]. Le contexte contemporain est marqué par l'apparition d'une délinquance des réseaux, et l'utilisation par les hackers de techniques très perfectionnées leur permettant de « *zigzaguer* » à l'intérieur des systèmes ou entre différents systèmes transnationaux.

Récemment, dans l'affaire « Pneumeca » jugée par le tribunal régional hors classe de Dakar le 18 septembre 2009[48], les juges sénégalais ont assimilé un ordinateur pris isolément à un système informatique, au sens de la loi. II a été également jugé qu'un terminal de paiement électronique constitue un système informatique[49]. Les juges ont également considéré que le système de transfert électronique

---

[47]A HOLLANDE et Xavier Linant de Bellefonds, *Pratiquedu droit d'informatique, Logiciels, Systèmes Internet*, 6eédition, Delmas, 2008. p. 350 ; E. DREYER, *Droit pénal spécial*, Ellipses, 2008, p. 365.

[48]Voir T.R.H.C Dakar, nf 4241/09 du 18 septembre 2009, affaire Pneumeca. Jugement inédit.

[49] TRHC Dakar, 2e Ch. Corr., 21 janvier 2010, affaire Fulgence BAHI, jugement inédit.

d'argent dit « *Wari* » géré par la société Cellular System International[50] de même que le système de l'agence de voyages Delta permettant de faire des réservations et de gérer électroniquement les billets émis au profit de clients[51], peuvent tous deux être assimilés à des systèmes informatiques au sens légal du terme. En théorie, il n'est pas nécessaire que le système informatique soit muni d'un dispositif de sécurité pour bénéficier de la protection pénale. Mais, en pratique, la présence d'un dispositif de sécurité (mot de passe, dispositif de cryptologie, etc.) constitue un moyen pour le juge d'établir la preuve de l'élément moral des différentes atteintes aux systèmes informatiques.

Paragraphe 2 : Les atteintes aux systèmes informatiques

La loi de 2010 a érigé en valeurs pénalement protégées, la confidentialité **(A)** et l'intégrité des systèmes informatiques **(B).**

A. Les atteintes à la confidentialité des systèmes informatiques

La confidentialité des systèmes informatiques est garantie par deux infractions : l'accès et le maintien frauduleux dans un système informatique.

1. L'accès frauduleux à un système informatique

Cette incrimination, prévue par l'article 68 de la loi de 2010 a pour objet de sanctionner, soit la pénétration irrégulière dans un système informatique, soit le fait de s'y être maintenu frauduleusement, après y avoir accédé de façon régulière (au moyen d'une autorisation) ou par inadvertance.

En ce qui concerne l'accès frauduleux, on notera que tous les modes de pénétration sont visés, que l'auteur se connecte à distance ou qu'il travaille sur la même machine, mais à un autre système. C'est par cette disposition qu'est en particulier combattue la pratique du « hacking ». À cet égard, on note que conformément aux principes généraux du droit pénal, le mobile est indifférent. Il importe peu que l'auteur ait voulu mettre à jour les failles de sécurité des sites gouvernementaux[52]. Même s'il est évidemment tenu compte de cet

---

[50]T.R.H.C Dakar, du 17 avril 2012, affaire du système WARI, inédit
[51]T.R.H.C Dakar, n° 4423 du 20 décembre 2011, affaire Éric Donys SIMEU et autres, inédit.
[52] TGI Paris, 12e ch. 2 juin 2006, D. 2007, Pan. 1998, obs. Le STANC.

élément pour la détermination de la peine. Ainsi, il avait été envisagé d'exploiter, aux fins de lutte contre la cybercriminalité, les compétences des personnes coupables de « hacking », mais cette voie n'est plus privilégiée, selon le chef de l'OCLCTIC, compte tenu du caractère décevant des expériences menées.

L'incrimination permet également de sanctionner des employés qui utilisent, à des fins personnelles, des bases de données dont le code d'accès ne leur avait été délivré que pour le temps où ils travaillaient dans l'entreprise. Dans un arrêt du 3 octobre 2007[53], la Cour de cassation de Paris a ainsi cassé un arrêt ayant relaxé le prévenu qui avait utilisé pendant deux ans une base de données au moyen d'un code qui lui aurait été remis pour une période d'essai.

La question s'est toutefois posée de savoir s'il était nécessaire, pour que l'infraction soit commise, qu'il y ait eu un dispositif de sécurité restreignant l'accès au système informatique. Après avoir hésité et admis un temps que l'infraction n'est pas constituée en l'absence de protection ou de manifestation de volonté des dirigeants de l'entreprise de restreindre l'accès au système informatisé de données[54], la jurisprudence ne semble pas vouloir poser une telle exigence. La véritable question est en réalité de savoir si le prévenu a ou non l'autorisation d'accéder au système de données auquel il a eu accès[55]. La jurisprudence tient compte des fonctions exercées par la personne dans l'entreprise[56] en tenant compte d'une éventuelle limitation de ses pouvoirs par les personnes habilitées.

De façon plus contestable, l'incrimination serait susceptible d'être utilisée pour sanctionner le non-respect des conditions générales d'utilisation d'un site de vente en ligne lorsque les utilisateurs y proposent des objets illicites (existence d'un recel, d'une contrefaçon). C'est ce qui paraît résulter d'un arrêt de la Chambre criminelle du 17 février 2009[57], qui a admis la recevabilité de la constitution de partie civile de la société eBay, du chef du délit d'accès ou de maintien frauduleux dans tout ou partie d'un STAD, au motif que des internautes y avaient proposé des produits contrefaisants, ce qui, selon

---

[53] Crim. 3 oct. 2007, Bull. crim., n° 236.

[54] Paris, 5 avr. 1994, JCP E 1995, I, note VIVANT ; comp. Paris, 8 déc. 1997, Gaz. Pal., 1998, chron. crim. 54.

[55] Crim. 3 oct. 1997, préc.

[56] Grenoble, 4 mai 2000, JCP 2001 IV 1473.

[57] Crim. 17 févr. 2009, inédit. (Pourvoi n° 08-82294).

la société eBay, porterait atteinte à l'image du site. La portée de l'arrêt est toutefois très incertaine, mais si la solution devait se confirmer, elle serait très critiquable, car l'offre de produits illicites sur un site de vente en ligne ne constitue nullement l'accès ou le maintien frauduleux sur le site en question. Il convient de souligner que l'affaire n'est qu'au stade de l'instruction, et que l'arrêt n'a pas été publié, ce qui en atténue la portée.

Techniquement, il s'agit d'une infraction formelle, qui se réalise par la seule évidence du comportement prohibé (l'accès non autorisé au système) indépendamment de l'existence d'un quelconque dommage. Sur le plan de l'élément moral, l'infraction, dans ses deux modalités, est intentionnelle comme le souligne l'emploi de l'adverbe « frauduleusement ». L'intention suppose dans le premier cas la volonté d'accéder au système en sachant que l'on n'y est pas autorisé, dans l'autre la volonté de s'y maintenir en se sachant sans droit pour le faire.

Une large part de la criminalité informatique, et sans doute la plus médiatisée, consiste en l'intrusion non autorisée dans les systèmes informatiques ou hacking[58]. Cette pratique des milieux underground[59] d'Internet est un jeu pour les uns, de la provocation pour les autres et parfois même une manière de faire connaître ses revendications. Mais les jeunes fous de l'informatique ne sont pas les seuls à s'adonner au

---

[58] 11 La fin des années 70 et le début des années 80 ont été fortement marqués par l'arrivée des ordinateurs personnels. La machine électronique de travail a peu à peu perdu en volume, au point de s'introduire dans les foyers. L'informatique devient alors tellement populaire qu'on donne à ces ordinateurs le nom de PC (pour Personal Computer, ou ordinateur personnel). À mesure que le nombre d'utilisateurs de ce genre d'ordinateurs augmentait, une frange particulière et bien mystérieuse de cette population s'est développée : les hackers. Sous cet anglicisme, démocratisé en 1983 par le magazine Newsweek, se cachent des utilisateurs à part, qui préfèrent fouiller dans les entrailles d'un ordinateur plutôt que simplement l'utiliser. Ils apprennent seuls, vite, sont passionnés d'informatique et de réseaux, souvent très joueurs et curieux, et sont le cauchemar des administrateurs réseau, des services de sécurité et même du FBI.
Certains d'entre eux ont marqué l'histoire de l'informatique, devenant des idoles auprès de toute une catégorie d'internautes.

[59] Underground est un mot anglais signifiant littéralement « sous terre ». Il peut en particulier désigner :

* le Métro de Londres (aussi appelé thé tube) par extension, le mot souterrain en tant qu'adjectif peut qualifier ce qui est illégal, ce qui se passe dans les souterrains à l'abri des regards.

* Culture underground, culture alternative, en marge de la société, tenue à l'écart des médias de masse.

hacking. Il ne faut pas sous-estimer l'ampleur des actes de hacking accomplis par des sociétés ou des mafias à titre d'espionnage et de sabotage industriel ou politique. Ces cas-là sont toutefois beaucoup moins connus, les entreprises ou administrations publiques qui en sont victimes préférant ne pas se faire de la mauvaise publicité.

Ces accès non autorisés sont facilités par l'apparition des réseaux et par l'entrée des sociétés sur Internet, notamment par le biais de services et informations rendus à la clientèle ou d'offres de commerce électronique qui donnent souvent aux hackers des portes d'entrée idéales vers les systèmes informatiques de l'entreprise.

L'accès illicite est un délit informatique pour lequel la solution doit être particulièrement adaptée. Le législateur peut établir diverses conditions d'incrimination. L'accès peut être illicite uniquement dans le cas où il s'effectue en violation des mesures de sécurité, lorsqu'il poursuit un but d'obtention de données ou de sabotage ou toute autre intention délictueuse. L'accès peut également être sanctionné en tant que tel sans qu'aucune de ces conditions ne soit requise. C'est le choix du législateur camerounais qui, en vertu de l'article 68, pénalise le simple accès non autorisé à un système informatique ou le maintien indu dans le système.

L'« accès illégal » vise l'infraction fondamentale consistant à créer une menace ou à attenter à la sécurité (c'est-à-dire la confidentialité, l'intégrité et la disponibilité) des systèmes et données informatiques. La nécessité d'une protection correspond à l'intérêt des organisations comme des particuliers de pouvoir diriger, exploiter et contrôler leurs systèmes sans perturbation ni entrave d'aucune sorte. La simple intrusion non autorisée, à savoir le « piratage », le « craquage » ou l'« intrusion illicite dans un système informatique », devrait en principe être illégale en elle-même. Elle peut créer des obstacles pour les utilisateurs légitimes des systèmes ou des données et peut entraîner soit l'altération, soit la destruction et des coûts élevés de reconstruction. Ces intrusions peuvent

- donner accès à des données confidentielles (mots de passe, informations sur le système cible) et à des secrets ;
- permettre d'utiliser le système gratuitement, voire encourager les pirates à commettre des types plus dangereux d'infractions en relation avec l'ordinateur, telles que la fraude ou la falsification informatique.

Le moyen le plus efficace de prévenir l'accès non autorisé est, naturellement, d'adopter et de mettre en place des mesures de sécurité efficaces. Toutefois, la parade ne saurait être complète sans la menace et l'application de mesures de droit pénal. L'interdiction pénale de l'accès non autorisé permet d'accorder très tôt, au système et aux données en tant que tels, une protection supplémentaire contre les risques susvisés.

L'« accès » comprend la pénétration dans l'intégralité ou une partie quelconque d'un système informatique (matériel, composantes, données stockées du système installé, répertoires, données relatives au trafic et au contenu). Toutefois, il ne comprend pas le simple envoi de messages électroniques ou de fichiers au système en question. L'« accès » comprend la pénétration dans un autre système informatique accessible par les réseaux de télécommunications publics ou d'un système informatique connecté au même réseau, tels qu'un réseau local ou un intranet (réseau privé d'entreprise). Le mode de communication n'entre pas en ligne de compte.

L'acte doit également être commis « sans droit ». En sus de l'explication de cette expression donnée plus haut, elle veut dire qu'il n'y a pas de pénalisation de l'accès autorisé par le propriétaire du système ou d'une partie de ce système ou par le détenteur d'un droit sur ce système (aux fins, par exemple, d'essai ou de protections autorisées du système informatique concerné). Il n'y a pas non plus d'incrimination de l'accès à un système informatique lorsque cet accès est libre et public, puisqu'on accède au système « avec droit ».

L'utilisation de certains outils techniques peut entraîner un accès au sens de la loi. C'est le cas de l'accès à une page Internet, directement ou en utilisant des liens hypertextes, y compris les *deep-links*, ou de l'application de « cookies » ou de « bots » pour situer et extraire des données. L'utilisation de ces outils n'est pas en soi 'sans droit'. La gestion d'un site web public implique que son propriétaire accepte que n'importe quel autre utilisateur du web y ait accès. L'utilisation des outils standards prévus par les protocoles et programmes de communication courants n'est pas en soi 'sans droit', en particulier lorsque le détenteur du droit d'accès au système visé est réputé avoir accepté cette utilisation, comme dans le cas des 'cookies' en s'abstenant de refuser la première livraison ou de l'éliminer. Outre l'accès qui peut s'avérer fortuit dans bien des cas, le législateur punit surtout le maintien frauduleux au sein d'un système informatique.

2. Le maintien frauduleux dans un système informatique

L'article 68 de la loi de 2010 sanctionne « celui qui accède ou se maintient, frauduleusement, dans tout ou partie d'un réseau de communications électroniques ou d'un système d'information en transmettant, endommageant, provoquant une perturbation grave ou une interruption du fonctionnement dudit système ou dudit réseau ». II s'agit d'un délit continu.

Le maintien est, bien entendu, la conséquence logique de l'accès. Il suffit qu'au-delà de l'intrusion dans le système, on s'y « promène » un certain temps pour que l'élément de maintien soit retenu. Ainsi, même si l'accès au système n'a pas été commis de manière illicite, un séjour prolongé de manière non autorisée pourra être poursuivi. Ce serait par exemple le cas si, à la suite d'un accès licite à une base de données payante, on déjoue les systèmes permettant de calculer le prix lié à la durée de connexion. Un jugement français donne un exemple de ce genre de pratiques[60]. Des agents de France Télécom se connectaient à des jeux télématiques non pour y jouer, mais dans le seul but de bénéficier de jetons de présence qui leur donnaient le droit à certains cadeaux. Toutefois, pour éviter le système de déconnexion automatique après un certain laps de temps pendant lequel aucune donnée ne transite, ils utilisaient un mécanisme dit de rafraîchissement d'écran. En dépit du fait que la connexion initiale était parfaitement régulière, les joueurs fraudeurs ont été condamnés par le tribunal sur la base de l'infraction de maintien illicite dans un système de traitement de données. Pour être poursuivi pour l'accès et le maintien non autorisés dans un système informatique, un dol général est suffisant.

Ceci nous paraît favoriser l'émergence d'une criminalisation très large et sans doute excessive. Sera ainsi considéré comme criminel, tout jeune qui s'amusera à déjouer les mécanismes de sécurité des réseaux et systèmes informatiques, de même que tout chercheur ou expert en sécurité informatique qui tentera de déverrouiller les dispositifs de protection afin d'en vérifier la fiabilité et l'efficacité. Le Conseil d'État s'inquiète d'ailleurs du fait que « dans un contexte informatique, la simple curiosité peut susciter un délit pénal »[61]. Pourtant, le législateur estime que « l'intérêt juridique protégé par les nouvelles dispositions est

---

[60] Trib corr. Paris, 5 novembre 1996, Expertises, n° 202, févr. 1997, p 81.
[61] Avis du Conseil d'État, op. cit. p. 50.

en premier lieu l'intégrité du système » [62]et que ne pas punir ceux qui agiraient contre ces systèmes, même sans intention frauduleuse ou méchante, « ouvrirait la voie à toutes sortes d'abus qui mettraient en danger la sécurité des systèmes informatiques »[63].

L'impasse est donc totale sauf à imaginer un système où il est requis que l'infraction se fait en dépit des mesures de sécurité. La neutralisation de ces mesures peut alors constituer un élément de preuve de l'absence d'autorisation d'accès au système. Mais exiger que l'infraction se réalise moyennant un « cassage » des dispositifs de sécurité entraîne également certains inconvénients. L'explication des mesures de sécurité et de leur contournement sera nécessaire à l'établissement de l'infraction. L'on comprend pourquoi les plaignants (sociétés commerciales ou non) seront peu enclins à produire de tels éléments, vu que ce serait préjudiciable à leur sécurité future. Le problème reste donc entier et nous persistons à croire que requérir un dol spécial eût été la meilleure solution.

Un autre exemple souligne le danger de l'absence d'une intention frauduleuse ou d'un but de nuire. Récemment, un site américain d'enchères sur Internet a réussi à faire condamner un concurrent, la firme eBay, qui fournit aux utilisateurs des informations comparées sur les offres proposées par différents sites d'enchères. La base de la condamnation était le Trespass, institution juridique américaine qui sanctionne l'intrusion non autorisée dans une propriété. L'extension de cette protection de la propriété matérielle au monde de l'immatériel a suscité de nombreuses critiques outre-Atlantique. Or, l'infraction d'accès et de maintien indu, sans qu'aucun dol spécial ne soit requis, est susceptible de mener aux mêmes conséquences non désirées. Cet opérateur effectuait des recherches sur les sites d'enchères en ligne au moyen d'agents électroniques ou de moteurs de recherche, qui rapportaient ensuite à l'internaute le résultat de leurs investigations dans les bases de données visitées. Biddér's Edge Inc., demandeur à l'action, a soutenu que la recherche électronique d'eBay, accaparait un espace non négligeable de son serveur, ce qui ralentissait la capacité de traitement des demandes des utilisateurs légitimes de son site. Le juge a admis cette « occupation » de l'espace informatique et les dommages qu'elle occasionnait. Le délit de maintien indu permet une

---

[62]Doc ParLChambre 0213/ op. cit. p. 13.

[63] Justification de l'amendement n° 11, Doc, Chambre 0213/010, 22 septembre 2000.

solution bien plus directe. L'accès aux sites Internet ouverts au public est bien sûr autorisé, mais l'opérateur d'un site pourrait facilement plaider que sa consultation prolongée par un moteur de recherche ou tout autre type d'agent électronique constitue un maintien non autorisé dans le site.

Ne pourrait-on pas imaginer à l'extrême que l'infraction d'accès, ou plus spécifiquement celle de maintien non autorisé, serve comme base à une entreprise pour poursuivre un ancien employé qui enverrait de façon répétée à son personnel des e-mails critiquant leur employeur ou à une société contestée pour essayer de faire condamner des militants politiques ou associatifs qui l'assiégeraient de fax ou d'e-mails ? Il nous semble qu'en l'absence d'un dol spécial, ces cas d'école pourraient devenir réalité. Viennent ensuite les atteintes à l'intégrité des systèmes informatiques.

B. Les atteintes à l'intégrité des systèmes informatiques

Cette infraction informatique est prévue à l'article 67 de la loi de 2010 : « Constitue une atteinte à l'intégrité d'un réseau de communications électroniques ou d'un système d'information et puni des peines prévues à l'article 66, alinéa 1, le fait de provoquer une perturbation grave ou une interruption de fonctionnement d'un réseau de communications électroniques d'un équipement terminal par l'introduction, la transmission, la modification, la suppression, l'altération des données ». Ce délit protège les systèmes contre les infections informatiques qui sont des programmes destinés à perturber le fonctionnement ou à détruire les éléments indispensables à leur fonctionnement normal[64]. Ces atteintes concernent aussi celles à la disponibilité des systèmes informatiques.

C. Les atteintes à la disponibilité des systèmes informatisés

Ces atteintes ont pour siège l'article 71 qui incrimine « celui qui introduit sans droit, des données dans un système d'information ou dans un réseau de communications électroniques en vue de supprimer ou de modifier les données qui y sont contenues ». Ce délit protège les systèmes contre des changements frauduleux d'état.

Les éléments que sont « l'introduction, l'altération, l'effacement ou la suppression » se rapportent à des actes tels que les manipulations de

[64] Virus informatique, chevaux de Troie

matériels, les actes empêchant les sorties sur imprimante et les actes affectant les enregistrements ou les flux de données, ou l'ordre dans lequel les programmes sont exécutés.

Les manipulations informatiques frauduleuses sont incriminées si elles occasionnent directement à autrui un préjudice économique ou matériel, et si le délinquant a agi dans l'intention d'obtenir un avantage économique illégitime pour lui-même ou pour autrui. L'avantage économique doit être obtenu sans droit. Naturellement, les pratiques commerciales ordinaires légitimes, effectuées dans l'intention de procurer un bénéfice économique, ne sauraient relever de l'infraction établie par cet article, car les personnes qui s'y livrent sont dans leur droit. Par exemple, les activités menées en vertu d'un contrat en bonne et due forme passé entre les personnes concernées sont légitimes (comme celle consistant à désactiver un site web, conformément aux termes du contrat en question).

L'infraction doit être commise « intentionnellement ». L'élément général d'intention s'applique à la manipulation ou à l'ingérence informatique causant un préjudice économique ou matériel à autrui. L'infraction exige également une intention frauduleuse spécifique ou autrement malhonnête en vue d'obtenir un avantage économique pour soi-même ou pour autrui. Ainsi, les activités commerciales relatives à la concurrence, qui peuvent causer un préjudice économique à une personne et apporter un bénéfice à une autre, mais qui ne sont pas pratiquées dans une intention frauduleuse ou malhonnête, ne constituent pas une infraction au sens de l'article 71. Par exemple, l'utilisation de programmes de collecte d'informations pour faire jouer la concurrence sur l'Internet (*bots*), même si cette pratique n'est pas autorisée par un site visité par le « bot », ne devrait pas être incriminée. On peut également évoquer la protection pénale des données informatisées.

Section 2 : Protection pénale des données informatisées

Au préalable, le législateur a envisagé de définir la notion de « données informatisées » (**Paragraphe 1**) avant de décliner les différentes atteintes à ces données **(Paragraphe 2).**

Paragraphe 1 : Le concept de donnée informatisée

Selon l'article 4 de la loi de 2010, l'expression « donnée informatisée » désigne : « toute représentation de faits, d'informations ou de notions sous une forme susceptible d'être traitée par un équipement terminal, y compris un programme permettant à ce dernier d'exécuter une fonction ». Il s'agit de la représentation numérisée de l'information. Cette définition reprend presque fidèlement celle de l'article 1er de la Convention de Budapest.

La définition des données informatiques repose sur la définition des données établie par l'ISO. Cette définition comporte les mots « qui se prête à un traitement ». Cela signifie que les données sont mises sous une forme qui permet leur traitement direct par le système informatique. Pour indiquer clairement qu'aux fins de la Convention, il faut entendre par « données » des informations sous forme électronique, ou sous une autre forme qui permet de les traiter directement ; on a introduit la notion de « données informatiques ». Des données informatiques traitées de façon automatisée peuvent être la cible de l'une des infractions pénales définies dans la Convention ou faire l'objet de l'une des mesures d'investigation définies par la Convention. On peut y ajouter les atteintes aux données informatisées.

Paragraphe 2 : Les atteintes aux données informatisées

Les infractions relatives aux données informatisées se déclinent autour des atteintes à leur intégrité **(A) et** des atteintes à leur disponibilité **(B).**

A. Les atteintes à l'intégrité des données informatisées

L'intégrité des données est garantie par le délit d'interception frauduleuse de données informatisées prévu par l'article 64 de la loi de 2010. Ce texte réprime le fait d'intercepter ou de tenter d'intercepter frauduleusement, par des moyens techniques, des données informatisées lors de leur transmission non publique à destination, en provenance ou à l'intérieur d'un système informatique. Cette infraction garantit le secret des données informatisées lors de leur transmission, et n'incrimine pas les activités légitimes et ordinaires inhérentes à la conception des réseaux ou bien les pratiques d'exploitation ou de commerce légitimes et ordinaires.

Cette disposition vise à protéger le droit au respect des données transmises. L'infraction représente la même violation du droit au respect des communications que l'écoute et l'enregistrement classiques des conversations téléphoniques entre des personnes. Le droit au respect de la correspondance est garanti par l'article 8 de la Convention européenne des droits de l'homme. L'infraction instituée par l'article 3 applique ce principe à toutes les formes de transferts électroniques des données, que ces transferts s'effectuent par téléphone, télécopieur, courrier électronique ou fichier.

Le texte de cette disposition reprend pour l'essentiel celui de l'infraction « d'interception non autorisée ». Dans la présente Convention, il a été précisé qu'il faut entendre par communications, les « transmissions de données informatiques » ainsi que les émissions électromagnétiques dans les situations expliquées ci-après.

L'interception effectuée par des « moyens techniques » concerne l'écoute, le contrôle ou la surveillance du contenu des communications, et l'obtention du contenu soit directement (au moyen de l'accès au système informatique et de son utilisation), soit indirectement (au moyen de l'emploi de dispositifs d'écoute). L'interception peut aussi consister en un enregistrement des données. Par moyens techniques, il faut entendre des dispositifs techniques connectés aux lignes de transmission ainsi que des dispositifs de collecte et d'enregistrement de communications sans fil. Ils peuvent consister en logiciels, mots d'accès et codes. L'exigence de l'utilisation de moyens techniques est une condition restrictive visant à éviter l'écueil de la surpénalisation.

L'infraction s'applique aux transmissions « non publiques » de données informatiques. L'expression 'non publiques' qualifie la nature du moyen de transmission (communication), et non la nature des données transmises. Il peut arriver que les données transmises soient disponibles pour tout le monde, mais que les participants souhaitent communiquer de façon confidentielle. Les données peuvent aussi être tenues secrètes à des fins commerciales jusqu'à ce que le service ait été rémunéré, comme pour la télévision payante. Il s'ensuit que le terme « non publiques » n'exclut pas en soi les communications par le biais des réseaux publics. Les communications de salariés, à des fins professionnelles ou non, qui constituent des « transmissions non publiques de données informatiques » sont aussi protégées contre l'interception sans droit en vertu de l'article 3[65].

La communication sous forme de transmission de données informatiques peut se dérouler à l'intérieur d'un même système informatique (c'est le cas de la circulation entre la carte unité centrale et l'écran ou l'imprimante), entre deux systèmes informatiques appartenant à la même personne, entre deux ordinateurs communiquant entre eux ou entre un ordinateur et une personne (par le biais du clavier, par exemple). Néanmoins, les parties peuvent fixer comme condition supplémentaire que la communication soit transmise entre des systèmes informatiques connectés à distance.

L'institution d'une infraction relative aux « émissions électromagnétiques » élargira la portée de la disposition. Les émissions électromagnétiques peuvent provenir d'un ordinateur en fonctionnement. Elles ne sont pas considérées comme des « données » au sens de la définition donnée à l'article précité. Cependant, des données peuvent être reconstituées à partir de telles émissions. Aussi, a-t-on incorporé l'interception des données provenant d'émissions électromagnétiques produites par un système informatique parmi les infractions visées par la présente disposition.

Pour que la responsabilité pénale soit engagée, l'interception illégale doit être « intentionnelle » et « sans droit ». L'acte est justifié, par exemple, si la personne qui effectue l'interception est en droit de le faire, si elle agit sur ordre ou avec l'autorisation des participants à la transmission (y compris dans le cadre d'activités autorisées de contrôle ou de protection approuvée par les participants) ou si la surveillance est légalement autorisée par les institutions chargées d'une enquête dans l'intérêt de la sécurité nationale ou de la détection d'infractions. Il est également entendu que les pratiques commerciales ordinaires, telles que l'utilisation de « cookies », ne doivent pas être pénalisées en tant que telles, car il ne s'agit pas d'interception « sans droit ». S'agissant des communications non publiques de salariés protégées en vertu de l'article 3, le droit interne peut prévoir un motif d'interception légitime de telles communications. Dans le cadre de l'article 3, une interception effectuée dans de telles conditions serait assimilée à une interception réalisée « avec droit ».

---

65 Voir, par exemple, l'arrêt rendu par la CEDH dans l'affaire Halford c. Royaume-Uni, 25 juin 1997, 20605/92.

Dans certains pays, l'interception peut être étroitement liée à l'infraction d'accès non autorisé à un système informatique. Afin de garantir l'uniformité en ce qui concerne l'interdiction et l'application de la loi, les pays qui requièrent que l'infraction soit commise dans une intention délictueuse ou vis-à-vis d'un système informatique connecté à un autre système informatique, conformément à l'article 2, pourraient également requérir l'existence d'autres conditions à remplir pour que la responsabilité pénale soit engagée dans le cadre du présent article. Ces conditions devraient être interprétées et appliquées en combinaison avec d'autres éléments de l'infraction, tels qu'« intentionnellement » et « sans droit ». Il en est de même des atteintes à la disponibilité des données informatisées.

B. Les atteintes à la disponibilité des données informatisées

L'article 66 de la loi de 2010 sanctionne celui qui entraîne la perturbation ou l'interruption du fonctionnement d'un réseau de communications électroniques ou d'un équipement terminal, en introduisant, transmettant, endommageant, effaçant, détériorant, modifiant, supprimant les données ou les rendant inaccessibles. Ces atteintes à l'intégrité des données assurent une protection aux données similaires à celle dont bénéficient les biens matériels classiques contre les destructions, dégradations et dommages.

Cette disposition vise à assurer aux données et programmes informatiques une protection analogue à celle dont jouissent les biens corporels à l'encontre des dommages occasionnés délibérément. En l'occurrence, les intérêts juridiques protégés sont l'intégrité et le bon fonctionnement ou le bon usage de données ou programmes informatiques enregistrés.

« L'endommagement » et « la détérioration », en tant qu'actes se chevauchant, concernent notamment l'altération négative de l'intégrité ou du contenu informatif de données et de programmes. L'effacement des données équivaut à la destruction d'objets corporels. Il les détruit et les rend méconnaissables. Par « suppression » des données informatiques, on entend tout acte à la suite duquel ces données ne sont plus accessibles à la personne ayant accès à l'ordinateur ou au support sur lequel les données étaient stockées. Le terme 'altération' signifie la modification de données existantes. L'introduction de codes malveillants tels que des virus ou des chevaux de Troie relève donc des dispositions de ce paragraphe, de même que la modification des données qui résulte de cet acte.

Les actes susvisés ne sont punissables que s'ils sont commis « sans droit ». Les activités ordinaires inhérentes à la conception des réseaux ou les pratiques ordinaires d'exploitation ou de commerce (comme celles qui correspondent aux essais ou à la protection de la sécurité d'un système informatique, et sont autorisées par le propriétaire ou l'exploitant, ou à la reconfiguration du système d'exploitation d'un ordinateur qui se déroule lorsque l'exploitant d'un système acquiert un nouveau logiciel – c'est le cas des logiciels d'accès à l'Internet qui désactivent des programmes analogues installés antérieurement-), sont légitimes et ne sont pas pénalisées par le présent article. En principe, la modification des données de trafic aux fins de faciliter les communications anonymes (comme dans le cas des activités des systèmes de réexpédition anonyme) ou la modification des données aux fins d'assurer la protection des communications (chiffrement, par exemple) est considérée comme assurant la protection légitime de la vie privée et, de ce fait, est considérée comme étant réalisée de façon légitime. Toutefois, les parties peuvent incriminer certains actes abusifs se rapportant aux communications anonymes, comme dans le cas de la falsification des données d'un en-tête de paquet visant à dissimuler l'identité de l'auteur d'une infraction. En outre, le délinquant doit avoir agi « intentionnellement ». On peut également faire allusion aux infractions informatiques.

Section 3 : Les infractions informatiques

Les infractions informatiques visent la falsification informatique **(Paragraphe 1)** et la fraude informatique **(Paragraphe 2).**

Paragraphe 1 : La falsification de données informatiques

L'article 69 de la loi de 2010 sanctionne sous la qualification de falsification informatique, le fait de produire ou de fabriquer un ensemble de données numérisées par l'introduction, l'effacement ou la suppression frauduleuse de données informatisées stockées, traitées ou transmises par un système informatique, engendrant des données contrefaites, dans l'intention qu'elles soient prises en compte ou utilisées à des fins légales comme si elles étaient originales. Cette infraction protège l'authenticité des données informatisées, à l'image du faux du droit commun.

Cet article a pour objet d'instituer une infraction qui soit le pendant de la falsification des documents version papier. Elle vise à combler les lacunes du droit pénal se rapportant à la falsification classique, laquelle requiert la lisibilité visuelle des déclarations contenues dans un document et ne s'applique pas aux données enregistrées sur support électronique. La manipulation de données enregistrées ayant force probante peut avoir des conséquences aussi graves que les actes traditionnels de contrefaçon si elle induit un tiers en erreur. La falsification informatique consiste à créer ou modifier sans autorisation des données enregistrées de façon qu'elles acquièrent une valeur probante différente et que le déroulement de transactions juridiques, qui est fondé sur l'authenticité des informations fournies par ces données, puisse faire l'objet d'une tromperie. Les intérêts juridiques protégés sont la sécurité et la fiabilité des données électroniques qui peuvent avoir des conséquences pour les relations juridiques.

Il convient de noter que le concept de falsification varie d'un pays à l'autre. Une notion est fondée sur l'authenticité quant à l'auteur du document, tandis que d'autres visent la véracité des informations contenues dans le document en question. Toutefois, il est convenu que la tromperie quant à l'authenticité se rapporte au minimum à l'émetteur des données, indépendamment de l'exactitude ou de la véracité du contenu de ces données. Les parties peuvent aller plus loin et prévoir que le terme 'authentique' s'applique aussi aux données.

Cette disposition s'applique aux données équivalant à un document public ou privé ayant des effets juridiques. « L'introduction » non autorisée de données exactes ou inexactes crée une situation qui correspond à la fabrication d'un faux document. Les opérations ultérieures d'altérations (modifications, changements partiels), d'effacement (faire sortir des données figurant sur un support) et de suppression (retenir et cacher des données) correspondent en général à la falsification d'un document authentique.

L'expression « à des fins légales » s'applique également à des transactions et documents juridiques qui sont légalement pertinents. La dernière phrase de la disposition permet aux parties, au moment de mettre en œuvre l'infraction en droit interne, d'exiger en plus une intention frauduleuse ou une intention pernicieuse similaire pour que la responsabilité pénale puisse être engagée. L'on ne saurait se passer de la fraude informatique.

Paragraphe 2 : La fraude informatique

La fraude informatique est l'un des délits les plus courants sur Internet[66], car elle peut être automatisée[67] et réalisée avec des logiciels permettant au fraudeur de cacher son identité.

Grâce à l'automatisation, les malfaiteurs peuvent tirer de grands bénéfices d'un petit nombre d'actions[68]. Une stratégie consiste à veiller à ce que les pertes financières supportées par chaque victime restent en deçà d'une certaine limite. En effet, les victimes sont alors moins tentées d'investir du temps et de l'énergie pour signaler ces infractions et entamer des recherches[69]. Dans cette catégorie d'escroquerie, on peut citer la fraude aux avances sur commission, notamment la « lettre nigériane »[70].

Bien que ces infractions soient commises à l'aide de technologies informatiques, la plupart des systèmes juridiques de droit pénal ne les classent pas sous la catégorie « infractions informatiques », mais « fraude ordinaire »[71], le critère étant la cible de l'infraction. Si les malfaiteurs cherchent à influencer une personne, l'infraction est

---

[66] In 2006, the United States Federal Trade Commission received nearly 205. 000 Internet-related fraud complaints. See Consumer Fraudand Identity Theft Complaint Data, January– December 2006, Federal Trade Commission, available at: *www.consumer.gov/sentinel/pubs/Top10Fraud2006.pdf.*

[67] Regarding therelated challenges, seebelow.

[68]In 2006, Nearly 50 per cent of all fraud complaints reported to the United States Federal TRADE Commission were related to amounts paid between 0 -25 US Dollars See Consumer Fraud and Identity Theft Complaint Data, January December 2006, Federal Trade Commission, available at *www.consumer.gov/sentinel/pubs/Top10Fraud2006.pdf.*

[69] Regarding the related automation process: § 3.2.8.

[70] The term "advance fee fraud" describes offences in which offenders seek to convince targets to advance a small sum of money in the hope of receiving a much larger sum afterwards. For more information, see: *Reich*, Advance Fee Fraud Scams in-country and across borders, Cybercrime & Security, IF-1, page 1;*Smith/Holmes/Kaufmann*, Nigerian Advance Fee Fraud, Trends & Issues in Crime and Criminal Justice, No. 121, available at: *www.aic.gov.au/publications/tandi/ti121.pdf*; *Oriola*, Advance fee fraud on the Internet: Nigeria's regulatory response, Computer Law & Security Report, Vol. 21, Issue3, 237.

[71] For more information, see below : paragraph 6.2.14.

généralement qualifiée de fraude. Si la cible est un ordinateur ou un système de traitement de données, l'infraction est souvent qualifiée de fraude informatique. Cela étant, les systèmes juridiques qui reconnaissent la fraude, mais pas encore la manipulation de systèmes informatiques à des fins frauduleuses, permettent, en règle générale, de poursuivre les infractions susmentionnées.

La révolution technologique a multiplié les possibilités de commettre des infractions économiques telles que la fraude, notamment l'escroquerie aux cartes de crédit. Les actifs représentés ou gérés par des systèmes informatiques (fonds électroniques, dépôts) sont devenus la cible de manipulations au même titre que les formes traditionnelles de propriété. Ces infractions consistent pour l'essentiel en des manipulations à l'entrée du système, c'est-à-dire en introduisant dans l'ordinateur des données inexactes, en des manipulations de programmes ou en d'autres ingérences dans le traitement des données.

L'article 72 de la loi de 2010 sanctionne « celui qui de quelque manière que ce soit, sans droit, introduit, altère, efface, ou supprime, afin d'obtenir un bénéfice économique, les données électroniques, de manière à causer un préjudice patrimonial à autrui ». Cette infraction tend à renforcer la protection des biens contre les manipulations informatiques réalisées en vue de porter atteinte aux biens d'autrui. Cet article rend passible d'une sanction pénale toute manipulation abusive au cours d'un traitement de données en vue d'effectuer un transfert illicite de propriété.

Le droit pénal traditionnel ne suffisait plus pour appréhender des comportements qui justifiaient pourtant qu'un juge pénal s'y intéresse. Sans avoir recours à une interprétation analogique des textes de loi existants, des exemples tels que l'utilisation d'une carte de crédit volée pour retirer de l'argent à un guichet automatique, le détournement motivé par l'appât du gain de fichiers ou programmes confiés dans un but précis, le dépassement illicite du crédit sur sa propre carte de crédit, l'introduction d'instructions informatiques pour modifier le résultat de certaines opérations, ne pouvaient être incriminés.

Les exemples de fraude informatique sont nombreux. On pense à des manipulations effectuées par un employé de banque sur les comptes des clients ou à des altérations informatiques de compte de répartition des droits d'auteurs perçus par des sociétés de gestion pour en faire bénéficier des personnes qui ne devraient pas y avoir droit.

Selon nous, l'introduction dans un programme informatique piraté d'une liste de numéros de licence trouvés sur Internet constituera également un délit de fraude informatique, l'avantage patrimonial frauduleux consistant en l'utilisation et la copie d'un logiciel sans l'autorisation de son auteur.

L'infraction est relativement distincte de l'escroquerie dont l'objectif est principalement de tromper la confiance d'un tiers. Dans le cas présent, il suffit que l'avantage patrimonial obtenu grâce à la commission de l'infraction présente un caractère frauduleux. Ce qui voudrait dire, si l'on reprend la définition de « fraude » de CORNU[72] que l'avantage patrimonial a été obtenu par « un acte accompli dans le dessein de préjudicier à des droits que l'on doit respecter », par « un agissement illicite par l'emploi des moyens illégaux » ou même par « un agissement illicite par l'emploi des moyens réguliers ».

La définition de la fraude informatique est donc large, trop large, nous semble-t-il, et cette indéfinition qui nous semble dangereuse peut difficilement être palliée. C'est ici que l'on trouve toute la complexité d'un domaine lié aux technologies de la communication et de l'information : les textes doivent être suffisamment larges pour englober les technologies à venir tout en étant suffisamment précis, pour respecter le principe de prévisibilité valable en droit pénal. Le citoyen doit clairement savoir ce qu'il n'a pas le droit de faire sous peine d'être pénalement poursuivi, mais le législateur peut difficilement énumérer tous les exemples de fraude informatique qui se diversifient au quotidien, grâce au développement des technologies. Si cette difficulté existe, il n'en reste pas moins que cette indéfinition comporte des dangers réels.

Les manipulations informatiques frauduleuses sont incriminées si elles occasionnent directement à autrui un préjudice économique ou matériel et si le délinquant a agi dans l'intention d'obtenir un avantage économique illégitime pour lui-même ou pour autrui. L'expression « préjudice économique ou matériel » correspond à une notion très large qui englobe l'argent et les immobilisations corporelles ou incorporelles ayant une valeur économique.

L'infraction doit être commise « sans droit », et l'avantage économique doit aussi être obtenu sans droit. Naturellement, les pratiques commerciales ordinaires légitimes, effectuées dans

---

[72] Cornu, *Vocabulaire juridique*, Paris, PUF, 1998.

l'intention de procurer un bénéfice économique, ne sauraient relever de l'infraction établie par cet article, car les personnes qui s'y livrent sont dans leur droit. Par exemple, les activités menées en vertu d'un contrat en bonne et due forme passé entre les personnes concernées sont légitimes (comme celle consistant à désactiver un site web, conformément aux termes du contrat en question).

Section 4 : La répression des autres abus

Pour commettre une infraction sur Internet, un équipement relativement élémentaire suffit[73]. Certaines infractions, telles que la diffamation ou la fraude en ligne, ne nécessitent qu'un ordinateur et un accès au réseau, et peuvent donc être commises dans un cybercafé. Les infractions plus sophistiquées nécessitent l'utilisation d'outils logiciels spécialisés.

Il est facile de se procurer sur Internet des outils permettant de commettre des infractions complexes[74]. Si les plus simples sont souvent gratuits, les plus sophistiqués peuvent coûter plusieurs milliers de dollars[75]. Grâce à ces outils, les malfaiteurs peuvent attaquer des systèmes informatiques en un simple clic. Les attaques standards sont aujourd'hui moins efficaces, car les sociétés spécialisées dans la sécurité informatique analysent ces outils et se préparent à contrer les attaques. Les attaques massives reposent souvent sur une conception individualisée en vue d'atteindre des cibles bien spécifiques[76]. On trouve ainsi des outils pour mener des attaques de type DoS[77], créer des virus informatiques, décrypter une communication chiffrée ou accéder illégalement à un système informatique.

Grâce aux outils logiciels de deuxième génération, qui permettent d'automatiser de nombreux cyberdélits, les pirates peuvent déclencher de multiples attaques sur une courte durée. D'utilisation de plus en

---

[73]The availability of tools to commit cybercrime is one of the key challenges in the fight against cybercrime. For more information, see below

F. Sieber, Council of Europe Organised Crime Report 2004, page 143.

[75]For an overview about the tools used, see: Ealy, A New Evolution in Hack Attacks: A General Overview of Types, Methods, Tools, and Prevention, available at: *www.212cafe.com/download/e-book/A.pdf.* Regarding the price of keyloggers (USD 200-500), see: Paget, Identity Theft, White Paper, McAfee, 2007, available at: *www.mcafee.com/us/threat_center/white_paper.html.*

[76]See above : § 2.5.1.

[77]DoS is an acronym for denial-of-service attack. For more information, see above.

plus simple, ces outils offrent en outre à des utilisateurs profanes la possibilité de commettre des cyberdélits. On peut citer les boîtes à outils permettant à quiconque, ou presque, d'envoyer des courriels d'hameçonnage ou encore les programmes de transfert de fichiers vers des serveurs de partage ou depuis ceux-ci. Étant donné qu'il est de plus en plus facile de se procurer ces outils informatiques, le nombre de cyberdélinquants potentiels a considérablement augmenté. Les initiatives juridiques nationales et internationales contre ces logiciels se multiplient. Elles visent notamment à sanctionner pénalement la production, la vente ou la possession de tels outils.

Ces infractions particulières ont pour objet de prévenir la commission des infractions informatiques. Il s'agit notamment des abus de dispositifs qui consistent, selon l'article 82 de la loi de 2010, à produire, vendre, importer, détenir, diffuser, offrir, céder ou mettre à disposition un équipement, un programme informatique, un mot de passe, un code d'accès ou des données informatisées similaires permettant d'accéder à tout ou partie d'un système informatique ou d'une donnée conçue ou spécialement adaptée pour commettre des infractions contre les systèmes ou les données.

Cette disposition institue en infraction pénale distincte et indépendante, la commission intentionnelle d'actes illicites spécifiques se rapportant à certains dispositifs ou données d'accès dont il est fait une utilisation abusive aux fins de commettre les infractions précitées contre la confidentialité, l'intégrité et la disponibilité des systèmes ou données informatiques. Dans la mesure où la commission desdites infractions nécessite souvent la possession de moyens d'accès (outils de piratage) ou autres, il existe une forte motivation d'en acquérir à des fins délictueuses, ce qui peut déboucher sur la création d'une sorte de marché noir de la production et de la distribution de tels outils.

Par « diffusion », il faut entendre l'action consistant à transmettre des données à autrui, tandis que la « mise à disposition » désigne l'action consistant à mettre des dispositifs en ligne pour qu'ils soient utilisés par autrui. Cette expression englobe par ailleurs la création ou la compilation d'hyperliens visant à faciliter l'accès à ces dispositifs. La référence à un « programme informatique » concerne des programmes qui sont conçus, par exemple, pour altérer, voire détruire des données, ou pour s'ingérer dans le fonctionnement des systèmes, tels que les programmes-virus ou bien des programmes conçus ou adaptés pour accéder à des systèmes informatiques.

Plusieurs auteurs ont longuement examiné la question de savoir si les dispositifs visés devaient être ceux qui étaient conçus exclusivement ou spécialement pour permettre la commission d'infractions, ce qui excluait les dispositifs à double usage. Cette approche a été jugée trop restrictive. Elle risquait en effet de créer des difficultés insurmontables en ce qui concerne l'établissement de preuve dans les procédures pénales, ce qui rendrait la disposition pratiquement inapplicable ou applicable uniquement dans de rares cas. La solution consistant à inclure tous les dispositifs, même ceux dont la production et la diffusion sont licites, a également été écartée. L'imposition d'une sanction ne pourrait alors reposer que sur l'élément subjectif de l'intention de commettre une infraction informatique, approche qui n'avait pas non plus été retenue dans le domaine de la contrefaçon de monnaie. La Convention adopte une solution de compromis raisonnable en limitant le champ d'application de cette disposition aux dispositifs dont on peut objectivement dire qu'ils sont principalement conçus pour permettre la commission d'une infraction, libellé qui exclut normalement les dispositifs à double usage.

Section 5 : Les infractions se rapportant au contenu

Ces infractions concernent la pornographie infantile **(Paragraphe 1)** et les actes de nature raciste et xénophobe commis par le biais d'un système informatique **(Paragraphe 2).**

Paragraphe 1 : La pornographie infantile

La protection des mineurs est incontestablement une préoccupation très actuelle. Elle est alimentée par les différentes affaires médiatiques concernant la pédopornographie ou les violences sexuelles sur mineur qui viennent entretenir la panique morale. Nous pouvons alors comprendre que le législateur se sente contraint d'intervenir par le biais de dispositions pour lutter contre ce fléau qui sévit plus spécialement sur le réseau Internet.

L'ampleur du phénomène de la pédopornographie qui a fini par prendre les proportions d'un véritable fléau a incité le législateur à proposer de conceptualiser la notion de « pornographie infantile » **(A)** avant de prévoir des infractions spécifiques à ce phénomène **(B).**

A. La notion de pornographie infantile

L'article 81 de la loi de 2010 relatif à la pornographie infantile vise à renforcer les mesures de protection en faveur des enfants, notamment leur protection contre l'exploitation sexuelle, en modernisant le droit pénal de façon à restreindre plus efficacement l'usage des systèmes informatiques dans le cadre de la commission d'infractions sexuelles à l'encontre d'enfants.

Cette disposition répond à la préoccupation que les chefs d'État ou de gouvernement des pays membres du Conseil de l'Europe ont exprimée au deuxième sommet (Strasbourg, 10-11 octobre 1997) dans leur plan d'action (point III. 4), et correspond à une évolution internationale allant dans le sens de l'interdiction de la pornographie infantile, comme l'attestent l'adoption récente du protocole facultatif à la Convention des Nations Unies relative aux droits de l'enfant se rapportant au trafic d'enfants, à leur prostitution et à la pédopornographie, et la récente initiative de la Commission européenne sur la lutte contre l'exploitation sexuelle des enfants et la pornographie infantile.

Selon l'article 81 alinéa 2 de la loi de 2010, est considéré comme pornographie infantile « tout acte présentant de manière visuelle un mineur se livrant à un comportement sexuellement explicite ; - une personne qui apparaît comme mineur se livrant à un comportement sexuellement explicite ; - des images réalistes présentant un mineur se livrant à un comportement sexuellement explicite ». Cette approche très extensive de la pornographie infantile reprend en substance celle proposée par la convention européenne sur la cybercriminalité.

B. Les infractions prévues

Le législateur a adopté des infractions nouvelles qui tendent à protéger les mineurs d'une part contre le risque d'exploitation sexuelle, et d'autre part contre le risque d'exposition à des contenus pédopornographiques. Ainsi, il est possible de distinguer entre eux, deux types de contenus. Les premiers sont des contenus incriminés en soi, en l'espèce la pédophilie sur Internet (2), et les seconds le deviennent lorsqu'ils sont susceptibles d'être perçus ou vus par un mineur (1).

1. Une diffusion et un accès facilité aux contenus pédophiles

L'exploitation des contenus pédophiles peut prendre diverses formes sur le réseau Internet. Opérants dans l'ombre et abrités par l'anonymat que leur confère le réseau Internet, les trafiquants de produits pédopornographiques et les réseaux pédophiles ont su très vite s'approprier le réseau Internet. Les enfants naviguant sur Internet sont particulièrement visés et sont des cibles très vulnérables. En effet, l'expansion considérable qui se produit sur Internet et la facilité avec laquelle un acte pédophile peut être commis ont fragilisé singulièrement ces victimes. Les enfants sont bien souvent tenus dans l'ignorance des formes que prendra un éventuel acte pédophile, autant que du service virtuel par lequel il surviendra. Il s'agit d'une menace bien spécifique, ayant également un impact psychologique et juridique.

Il s'agit alors de mettre en évidence la spécificité de la pédophilie qui s'opère sur le réseau Internet **(a)** et la lutte contre la cyberpédophilie **(b).**

a. L'expansion de la pédophilie sur la toile

L'existence de contenus pornographiques impliquant des mineurs ne date pas d'aujourd'hui et n'a pas attendu l'arrivée d'Internet. Cependant, ces dernières années ont été marquées par le développement fulgurant du réseau Internet qui a permis l'émergence de nouvelles pratiques pédophiles. En effet, la pédophilie est un phénomène criminel ancien, qui a récemment pris une autre dimension. Les exploitants de contenus et matériels pédopornographiques bénéficient désormais de la nouvelle technologie, caractérisée notamment par la facilité de transmission et de retransmission des images ou vidéos ainsi que par le luxe de l'anonymat.

Pour comprendre cette explosion de la pédophilie sur la toile, nous tenterons d'examiner les mutations qui viennent de se produire grâce aux nouvelles technologies de l'information et de la communication. Puis dans un second temps, nous étudions l'ampleur du phénomène au Cameroun.

- **Les nouvelles technologies favorisant la diffusion de contenus pédopornographiques**

Multiplication d'images, échanges transnationaux massifs, fonctionnements clandestins, anonymats, "*pseudonymat*"... sont autant de possibilités offertes aux réseaux pédophiles à partir du réseau Internet. Selon la Cour suprême canadienne, *« la disponibilité généralisée des ordinateurs et d'Internet a donné lieu à de nouvelles façons de créer des images et a facilité le stockage, la reproduction et la distribution de pornographie juvénile »*[78]. Il faut admettre que le contexte nouveau, créé par le réseau Internet, combiné à la rapidité des communications et au développement des moyens informatiques, a radicalement changé la donne. Les nouvelles technologies, en particulier, celle de nos sociétés modernes, ont ouvert de nouvelles perspectives aux pédophiles, créant ainsi de nouveaux risques.

En effet, le réseau Internet a également vocation à s'appliquer à des moyens autres que les ordinateurs, en particulier les smartphones de troisième et quatrième générations, dits 3G et 4 G. En ce sens, pour naviguer sur le réseau Internet, il n'est pas nécessaire de posséder un ordinateur, cela peut être réalisé à l'aide d'un smartphone ou d'une tablette utilisant le réseau Internet comme un ordinateur, la mobilité en plus. Il s'agit d'un système vers lequel les pédophiles se tournent de plus en plus pour échanger des contenus corrupteurs à caractère pornographique impliquant des mineurs ou pour trouver de nouvelles victimes.

Néanmoins, l'utilisateur des ordinateurs et de certaines applications comme IRC ou P2P semble avoir trouvé les faveurs des réseaux pédophiles sur Internet, et l'on constate d'une manière générale que tous les protocoles de l'Internet et ses espaces publics sont mis à profit par ce dernier. Les éléments ne manquent pas pour affirmer que le réseau Internet est le vecteur d'un commerce accru de pédopornographie, et il est d'ailleurs peu contestable que ces contenus y soient plus accessibles que par les médias traditionnels.

- **L'ampleur du phénomène au Cameroun**

Le Cameroun n'a entrepris aucune action spécifique relative à la pornographie mettant en scène des enfants. Il n'y a pas de législation effective, pas d'études disponibles sur le sujet, et un manque certain de sensibilisation de la population et des professionnels encadrant les enfants. Un cadre législatif a toutefois été adopté en 2010, mais n'a pas été suivi d'effets faute de texte pour sa mise en application. Le gouvernement camerounais semble plus actif concernant la lutte contre le tourisme sexuel impliquant des enfants. Des mesures ont été prises telles que l'implication du secteur privé, l'organisation de la

---

[78]R.*c.* Sharpe, [2001]1R.C.S.45,2001CSC2.
Disponible sur : https://scc-csc.lexum.com/scc-csc/scc-csc/fr/item/1837/index.do

première journée mondiale pour un tourisme responsable et respectueux en 2007, ou encore des campagnes de recensement et de fermeture des établissements touristiques non agréés. Toutefois, les cas de poursuites engagées contre les touristes qui exploitent sexuellement les enfants sont encore très rares.

Concernant les études effectuées et la collecte des données, le Comité des droits de l'enfant a mis en avant le manque d'efficacité du système national de collecte des données relatives à l'enfant[79]. En effet, les études relatives à l'ESEC sont anciennes et peu nombreuses[80], et ne traitent pas de toutes les problématiques. Une étude a été menée en 2010 par l'Institut National de la Statistique (INS) avec l'appui du Bureau international du travail (BIT) sur l'exploitation commerciale des enfants au Cameroun[81], mais cette dernière ne traite que de la prostitution des enfants. Enfin, les données quant à l'enregistrement des naissances sont insuffisantes. Il faut enfin noter que les actions préventives font totalement défaut concernant la pornographie mettant en scène des enfants.

En matière de diffusion et de recel de pédopornographie sur Internet, le volume, la typologie et la géographie des contenus sont mal connus. Des sources diverses, de fiabilité inégale, ne permettent pas de quantifier avec précision les faits et leur évolution dans une perspective camerounaise, mais indiquent des ordres de grandeur et des tendances.

En France par contre, le témoignage de Mme Catherine CHAMBON, chef de l'OCLCTIC, tend à confirmer le grand nombre de sources de pédopornographie sur Internet[82]. Dans le même sens, Yvon TALLEC, chef du parquet des mineurs auprès du tribunal de

---

[79] Comité des droits de l'enfant, cinquante-troisième session, Examen des rapports présentés par les États en application de l'article 44 de la Convention, Observations finales : Cameroun, CRC/C/CMR/CO /2, p.5, 18 février 2010, consulté le 19 octobre 2012 depuis : http://www2.ohchr.org/english/bodies/ crc/docs/co/CRC-C-CMR-CO-2_fr.pdf.

[80] République du Cameroun, Contribution du Cameroun à la réalisation de l'étude sur les violences contre les enfants, 2006, p.6, consulté le 19 octobre 2012 depuis : http://www2.ohchr. Org/english/bodies/CRC/docs/study/responses/ cameroon.pdf

[81] République du Cameroun, Institut national de la statistique, Pires formes de travail des enfants : étude pilote sur l'exploitation sexuelle commerciale des enfants au Cameroun en 2010, consulté le 31 octobre 2012 depuis :
http://www.statisticscameroon.org/news.php?id=134

[82] CHAMBON(C.), audition du 27 avril 2004, Le forum des droits sur Internet *« Les enfants du Net II, Pédopornographie et pédophilie sur l'Internet »*, p. 9.

grande instance de Paris, constate « "une explosion" récente et dans des proportions jusqu'alors inconnues du nombre de signalements de cas de détention, de recel et de diffusion de contenus pédopornographiques sur les supports informatiques »[83].

Les statistiques issues du rapport annuel du Ministère de l'Intérieur sur la délinquance ne décrivent que les chiffres des infractions répertoriées par thème, sans la moindre précision sur les moyens utilisés par les délinquants. Le constat est le même pour commenter les statistiques issues du casier judiciaire, qui ne décrivent que le nombre de condamnations prononcées pour une infraction particulière. La difficulté de quantifier avec précision le phénomène de la pédophilie utilisant Internet et son évolution dans une perspective française a déjà été soulignée par le forum des droits sur Internet.

Cependant, l'examen des statistiques nationales issues du casier judiciaire et des enquêtes publiques ou privées, établies suite aux recherches des contenus pornographiques impliquant des mineurs sur Internet, permettraient de percevoir l'ampleur de cette menace au niveau national. Ainsi, la première grande et vaste opération, intitulée *Forum 51*, a été lancée par la gendarmerie nationale en mai 2001. Elle faisait suite à plus d'un an d'enquête sur certains canaux IRC, et a donné lieu à l'interpellation de 66 suspects domiciliés sur 27 départements, dont l'Ile de la Réunion. C'est une plainte déposée en juin 1998 au tribunal de Troyes par l'Association de protection de l'enfance *Le Bouclier*, qui a déclenché l'enquête. Elle avait déjà déposé une plainte en mai 1996 et est à l'origine de l'opération "*Achille*", avec les arrestations en décembre 1997 de *consommateurs* français de contenus pédophiles.

Confronté à cette menace, le Cameroun s'est doté d'une législation lui permettant de lutter activement contre cette forme de criminalité. La difficulté réside dans le caractère international du réseau Internet ainsi que dans ses nombreuses caractéristiques. Il s'agit pour le législateur français de lutter activement contre la pédophilie sur Internet, en incriminant tous les actes de production, de diffusion et de détention d'images ou de représentations pornographiques mettant en scène des mineurs.

[83]TALLEC(Y.), audition du 8 juin 2004, Le forum des droits sur Internet, *op.cit.*, p. 8.

b. La pédopornographie sur Internet

En engageant les États signataires à prendre les dispositions appropriées pour empêcher que des « enfants ne soient exploités aux fins de la production de spectacles ou de matériels de caractère pornographique »[84], l'article 34 de la Convention internationale relative aux droits de l'enfant du 20 novembre 1989 identifie la pédopornographie comme une violation des droits de l'enfant[85]. L'entrée en vigueur de cette Convention dans le droit positif français a été déterminante. Elle s'est soldée notamment par la création d'une nouvelle infraction réprimant l'exploitation de l'image d'un mineur lorsque cette image présente un caractère pornographique. Codifiée à l'article 227-23 du Code pénal, cette incrimination est le résultat d'un amendement parlementaire présenté à l'incitation d'associations familiales et de magistrats préoccupés par ce phénomène[86].

La lutte contre la pédopornographie, ainsi que la prévention de cette infraction, exige une mobilisation institutionnelle sans faille, qui impose que l'appareil judiciaire soit doté des moyens les plus efficaces pour sanctionner les auteurs de tels actes et pour éviter ou limiter la récidive. Des règles juridiques sur le plan coercitif, mais aussi des moyens techniques sur le terrain sont donc nécessaires.

- **Les règles juridiques**

La loi camerounaise n° 2010/012 du 21 décembre 2010 relative à la cybersécurité et à la cybercriminalité[87] définit un cadre légal et institutionnel pour le cyberespace. Les articles 76 et 81 de la loi répriment la conception et la diffusion des images à caractère pédopornographique, ainsi que la diffusion, l'enregistrement ou la détention d'images présentant des actes de pédophilie sur un mineur ou image pornographique représentant des mineurs, et enfin l'offre, la production et la mise à disposition de la pornographie mettant en

---

[84] Le forum des droits sur l'Internet, *« Les enfants du Net II »*, *op.cit.*, p. 14.

[85] La Convention des Nations Unies relative aux droits de l'enfant adoptée à New York le 20 novembre 1989 a été ratifiée par la France le 26 janvier 1990 par la loi n° 90-548 du 2 juillet 1990, *JO*, n° 154, 5 juillet 1990.

[86] ROUJOU DE BOUBEE (V-G.), BOULOC (B.), FRANCILLON (J.), MAYAUD (Y.), *Code pénal commenté,* Dalloz, Paris, [1996], p. 506.

[87] Loi n° 2010/012 du 21 décembre 2010 relative à la cybersécurité et à la cybercriminalité, consultée le 19 octobre 2012 depuis : http://www.antic. Cm/images/stories/data/IMG/pdf/cybersécurité/Loi_2010-012_cybersecurite_cybercriminalite.pdf

scène des enfants. L'article 81 ne présente également une définition de la pornographie représentant des mineurs, qui n'est cependant pas conforme au protocole facultatif puisqu'elle ne comprend pas les actes sexuels explicites simulés, ni la représentation des organes sexuels d'un enfant. De plus, la loi ne s'applique qu'aux images et ne comprend pas le matériel audio ou écrit ni la pédopornographie virtuelle. Enfin, il est prévu que trois structures soient en charge de la gestion de la cybersécurité et de la cybercriminalité : le Ministère des Postes et Télécommunications, l'Agence nationale des technologies de l'information et de la communication (ANTIC)[88], et l'Agence de régulation des télécommunications (ART)[89].

Il convient de noter que bien avant l'entrée en vigueur de cette loi au Cameroun, ce sont les dispositions générales (articles 264 et 265 du Code pénal), contre l'outrage aux mœurs et les publications obscènes (exposition ou distribution de tout écrit, dessin ou objet obscène), qui s'appliquaient. Le Cameroun a pris part à de nombreux traités internationaux et régionaux relatifs directement ou indirectement à l'exploitation sexuelle des enfants à des fins commerciales, mais n'a toutefois toujours pas ratifié la Convention concernant le trafic d'enfants, leur prostitution et la pornographie les mettant en scène, adoptée en 2000. Les instruments internationaux ratifiés acquièrent quant à eux une valeur supra légale en vertu de l'article 45 de la Constitution camerounaise[90]. Lors de la dernière évaluation du Cameroun, le Comité des droits de l'enfant a souligné les efforts fournis par les autorités camerounaises concernant les dispositions législatives nouvellement adoptées pour la lutte contre l'ESEC, et a demandé à l'État de poursuivre ces efforts[91]. Malgré l'élaboration en

[88] Agence Nationale des Technologies de l'Information et de la Communication (ANTIC) : http://www.antic. cm/index.php ? option=com_content&view=article&id=83&Itemid=11

[89] Ministère des Postes et Télécommunications. État des lieux de la problématique de la cybersécurité et de la cybercriminalité au Cameroun. 01 Février 2012. Consulté le 19 octobre 2012 depuis :
http://www.minpostel.gov.cm/index.php/fr/actualites/127-etat-des-lieux-de-la-problematiquede-la-cybersecurite-et-de-la-cybercriminalite-aucameroun.

[90]Constitution du Cameroun de 2008, article 45 http://www.icrc.org/ihl-nat.nsf/0/7e3ee07f489d674dc1256ae9002e3915/$FILE/Constitution%20 Cameroon%20-%20FR.pdf

[91]Comité des droits de l'enfant, cinquante-troisième session, Examen des rapports présentés par les États en application de l'article 44 de la Convention, Observations finales : Cameroun, CRC/C/CMR/CO/2, p.22, 18 février 2010, consulté le

cours d'un projet de Code de protection de l'enfant, le dispositif national est encore lacunaire sur certains points tels que l'âge de la majorité qui reste différent concernant le mariage pour les garçons (18 ans) et pour les filles (15 ans)[92].

En France par contre, le législateur a très tôt pris conscience de la nécessité de légiférer dans ce domaine. Il a, en modifiant l'ancien article 227-23 du Code pénal[93], instauré une nouvelle infraction spécifique condamnant l'exploitation pornographique de l'image d'un mineur sur Internet. Ainsi, constitue une circonstance aggravante, le fait de commettre ledit délit « [...] lorsqu'il a été utilisé, pour la diffusion de l'image ou de la représentation du mineur à destination d'un public non déterminé, un réseau de télécommunication »[94]. En aggravant l'incrimination de la diffusion d'images pédophiles au réseau Internet, le législateur français montre qu'il a très tôt eu conscience du défi qu'impose ce dernier, devenu en quelques années l'instrument principal utilisé par les réseaux pédophiles pour communiquer et échanger des fichiers entre eux[95].

Avec la loi n° 2013-711 du 5 août 2013[96], le législateur vient combler l'insuffisance du texte, notamment sur l'élément matériel de l'infraction. En effet, avant ladite loi, l'élément matériel était constitué par deux actions complémentaires : la première étant le fait de « fixer, d'enregistrer ou de transmettre[97] l'image ou la

19 octobre 2012.

92 République du Cameroun, Comité des droits de l'enfant, Cinquante troisième session, 11 – 29 janvier 2010, Examen du deuxième rapport du Cameroun sur la mise en œuvre de la Convention relative aux droits de l'enfant, Réponses du Gouvernement au Comité des droits de l'enfant, novembre 2009, consulté le 30 octobre 2012 depuis : http://2doc.net/rg9sr.

93 Modifié par la loi n° 98-468 du 17 juin 1998, *JO*, n° 139, 18 juin 1998, p. 9255.

94 Alinéa 3 de l'article 227-23CP.

95 Les peines sont portées à cinq ans d'emprisonnement et 75 000 euros d'amende lorsqu'un réseau de télécommunication est utilisé. Elles ont été portées à sept ans d'emprisonnement et 100 000 euros d'amende avec la loi n° 2006-399 du 4 avril 2006, *JO*, n° 81, 5 avril 2006, p. 5097.

96 *JO*, n° 181, 6 août 2013, p. 1338. Dispositions portant transposition de la directive 2011/93/UE du Parlement européen et du Conseil du 13 décembre 2011 relative à la lutte contre les abus sexuels et l'exploitation sexuelle des enfants, ainsi que la pédopornographie et remplaçant la décision-cadre 2004/68/JAI du Conseil, articles 5 à 6.

97 Sur le terrain de la rédaction, les termes employés soulèvent un problème d'interprétation lié au mot "transmettre". Qu'est-ce qu'une transmission en vue d'une diffusion ? Faut-il faire une distinction entre une forme de transmission licite parce qu'elle ne se ferait pas en vue de la diffusion et une forme de transmission

représentation d'un mineur lorsque cette image ou cette représentation présente un caractère pornographique » ainsi que de « l'importer ou de l'exporter, de la faire importer ou de la faire exporter ». La seconde action est la diffusion[98]. Pour que l'infraction soit constituée, il faut donc que ces différents agissements, ou l'un d'entre eux soient commis en vue d'une diffusion a posteriori. A contrario, et comme le souligne la professeure Michèle-Laure RASSAT, « l'infraction n'a pas pour objet de sanctionner un acte d'immoralité personnelle, puisqu'il est licite de réaliser toutes les productions que l'on veut à partir d'enfants, du moment qu'on le fait pour satisfaire ses propres fantasmes »[99]. Si au départ, l'intervention du juge a été nécessaire pour combler l'insuffisance du texte[100], le législateur est venu poser par la suite un cadre légal, en modifiant l'article 227-23 du Code pénal.

Ces dispositions du Code pénal français sont à rapprocher de l'article 80 de la loi camerounaise de 2010 sur la cybercriminalité qui dispose : « (1) Est puni d'un emprisonnement de trois (3) à six (06) ans et d'une amende de 5 000 000 (cinq millions) à 10 000 000 (dix millions) F CFA ou de l'une de ces deux peines seulement, celui qui diffuse, fixe, enregistre et vend ou transmet gratuitement l'image présentant les actes de pédophilie par voie de communications électroniques ou d'un système d'information. (2) Est puni des mêmes peines prévues à l'alinéa 1 ci-dessus, quiconque offre, rend disponible ou diffuse, importe ou exporte, par quelque moyen électronique que ce

---

illicite parce qu'elle serait faite dans ce but de diffusion ?

[98] Cass. crim. 12 septembre 2007, n° 06-86.763, *Juris-Data* n° 2007-040914 ; Dr. pén 2007, comm. 152, Véron. Dans une interprétation stricte non pas de la diffusion, mais de son objet, la chambre criminelle estime que c'est uniquement la diffusion des images elles-mêmes qui constitue le délit et que la simple diffusion des moyens de se les procurer ne suffit pas en précisant que *« l'envoi d'un message ne contenant que l'adresse d'un site Internet et le lien permettant d'y accéder ne suffit pas à caractériser le délit ».*

[99] RASSAT (M-L.), *Droit pénal spécial. Infraction des et contre les particuliers* 7e éd., Paris, Dalloz, [2014], pp.701 et 702.

[100] T. corr., Le Mans, 16 février 1998. Vu l'inapplicabilité de l'article 227-23 CP qui n'incrimine pas la possession d'images pédophiles, le tribunal a sanctionné le prévenu sur le fondement de l'article 321-1 CP, pour recel d'images incriminées. En effet, le tribunal a estimé que les images téléchargées par le prévenu étaient *« particulièrement repoussantes, que leur nombre impressionnant dénote plus qu'une simple curiosité malsaine, et que par ses paiements, le prévenu a entretenu des réseaux pédophiles ».*

soit, une image ou une représentation à caractère pédophile. (3) Est puni d'un emprisonnement d'un (1) à cinq (05) ans et d'une amende de 5 000 000 (cinq millions) à 10 000 000 (dix millions) F CFA ou de l'une de ces deux peines seulement, celui qui détient dans un réseau de communications électroniques ou dans un système d'information, une image ou une représentation à caractère pédophile. (4) Les peines prévues à l'alinéa 3 ci-dessus sont doublées, lorsqu'un réseau de communications électroniques a été utilisé pour la diffusion de l'image ou la représentation du mineur à destination du public. (5) Les dispositions du présent article sont également applicables aux images pornographiques mettant en scène les mineurs ».

En France désormais, lorsque le mineur a entre quinze et dix-huit ans, le premier délit visé est celui de la fabrication de l'image pornographique du mineur en vue de sa diffusion. Cette forme de l'élément matériel reste inchangée par rapport au droit antérieur. Mais la précision que cet élément matériel de l'infraction ne concerne plus que les mineurs de quinze à dix-huit ans se déduit de la loi du 5 août 2013, qui a prévu un régime différent, excluant la condition de diffusion future, pour le mineur de moins de quinze ans. En d'autres termes, le fait de fixer, d'enregistrer ou de transmettre l'image ou la représentation d'un mineur de moins de quinze ans, lorsque cette image ou représentation présente un caractère pornographique, est directement punissable même si ces agissements ou l'un d'entre eux, ne sont pas commis dans le but d'être diffusés. Il n'en demeure pas moins que la simple réalisation, avec des mineurs, d'images pornographiques destinées ou non à être diffusées, constitue le délit de corruption de mineurs[101].

Pour répondre à la jurisprudence qui avait jugé, à juste titre, que la détention de matériel pornographique ne se confond pas avec la consultation de sites Internet pornographiques qui devait donc échapper à la répression[102], la loi n° 2007-297 du 5 mars 2007[103] a jugé utile d'incriminer distinctement cette consultation au compte des formes possibles de l'infraction de l'article 227-23 du Code pénal, tout en précisant qu'il devait s'agir d'une consultation "habituelle", et la loi du 5 août 2013 a rajouté, à l'alinéa 4 de l'article 227-23 du Code

---

[101] En ce sens, voir l'article 227-22 CP.

[102] Cass. crim., 5 janvier 2005, n° 04-82.524, *Juris-Data* n° 2005-026727 ; voir aussi CA Douai, 30 juin 2005, n° 04-01.292, *Juris-Data* n° 2005-285262.

[103] *JO*, n° 56, 7 mars 2007, p. 4297.

pénal, la consultation « en contrepartie d'un paiement » ce qui doit vouloir dire que, dans ce cas, « une consultation unique suffit, mais qu'il aurait mieux valu le préciser »[104].

Enfin, le législateur français vient également confirmer les positions antérieures, notamment sur l'élément moral de l'infraction. C'est ainsi qu'il est systématiquement jugé qu'il suffit que « le prévenu ait eu conscience que la publication, le dessin, la gravure étaient contraires aux bonnes mœurs, pour qu'il soit condamnable »[105]. Le délit de l'exploitation de l'image d'un mineur est donc un délit intentionnel dont l'élément moral est établi directement à l'égard de tous ceux qui seront informés de la nature des images fabriquées et diffusées. L'article 227-23 alinéa 7 du Code pénal est applicable chaque fois que "la personne représentée a l'aspect physique d'un mineur". L'élément moral de l'infraction est présumé, mais, d'une part, les juges du fond apprécient librement si le sujet représenté a ou non "l'apparence d'un mineur" et, d'autre part, il ne s'agit que d'une présomption simple emportant renversement de la charge de la preuve si le prévenu arrive à prouver que le sujet avait dix-huit ans au jour de la fixation de l'image.

Au Cameroun, les textes sur la cybercriminalité visent le mineur de moins de 15 ans. Ainsi, selon l'article 81 de la loi de 2010 : « - (1) Sont punis des peines prévues à l'article 82 ci-dessous, les faits ci-dessous, lorsqu'ils sont commis en utilisant un réseau de communications électroniques ou un système d'information : - l'offre, la production, la mise à disposition de pornographie infantile en vue de sa diffusion ; - le fait de se procurer ou de procurer à autrui de la pornographie infantile par le biais d'un système d'information ; - le fait pour les personnes majeures de faire des propositions sexuelles à des mineurs de moins de quinze (15) ans ou une personne se présentant comme telle ». Le même âge est également visé à l'article 82 de la même loi : « - Est puni du double des peines prévues à l'article 79 de la présente loi, celui qui commet ou tente de commettre par voie de communications électroniques un outrage à la pudeur sur un mineur de moins de quinze (15) ans ».

---

104 RASSAT (M-L.), *« Mise en péril des mineurs »*, *op. cit.*, p.12.

105 Cass. crim., 17 juillet 1903, *Bull. crim.*, n° 268 ; voir aussi CA Besançon, 30 mai 1900, *Gaz. Pal.*, [1900], p. 550.

- **Les moyens techniques**

La lutte contre les réseaux pédophiles en ligne s'organise en France. Aujourd'hui, on constate un nombre très important de services de police et de gendarmerie, et d'unités d'enquêtes en général qui sont compétents pour traiter des délits de production, de diffusion et de détention d'images pornographiques sur Internet impliquant des mineurs. On peut citer le cas de l'OCLCTIC et du Centre national d'analyse des images pédopornographiques qui disposent tous deux de missions spécifiques[106]. C'est aussi le cas de la plateforme PHAROS, créée à l'initiative du Ministère de l'Intérieur, et chargée de recueillir notamment sur son site Internet<*www.internet-signalement.gouv.fr*> les signalements de contenus pornographiques sur le réseau Internet. Cette dernière est également chargée d'effectuer des rapprochements entre eux et de les orienter vers les services enquêteurs compétents en vue de leur exploitation. Ainsi, en 2014, sur plus de 137 456 signalements enregistrés sur le réseau Internet, près de 20 % visent la pédopornographie et la prédation sur mineurs[107].

Par ailleurs, les nouvelles potentialités offertes aux réseaux pédophiles exigent aussi de développer un cadre procédural adapté aux nouvelles formes de la pédophilie. En ce sens, le législateur est intervenu, à plusieurs reprises, pour officialiser certaines pratiques jugées *contra legem*, mais dont l'efficacité est évidente. Ainsi, la loi du 5 mars 2007 relative à la prévention de la délinquance prévoit un dispositif particulier de lutte contre la pédophilie. Ce dispositif tend à renforcer, amplifier et diversifier les moyens destinés à appréhender la transformation de la pédophilie utilisant le réseau Internet. Ainsi, en application de ce dispositif spécifique, les officiers ou agents de police judiciaire spécialisés et spécialement habilités peuvent utiliser un pseudonyme pour participer aux échanges électroniques de contenus pédopornographiques. De même, ils sont compétents pour entrer en contact, par voie électronique, avec des personnes susceptibles d'être

---

[106] Depuis l'année 2003, le Centre national d'analyse des images pédopornographiques ou «*CNAIP*» est l'organisme de la gendarmerie nationale, placé auprès du Département Internet du service technique de recherches judiciaires et de documentation. Il s'est vu octroyer la mission de collecter et d'analyser l'ensemble des images recueillies par les différents services d'enquête français. À ce jour, plus de 470. 000 images et vidéos ont été saisies au cours des enquêtes judiciaires.

[107] Disponible sur
https://www.internet-signalement.gouv.fr/PortailWeb/planets/Actualites.action.

des auteurs des infractions et ils peuvent extraire, transmettre et acquérir des sites et des espaces d'Internet concernés, les contenus illicites, et en assurer la conservation.

« Dans le but d'éradiquer ce fléau, le législateur est même allé plus loin, en allant au- delà du simple contrôle et surveillance des espaces virtuels d'Internet. Il a autorisé les officiers ou agents de police judiciaire spécialisés et spécialement habilités, à posséder et à échanger gratuitement du contenu pédopornographique, voire à s'abonner aux sites Internet commercialisant ce genre de contenu »[108]. « Ce dispositif procédural permet aux enquêteurs de s'adapter aux nouvelles exigences de la lutte contre une criminalité en mutation permanente »[109]. Mais ce dispositif d'infiltration suscite des interrogations concernant les modalités de sa mise en œuvre sur le réseau Internet et les risques qu'il peut entraîner. Dans l'environnement virtuel d'Internet, il est possible qu'un utilisateur fasse un relais involontaire de contenu pédopornographique. Comment alors identifier un pédophile sur le réseau Internet ? « Conscient de ces enjeux, le législateur a assorti ce dispositif particulier d'un certain nombre de garanties qu'on retrouve dans le rapport de la commission de l'Assemblée nationale [110]».

Il y a d'abord la limitation du cadre de son application. Ce dispositif est strictement réservé à la répression des infractions prévues aux articles 227-18 à 227-24 du Code pénal[111]. Ensuite, la mise en œuvre de telles procédures d'infiltration ne peut constituer, sous peine de nullité, une provocation à l'infraction, comme l'a rappelé la Cour de cassation dans un arrêt du 11 mai 2006[112]. Enfin, « les officiers ou

---

[108]JABBER (A.), « Les infractions commises sur Internet », op. Cit., p. 282.
[109] Ibid.
[110] Ibid., pp. 282-283 ; HOUILLON (P.), « Rapport au nom de la Commission des lois de l'Assemblée nationale relatif au Projet de loi relatif à la prévention de la délinquance », Assemblée nationale, n° 3436, 15 novembre 2006, p. 183.
[111] Provocation à l'usage ou au trafic de stupéfiants (art. 227-18 et 227-18-1), provocation à la consommation habituelle d'alcool (art. 227-19) provocation à commettre un crime ou un délit (art. 227-21), corruption de mineur (art. 227-2), enregistrement d'images pornographiques de mineurs en vue de leur diffusion (art. 227-23), fabrication et diffusion de messages violents ou pornographiques susceptibles d'être vus par des mineurs (art. 227-24).
[112] Cass. Crim., bull. crim. N° 132, p. 482, 11 mai 2006, Juris-Data n° 05-84.837 ; le fait pour un agent de police ou un intermédiaire de se connecter sur Internet en se présentant comme un mineur recherchant des relations sexuelles constitue une provocation au délit de transmission de fichiers pédophiles et constitue également

agents de police judiciaire pouvant utiliser ces méthodes dérogatoires, sont spécialement habilités par le procureur près de la Cour d'appel de Paris et sont affectés dans un service spécialisé »[113].

Dans ce contexte, la question qui se pose désormais est de savoir quel effet pourrait avoir du contenu pornographique lorsqu'il est visualisé par des mineurs. Au Cameroun, l'absence d'institutions en charge spécifiquement de la promotion des droits des enfants limite sur le plan opérationnel, les actions préventives contre leur exploitation sexuelle.

En matière de sensibilisation, outre le plan national de 2009 qui est resté sans effet, le Ministère des Affaires sociales (MINAS) a mené la campagne « Halte à la traite et à l'exploitation sexuelle des enfants », avec l'appui de l'UNICEF en 2012 dans plusieurs régions du Cameroun[114]. De plus, concernant spécifiquement le tourisme sexuel, la première journée mondiale pour un tourisme responsable et respectueux, intitulée « non au tourisme sexuel crime sans frontières » a été organisée en juin 2007 au Cameroun[115]. Par ailleurs, les organes de presse (audiovisuel, radio, presse écrite) et les ONG camerounaises (Fédération camerounaise des associations, centres et clubs UNESCO et DEI Cameroun) ont développé des émissions de vulgarisation des droits de l'enfant. Les ONG ont également organisé des formations, des séminaires, des distributions de la Charte africaine des droits et du bien-être de l'enfant (CADBE), et ont développé des guides d'information sur l'exploitation sexuelle des enfants au Cameroun avec des campagnes de sensibilisation (École instrument paix (EIP) Cameroun avec l'appui de l'UNICEF)[116].

---

une provocation à l'infraction d'exploitation d'images pédophiles, entraînant ainsi la nullité des poursuites ainsi que de celle des aveux du prévenu.

[113] HOUILLON (P.), « Rapport au nom de la commission des lois de l'Assemblée nationale relatif au Projet de loi relatif à la prévention de la délinquance », op. cit. p. 183.

[114] Cameroon Tribune, Cameroun : Halte au trafic des enfants à Bafoussam ! 1 Juin 2012, consulté le 19 octobre 2012 depuis : http://www.camer.be/ index1.php ? art=19615&rub=11 : 1

[115] 1 CITR - Coalition internationale pour un Tourisme responsable, Non au tourisme sexuel, Crime sans frontières, 2 juin 2007, consulté le 19 octobre 2012 depuis : http://www.coalition-tourismeresponsable.org/journ%C3%A9e-mondiale/jmtr2007/

[116] Rapport alternatif des OSC sur la Mise en Œuvre de la Charte africaine des Droits et du bien-être de l'Enfant au Cameroun, Plan Cameroon, COCADE, octobre 2010, page 6, consulté le 19 octobre 2012 depuis : www.crin.org/docs/Rapport%20 alternatif_1.doc

Concernant les actions pour la formation et l'éducation, le Cameroun a adopté le code mondial d'éthique du tourisme, et a organisé des sessions de sensibilisation et de formations, notamment avec les opérateurs privés du secteur touristique[117]. La Commission nationale des droits de l'homme et des libertés (CNDHL) a également organisé des sessions de sensibilisation pour les agents des services de police et les magistrats sur le droit pénal. Par ailleurs, les ONG locales travaillent sur le terrain pour sensibiliser et former les juges, avocats, travailleurs sociaux et agents de police, ainsi que pour identifier les victimes de la traite[118]. Par ailleurs, le secteur privé a également développé quelques initiatives, et notamment le groupe hôtelier ACCOR[119], qui a signé le Code de conduite pour la protection des enfants contre l'exploitation sexuelle dans le voyage et le tourisme[120], et organisé des actions de sensibilisation de ses clients ainsi que des formations pour ses employés. Le gouvernement a également adopté des mesures pour lutter contre l'exposition des mineurs aux contenus pornographiques sur Internet.

2. L'exposition grandissante des mineurs aux contenus pornographiques sur Internet

« La moralité du mineur est aujourd'hui protégée. La loi pénale impose de ce fait le principe d'une certaine moralisation du réseau Internet »[121]. Bien que n'étant pas illicite, la diffusion de contenus et d'images pour adultes le devient lorsqu'elle est destinée à un mineur ou au moins susceptible d'être reçue par celui-ci. « En dépit des preuves accablantes de son rôle dans la criminalité sexuelle, et surtout à la place des mineurs dans notre société moderne, et au-delà de cet aspect effrayant, la pornographie est une des sources légales de savoir

---

[117] Comité des droits de l'enfant, examen des rapports présentés par les États en application de l'article 44 de la Convention, deuxième rapport périodique des États parties devant être soumis en 2000 : Cameroun, CRC/C/CMR/2, p. 43, 22 octobre 2009, consulté le 19 octobre 2012 depuis : http://www2.ohchr.org/english/bodies/crc/docs/Advance Versions/CRC.C.CMR.2_fr.pdf

[118] Justice and Peace Commission Bamenda, consulté le 19 octobre 2012 depuis : http://www. justiceandpeacebamenda.org/projects/fightagainst-child-trafficking/

[119] ACCOR, Protection de l'enfance, consulté le 19 octobre 2012 depuis : http://www.accor.com/fr/actualites/accor-prizewinner-of-the-2010-globalvision-awards-for-its-policy-to-fight-sexual-tourisminvolving-children.html

[120] The Code, consulté le 19 octobre 2012 depuis : www.thecode.org.

[121] JABBER (A.), « Les infractions commises sur Internet », op. Cit., p. 285.

et de plaisir pour les majeurs. À vrai dire, si ce type de contenu est une caractéristique dans la vie d'un certain nombre de délinquants sexuels, il l'est également pour certaines personnes qui n'ont jamais commis d'infractions sexuelles »[122]. L'évolution des NTIC a permis à la pornographie de se développer à grande échelle, se diffusant sur la toile avec une facilité déconcertante. Mais cette évolution n'est pas sans poser de problème, en particulier ceux concernant la protection des mineurs. Ainsi, pour discerner cette réalité, nous étudierons la spécificité de la répression liée à l'utilisation d'Internet pour la diffusion de contenu pornographique **(a)** avant d'envisager les difficultés d'application du droit pénal liées aux contraintes techniques d'Internet **(b).**

a. La spécificité de la répression de l'utilisation d'Internet pour la diffusion de contenu pornographique

L'objet de la protection est distinct de l'objet du support.

- La spécificité résultant de l'objet de la protection : l'enfant

L'infraction de diffusion de contenus pornographiques à des mineurs, protège le mineur non pas en tant qu'il est l'objet de la représentation, mais en tant qu'il en est destinataire ou qu'il peut en être spectateur. Pour ce faire, le Code pénal français a aménagé une forte protection des mineurs en prévoyant au sein du Chapitre VII du titre II, une section 5 intitulée *De la mise en péril des mineurs*. Codifiée à l'article 227-24 du Code pénal, cette incrimination vise *« la fabrication, le transport, la diffusion, le commerce de contenu à caractère pornographique dès lors que ce contenu est susceptible d'être vu ou perçu par un mineur »*[123]. Cet élément matériel particulièrement large permet d'atteindre tous ceux qui interviennent dans l'exploitation des images ou vidéos pornographiques, au stade de la fabrication et de la diffusion. L'élément matériel est ici complété par « l'incrimination du fait de "faire du commerce", ce qui permet également d'atteindre tous ceux qui, en amont, auront financé les fabrications et, en aval, perçoivent les produits de l'exploitation, même s'ils ne sont à aucun moment intervenus dans l'activité matérielle elle-même »[124]. Cette précision revêt toute son importance dans la mesure où l'omniprésence de la pornographie sur Internet est

[122] Ibid.

[123] Art. 227-24 CP.

[124] RASSAT (M-L.), « Mise en péril des mineurs », *op. cit.* p. 16.

susceptible de toucher les mineurs. La volonté du législateur d'élargir le champ d'incrimination de cet article est alors en adéquation avec la nécessité de protéger les mineurs sur Internet.

« Initialement conçue pour moraliser le Minitel, cette disposition permet donc de réprimer la diffusion via Internet de contenus pornographiques susceptibles d'être perçus par un enfant »[125]. À l'analyse, il s'avère que le législateur est resté volontairement très vague sur la notion de support utilisé comme moyen de la communication pornographique et a retenu, au contraire, « une approche ouverte pour précisément en permettre l'adaptation et l'évolution »[126]. De fait, « ayant les mêmes caractéristiques, le réseau Internet, comme tous les moyens de communication modernes, tombe dans le champ d'application de l'article 227-24 du Code pénal »[127].

Par ailleurs, il importe peu que « ce message ait été effectivement perçu ou vu par le mineur dans la mesure où il suffit qu'il soit susceptible de l'être »[128]. Ainsi, l'infraction ne sera pas caractérisée si le contenu litigieux n'a pas été accessible aux mineurs. En revanche, elle sera constituée même si le contenu n'est a *priori* destiné qu'à des adultes, dès lors que « les précautions prises pour n'atteindre que les majeurs étaient manifestement vouées à l'inefficacité »[129]. En l'espèce sur Internet, la cour d'appel d'Angers a estimé que ce délit se trouve ainsi réalisé par « le seul fait du manquement aux obligations de sécurité pouvant empêcher l'accès au mineur »[130].

- **La spécificité résultant de l'objet du support : le réseau Internet**

Comme le souligne le forum des droits sur Internet, à la différence des autres médias existants, le réseau Internet ne fait pas, en France, l'objet d'une régulation spécifique en tant que support de communication. En effet, « les contenus diffusés en ligne ne font pas l'objet de régulation centralisée comme en sont l'objet, les œuvres cinématographiques ou la télévision, qu'examinent des autorités

[125] JABBER (A.), « Les infractions commises sur Internet », *op. cit.* p. 294.
[126] Ibid.
[127] Ibid.
[128] BOULOC (B.), « Droit pénal général », 23e éd., Dalloz, Paris, [2013].
[129] CONTE (P.), « Les outrages aux bonnes mœurs : Liberté de la presse et droit pénal », PUAM, Aix-en-Provence, [1994], pp. 187 et s.
[130] CA Angers, 10 juin 2003, Juris-Data n° 2003-219630.

administratives ad hoc chargées de s'assurer spécifiquement de l'application et du respect de la loi sur ces supports. Pour le réseau Internet, il n'existe rien de tel »[131].

Pourtant, à plusieurs reprises, « l'Union européenne s'est prononcée et a fixé à l'intention des États membres, des orientations sur la question de la protection de l'enfance face aux contenus pornographiques sur Internet »[132]. Néanmoins, « aucune mesure coercitive n'a été mise en place et l'approche communautaire laisse chaque État libre d'établir par la loi le niveau de protection des mineurs, tout comme les moyens mis en œuvre pour en assurer le respect »[133].

« Les périls que la perversion des nouvelles technologies d'Internet fait peser sur l'épanouissement des mineurs justifient la rigidité du texte pénal. À la différence des médias traditionnels qui sont soumis à des règles strictes de conduite et de contrôle, telles que le choix de l'heure et de la diffusion, le réseau Internet semble échapper à ces règles »[134]. Ainsi, l'application du droit pénal est rendue difficile par les contraintes techniques que revêt le réseau Internet.

b. Les difficultés d'application du droit pénal liées aux contraintes techniques d'Internet

S'agissant de la pornographie adulte diffusée sur Internet, l'article 80 de la loi de 2010 semble porteur d'une forte protection en faveur des enfants. Mais par son inadaptation aux contraintes techniques d'Internet, il est également porteur d'insécurité juridique. De plus, l'état actuel du texte semble constituer une menace économique à l'encontre du marché virtuel de la pornographie.

- Inadaptation juridique et technicité du réseau Internet

Utilisateur d'Internet, chaque citoyen est aujourd'hui repérable par les données qu'il laisse, ou que d'autres laissent sur lui, à travers une quantité de dispositifs : e-mails, moteurs de recherche et sites web sont autant de supports où la frontière entre vie privée et vie publique est difficilement mesurable. « Si la réponse répressive de

---

[131] Le forum des droits sur l'Internet, « Les enfants du net et l'exposition des mineurs aux contenus préjudiciables sur Internet », 11 février 2004, pp. 26 et s.
[132] *Ibid.*
[133] *Ibid.*
[134] JABBER (A.), « Les infractions commises sur Internet », op. cit. p. 286.

l'article 227-24 du Code pénal est adéquate pour protéger les enfants, force est de constater qu'elle ne l'est pas en ce qui concerne les pratiques "innocentes", c'est-à-dire, la commercialisation et le partage légal de contenus pornographiques entre internautes adultes »[135]. L'état actuel de notre législation ne permet pas d'opérer une telle distinction, et quand bien même il serait en mesure de le faire, les caractéristiques propres à Internet, qui en font un moyen de communication à la fois public et privé, posent des problèmes.

Cette remarque prend tout son sens dans la mesure où l'article 227-24 du Code pénal incrimine seulement la diffusion publique[136]. Mais étant publique, cette diffusion peut éventuellement exposer les mineurs. *A contrario*, la diffusion privée de telles données[137] ne devrait pas conduire, en théorie, à engager la responsabilité pénale de leurs auteurs. Or « l'architecture matérielle d'Internet se joue du caractère public/privé du fait de l'interchangeabilité de ces deux notions »[138].

Dans ce contexte, comment peut-on distinguer sur Internet les données pornographiques issues d'une diffusion privée de celles découlant d'une diffusion publique ? En outre, sur le réseau Internet, ces données peuvent aisément être réutilisées pour le compte d'une autre personne, voire modifiées ou transformées. À vrai dire, Internet est souvent présenté comme « l'exemple paradigmatique d'un parasitage croisé entre le domaine du privé et la sphère du public. De manière générale, le réseau est brocardé comme le lieu par excellence d'une dissolution du partage public/privé, et du déploiement d'une transparence généralisée portée par un idéal de libre circulation de l'information »[139]. Partant de cet état de fait, face à ce caractère fluctuant de données, il serait opportun de rechercher l'élément intentionnel tout en distinguant entre les données stables et celles qui ont subi des changements.

---

[135] JABBER (A.), « Les infractions commises sur Internet », op. cit. p. 296.
[136] À notre sens, il est à supposer qu'à la lecture de l'article 227-24 du CP, seule la diffusion publique pourrait donner lieu à une incrimination.
[137] Faites par des adultes.
[138] JABBER (A.), « Les infractions commises sur Internet », op. cit. p. 296.
[139] LOVELUCK (B.), « Permanence et recomposition du partage public/privé à l'ère d'Internet », Section thématique 66 « Le partage public-privé : généalogie et recomposition », 12e Congrès de l'Association française de science politique, Archive ouverte en Science de l'Homme et de la Société, éd. num. Paris, [2013].
n° 01/03637, Juris-Data n° 2002-172666.

- **Inadéquation législative et handicap économique**

Plusieurs responsables de sites pornographiques ont été condamnés pour ne pas avoir utilisé un système efficace de refus d'accès de ces données aux mineurs. En effet, sur la base de cet article, la Cour d'appel de Paris a condamné le 2 avril 2002, un responsable de sites pornographiques, à 30 000 euros d'amende, estimant qu'il « appartient à celui qui décide à des fins commerciales de diffuser des images pornographiques sur le réseau Internet dont les particulières facilités d'accès sont connues, de prendre les précautions qui s'imposent pour rendre impossible l'accès des mineurs à ces messages »[140]. De plus, la Cour d'appel a estimé que « les mises en garde et informations sur les logiciels de restriction d'accès présentes dans les pages d'accueil [...] ne sauraient être considérées comme des précautions utiles puisqu'elles interviennent alors que le mineur est déjà entré dans le site, et n'empêchent nullement la vision des textes et photos de présentation qu'elles peuvent au contraire avoir pour effet de rendre attractives »[141].

Pourtant, ni l'article 227-24 du Code pénal ni la jurisprudence ne donnent de précisions quant aux moyens techniques disponibles pour empêcher l'accès des mineurs aux éventuels contenus préjudiciables, tout en permettant l'accès à ceux-ci pour les adultes. En imposant sur le réseau Internet une stricte application de l'article 227-24 du Code pénal, la jurisprudence se heurte d'évidence à une difficulté économique de taille. Comment restreindre l'accès à ces contenus aux mineurs tout en permettant l'accès aux majeurs ? Comment restreindre l'accès à ces contenus sans que ces contrôles bénéficient aux concurrents étrangers, non tributaires des mêmes dispositions ? En effet, la dimension économique de la question est loin d'être à négliger. Il s'agit d'un marché par essence transnational en forte expansion.

En ce sens, les mesures à prendre ne doivent plus se limiter à dissuader les mineurs, mais doivent agir positivement pour leur en empêcher l'accès. Le principe posé est celui de « l'obligation de précaution qui s'impose au diffuseur du message et non au receveur, l'accessibilité aux dites images étant bien le fait de leur

---

[140] CA Paris, 13e ch. A, 2 avril 2002, n° 01/03637, Juris-Data n° 2002-172666.
[141] Ibid.

commercialisation et non de la carence éventuelle des parents ou de la permissivité ambiante »[142].

Face à l'impossibilité pour le réseau Internet d'emprunter les modes de contrôle propres aux médias traditionnels, la régulation sur Internet devrait s'exercer suivant d'autres modalités nouvelles telles que la carte bancaire, la carte d'identité. L'usage de ces moyens pourrait être utile dans la mesure où ils permettent de restreindre l'accès des mineurs à des contenus préjudiciables, plus particulièrement aux sites pornographiques payants. Mais ils révèlent également plusieurs défauts. En effet, chaque mineur peut utiliser le numéro de carte bancaire de ses parents ou posséder sa propre carte bancaire dès 16 ans[143], et se jouer de ces restrictions. Il en va de même pour l'utilisation d'une carte d'identité qui peut être contournée par l'usurpation d'identité. La solution pourrait alors venir du filtrage des sites Internet qui requiert des programmes *intelligents*, « c'est-à-dire capables de raisonnement et de déduction spontanée, non programmée à l'avance »[144]. Cependant, « cette ambition d'intelligence artificielle qui fait l'objet de nombreuses recherches scientifiques et technologiques n'existe pour l'heure que dans le cadre des récits de science-fiction »[145]. On peut également ajouter les actes de nature raciste et xénophobe commis sur la Toile.

Paragraphe 2 : Les actes de nature raciste et xénophobe commis par le biais d'un système informatique

La xénophobie et le racisme en ligne sont considérés comme des cas de cybercriminalité. Selon les États, ils sont définis de manière plus ou moins large. Généralement, ils couvrent : « tout écrit, toute image ou toute autre représentation d'idées ou de théories qui

---

[142] LEPAGE (A.), « Pornographie : interdit aux mineurs », Comm. com. élec. juillet-août 2002, p. 41.

[143] Pour la France.

[144] Institut d'étude politique de Toulouse, « Comment réguler juridiquement Internet sans bafouer la liberté d'expression », [2006], p. 19. Une tentative de filtrage avait été initiée avec le « Child Online Protection Act ». C'est une loi fédérale américaine destinée à protéger les mineurs des expositions pornographiques sur Internet. Cette loi fut un échec et même jugée illégale par un juge de l'État de Virginie en novembre 1998, car « le filtre installé empêchait les internautes d'accéder à tous sites contenant le mot "sexe", même s'il ne s'agissait pas de pornographie, mais de médecine par exemple ».

[145] Institut d'étude politique de Toulouse, *op. cit.* p. 19.

préconise ou encourage la haine, la discrimination ou la violence contre une personne ou un groupe de personnes, en raison de la race, de la couleur, de l'ascendance ou de l'origine nationale ou ethnique ou de la religion, dans la mesure où cette dernière sert de prétexte à l'un ou à l'autre de ces éléments ou qui incite à de tels actes. »

À ce titre, est constitutif de xénophobie et de racisme en ligne tout acte de :

a) création, téléchargement, diffusion ou mise à disposition d'écrits, messages, photos, dessins ou toute autre représentation d'idées ou de théories, de nature raciste ou xénophobe, par le biais d'un système informatique ;

b) insulte commise par le biais d'un système informatique ou menace de commettre une infraction pénale, envers une personne en raison de son appartenance à un groupe qui se caractérise par la race, la couleur, l'ascendance ou l'origine nationale ou ethnique, ou la religion dans la mesure où cette appartenance sert de prétexte à l'un ou l'autre de ces éléments, ou un groupe de personnes qui se distingue par une de ces caractéristiques ;

c) négation, approbation ou justification d'actes constitutifs de génocide ou de crimes contre l'humanité par le biais d'un système informatique. En effet, quiconque aura intentionnellement nié, approuvé ou justifié des actes constitutifs de génocide ou de crimes contre l'humanité par le biais d'un système informatique sera passible de sanction pénale en vertu de la loi sur la cybercriminalité.

Au Cameroun, les actes de xénophobie ou de racisme sont prévus par l'article 241 du Code pénal qui considère comme une circonstance aggravante le fait que ces délits soient commis par voie de presse. La loi relative à la cybersécurité et à la cybercriminalité incrimine de tels actes lorsqu'ils sont commis par la voie de communication électronique ou d'un système d'information. L'article 77 de la loi de 2010 sanctionne ainsi « celui qui, par la voie de communications électroniques ou d'un système d'information, commet un outrage à l'encontre d'une race, d'une religion ». Selon l'article 78 de cette même loi, les peines prévues ci-dessus sont doublées lorsque l'infraction est commise dans le but de susciter la haine ou le mépris entre les citoyens.

Il convient de noter que les peines privatives de liberté s'accompagnent, ou peuvent être remplacées, dans certains cas, de manière quasi systématique, d'amendes retenues en tant que peines principales. Ainsi, il semble que les infractions relevant de la cybercriminalité mettent souvent en cause des intérêts économiques, même si certaines portent atteinte à d'autres valeurs ou principes comme la sûreté de l'État ou la dignité des personnes. Dès lors, les États africains ont saisi l'importance de la mise en place de sanctions pénales adaptées qui tiennent compte de cette forte dimension économique des phénomènes cybercriminels. Aussi, les cybercriminels sont-ils souvent sanctionnés économiquement par des amendes aux montants considérables, lesquelles sont par ailleurs adaptées aux personnes morales délinquantes.

Dans l'étude sur le Cameroun, l'on note ainsi que dans la rubrique des infractions utilisant les techniques de la communication comme supports et celle des infractions utilisant ces techniques comme cibles, le législateur semble vouloir frapper les cyberdélinquants beaucoup plus dans leur portefeuille. Outre le fait que les minima et les maxima des amendes sont souvent très élevés, il faudrait souligner le recours très récurrent à la faculté donnée au juge de prononcer l'emprisonnement et l'amende alternativement ou cumulativement. Dans la pratique, et s'agissant d'infractions économiques, les juges prononcent souvent la seule peine d'amende, ne recourant à l'emprisonnement que de façon exceptionnelle. Au demeurant, c'est par cette sanction pécuniaire qu'on peut atteindre les personnes morales.

Ces infractions sont inspirées du protocole additionnel à la Convention du 7 novembre 2002 sur la cybercriminalité, notamment sur l'incrimination d'actes de nature raciste et xénophobe commis par le biais de systèmes informatiques.

L'article 2, paragraphe 1 du protocole, définit les actes racistes et xénophobes en ces termes : « tout matériel écrit, toute image ou toute autre représentation d'idées ou de théories qui préconise ou encourage la haine, la discrimination ou la violence, contre une personne ou un groupe de personnes, en raison de la race, de la couleur, de l'ascendance ou de l'origine nationale ou ethnique, ou de la religion, dans la mesure où cette dernière sert de prétexte à l'un ou de l'autre de ces éléments, ou qui incite à de tels actes ».

La définition contenue à l'article 2 fait référence au matériel écrit (textes, livres, magazines, déclarations, messages, etc.), aux images (illustrations, photos, dessins, etc.) ou à toute autre représentation d'idées ou de théories, de nature raciste et xénophobe, dans un format tel qu'il puisse être conservé, traité et transmis par le biais d'un système informatique.

Cette définition renvoie à un comportement auquel le contenu du matériel peut mener, plutôt qu'à l'expression de sentiments/convictions/aversions contenus dans le matériel en question. La définition est fondée, dans la mesure du possible, sur les définitions et les documents nationaux et internationaux existants (NU, UE). Ce matériel doit préconiser et encourager la haine, la discrimination ou la violence, ou inciter à de tels actes. L'expression « violence » renvoie à l'usage illégal de la force, alors que le mot « haine » correspond à une extrême aversion ou volonté d'offenser. La haine, la discrimination ou la violence peuvent être dirigées contre une personne ou un groupe de personnes, en raison de leur appartenance à un groupe caractérisé par « la race, la couleur, l'ascendance ou l'origine nationale ou ethnique, ou la religion, dans la mesure où cette dernière sert de prétexte à l'un ou l'autre de ces éléments ».

Une caractéristique des infractions en question est que leurs auteurs doivent expressément avoir agi « sans droit ». Cette expression rend compte du fait que le comportement décrit n'est pas toujours punissable en soi, mais peut être légal ou justifié non seulement par des exceptions légales classiques (consentement, légitime défense ou nécessité), mais dans les cas où d'autres principes ou intérêts excluent toute responsabilité pénale (à des fins de maintien de l'ordre, de recherche ou académiques). L'expression « sans droit » tire son sens du contexte dans lequel elle est utilisée.

La question de déterminer si une communication de matériel raciste et xénophobe doit être considérée comme une communication privée ou une diffusion au public doit être examinée à la lumière de circonstances spécifiques. En premier lieu, ce qui importe est la volonté de l'émetteur du message de le transmettre à une personne déterminée. La présence de cette intention subjective peut être établie sur la base d'un certain nombre de facteurs objectifs, tels que le contenu du message, la technologie employée, les mesures de sécurité appliquées, le contexte dans lequel celui-ci est émis. Lorsque ces messages sont envoyés à plusieurs récepteurs à la fois, le nombre de récepteurs et la nature de la relation entre l'émetteur et ces récepteurs sont des facteurs pertinents pour déterminer si une telle communication peut encore être considérée comme privée.

Échanger du matériel raciste et xénophobe dans un *chat-room*, le distribuer dans des newsgroups ou des forums de discussion sont des exemples de mise à disposition du public d'un tel matériel. Dans ce cas, le matériel est accessible à toute personne. Même lorsque l'accès à ce matériel exigerait une autorisation par le biais d'un mot de passe, le matériel en question serait accessible au public lorsque cette autorisation est donnée à tout le monde ou à toute personne qui présente certains critères. Afin de déterminer si la mise à disposition ou la diffusion était ou non au public, la nature de la relation entre les personnes concernées devrait être prise en considération.

L'emploi des communications électroniques pour diffuser des propos à caractère raciste introduit de nouveaux risques par rapport à la diffusion via des canaux traditionnels. On a, par exemple, assisté à de nombreux cas où des vidéos de manifestations ont été publiées pour dénoncer l'identité des personnes y participant en dévoilant leurs idées sociales, politiques ou religieuses ; où des objets, insignes ou ouvrages à caractère raciste, antisémite ou négationniste ont été proposés en vente aux enchères en ligne ; ou encore où les jeux en ligne permettent d'attaquer ou tuer les personnages en fonction de leur race ou religion[146]. Depuis l'adaptation des règles de droit au contexte numérique, de nombreux arrêts sont tombés dans ce domaine pour incriminer les actes d'incitation à la haine réalisés par les biais des blogs, des forums de discussion ou des réseaux sociaux.

Très souvent, ces décisions concernent des propos prononcés à l'encontre des communautés religieuses – notamment juives[147] et musulmanes[148]. À titre d'exemple, c'est à tort que l'exploitant d'un site Internet, sur lequel est publié un texte appelant à la haine et à la discrimination raciale, fait plaider l'absence d'élément intentionnel dès lors que l'enquête établit l'existence de manipulations du

---

[146] I. Falque-Pierrotin, rapp. Préc. Il s'agit des jeux comme « Ethnic cleansing » ou « Muslim massacre : the game of modern religious genocide ».

[147]Cass. crim., 22 juin 2010, n° 10-82.337, Comm. com. électr. 2011, comm. 7, A. Lepage

[148] Cass. crim., 14 mai 2002 : Légipresse 2002, n° 196, I, p. 140 ; CA Nîmes, 3e ch., 18 oct. 2013, n° 13/00447, Leila T. c/ Stéphane B. et Julien S., Comm. com. électr. 2011, comm. 23, E.A. Caprioli.

document[149]. Par ailleurs, une personne poursuivie pour avoir adressé des messages à un site Internet ne peut prétendre qu'elle ignorait que ceux-ci seraient diffusés[150].

Suivant la même logique, on peut supposer que la sanction serait moindre si les propos incitant à la haine n'étaient pas diffusés par le biais d'un service ouvert à tous, par exemple un profil Facebook paramétré de manière à ne laisser l'accès qu'à un nombre restreint d'utilisateurs. L'exigence de publicité des propos a, pour corollaire, l'affirmation du droit de réponse. Enfin, un licenciement est considéré comme valable lorsqu'il intervient du fait de la publication, par un adjoint de sécurité, sur son blog, de matériaux dans lesquels, dans sa tenue de policier, il incitait à la violence et à la haine raciale et faisait l'apologie de crimes contre l'humanité[151].

Dans tous les cas, la caractérisation de ce délit reste délicate, car la frontière est très fine entre l'énonciation d'une opinion personnelle sur un groupe politique ou religieux et un acte de provocation à la haine. Il appartient aux magistrats d'apprécier si les propos en question étaient accompagnés ou non d'une exhortation ou d'un appel à les partager. Par ailleurs, la difficulté principale est moins d'ordre juridique que d'ordre pratique et politique. Quand bien même les juridictions françaises disposent des moyens pour faire cesser la diffusion des sites racistes ou xénophobes français, et sanctionner leurs responsables, elles peuvent difficilement empêcher la constitution de même type de sites à l'étranger. Sur ce point, dans un arrêt de 1996, le juge français a considéré ne pas pouvoir se prononcer par voie de disposition générale et réglementaire dans une affaire relative à la diffusion de messages négationnistes en provenance de serveurs étrangers[152].

L'affaire Yahoo a le mérite de poser clairement les règles du jeu. Internet ne sera pas *une zone de non-droit* où tous les discours polluant la société pourront être déversés en toute impunité. L'impunité n'existe pas et le droit s'appliquera afin de venir préserver l'ordre public, matrice de la démocratie française et camerounaise. Avant d'évaluer le degré d'effectivité de la décision rendue par le

---

[149] TGI Paris, 17e ch., 31 oct. 2002 : Lég., 2002, n° 197, I, p. 152.
[150] Cass. Crim., 5 nov. 2002.
[151] TA Lille, 3e ch., 8 avr. 2009, n° 0705010, 0708279, Actualité Juridique-Fonction Publique, 2010, p. 39
[152] TGI Paris, ord. réf., 12 juin 1996, n° 53061/96.

Tribunal de Grande Instance de Paris[153], l'affaire *Yahoo* s'inscrit dans le courant dominant de pensée visant spécifiquement à mettre en œuvre la responsabilité des prestataires techniques de l'Internet. Ceux-ci doivent-ils prendre connaissance du contenu d'un site auquel ils permettraient l'accès, ou bien, au nom de la liberté d'expression, doit-on laisser à l'internaute l'entière responsabilité de ses choix[154] ?

C'est donc au sein de cette problématique que vient s'inscrire sur le plan national l'affaire *Yahoo*, opposant le géant américain d'Internet à la justice française[155]. Cette affaire au fort contenu idéologique vise les activités négationnistes des néonazis de plus en plus répandues sur Internet. En effet, il était désormais possible de se fournir à partir de la France des objets apologétiques, révisionnistes ou négationnistes, notamment par un système de vente aux enchères publiques[156]. C'est pour cette raison que la société *Yahoo Inc.*, avait été assignée en référé au mois de mai 2000 par l'Union des étudiants juifs de France (UEJF) et la Ligue internationale contre le racisme et l'antisémitisme (LICRA) devant le tribunal de grande instance de Paris, afin que celui-ci ordonne à la société de mettre en œuvre les moyens techniques

---

[153] Comme l'indique Pierre Trudel : « le droit envisagé connaît de plus en plus de problèmes d'effectivité. Il est en effet intéressant de relever que le rapport d'expertise demandé par le tribunal constate qu'il est techniquement possible de donner suite à l'ordonnance, mais seulement à l'égard d'une certaine proportion des adresses IP (estimée à environ 70 %). Tout semble donc se passer comme si le droit étatique français se contentait d'un certain degré d'effectivité : ce qui compte, ce n'est pas tant le respect intégral de la règle de droit par tous les sujets, mais plutôt un niveau acceptable de conformité. (...) Les États mettent en place des stratégies afin d'assurer ou de rétablir les équilibres » ; in « Les implications de l'affaire Yahoo Inc. : entrevue avec le professeur Pierre Trudel », Juriscom.net, janvier/février 2001 ;

[154] C'est d'ailleurs ce qu'invoquait la société Yahoo qui estimait ne pas avoir à intervenir dans un processus où elle ne jouait qu'un rôle d'intermédiaire entre acheteur et vendeur ; voir Launet, « Yahoo se sort d'affaire par une pirouette », Libération du 4 janvier 2001, art. Préc.

[155] Il ne faut pas perdre de vue que les problèmes que pose l'Internet ont également été envisagés en France par de nombreuses institutions, par exemple la CNIL (17e rapport annuel), la CNCDH (voir Rapport de 1995 et 1996), le Conseil d'État (1998).

[156] Voir sur ce point, la revue « L'Arche », février 2000, pp. 58-61. Le site américain de Yahoo autorisait notamment la vente d'ouvrages, de pamphlets, de lambeaux de linge de déportés, de T-shirts portant une croix gammée, de répliques de bonbonnes de gaz Zyklon B ou bien encore d'affiches de recrutement dans les SS ; voir. Crispian Balmer, « Enchères en lignes : les associations saluent la décision de Yahoo », Yahoo ! Actualités, 3 janv. 2001 ; également Édouard Launet, « Yahoo se sort d'affaires par une pirouette », Libération, 4 janvier 2001, p. 24.

nécessaires à la suppression des liens permettant aux internautes français de se connecter à des sites néonazis[157].

Plusieurs audiences ont été nécessaires avant que le juge ne rende sa décision. Un collège d'experts — de renommée internationale — avait été chargé d'évaluer la possibilité d'instaurer un système de filtrage réservé aux seuls internautes français[158]. Après avoir répondu par l'affirmative, le président Jean-Jacques Gomez a, le 20 novembre 2001, ordonné à la société *Yahoo Inc.* « de prendre toutes les mesures de nature à dissuader et à rendre impossible toute consultation sur Yahoo.com du service de vente aux enchères d'objets nazis, et de tout autre site ou service qui constitue une apologie du nazisme ou une contestation des crimes nazis ». Aussi, l'ordonnance précise que la société *Yahoo France* devra prévenir tout internaute consultant *Yahoo.fr* « et ce dès avant même qu'il ne fasse usage du lien lui permettant de poursuivre ses recherches sur Yahoo.com, si le résultat de sa recherche, soit à partir d'une arborescence, soit à partir de mots-clés, l'amène à pointer sur des sites, des pages ou des forums dont le titre et/ou les contenus constituent une infraction à la loi française, il doit interrompre la consultation du site concerné sauf s'il est disposé à encourir les sanctions prévues par la législation française ou à répondre à des actions en justice initiées à son encontre ». Cette ordonnance a été prononcée sous astreinte de 100. 000 francs par jour de retard, à compter du premier jour qui suivra l'expiration du délai de trois mois.

Or, le géant américain d'Internet a décidé d'interdire la vente d'objets nazis sur son site d'enchères, et cela malgré les vives contestations qui se sont élevées à l'encontre de l'ordonnance rendue par le Président Gomez. Le 3 janvier 2001, Yahoo Inc. a en effet annoncé sa décision de procéder à des changements majeurs au sein de l'organisation de son service d'enchères en ligne. Cette restructuration concerne un vaste ensemble d'objets et la société

---

157 Voir Acacio Pereira, « Devant la justice française, Yahoo affirme l'impossibilité d'interdire l'accès à des sites illégaux », *Le Monde*, 26 juillet 2000, p. 7.

158 Voir Acacio Pereira, « Yahoo interdit la vente d'objets nazis sur ses sites d'enchères », *Le Monde* du 4 janvier 2001, Société. Les trois experts sont l'américain Vincent Cerf, le Français François Wallon et le Britannique Ben Laurie dont la mission visait à évaluer des techniques de filtrage, permettant de bloquer l'accès des internautes français aux pages litigieuses.

américaine a notamment fourni une liste précise des articles liés au Troisième Reich et au Ku Klux Klan qui seront désormais interdits[159].

La décision rendue dans l'affaire Yahoo par le juge Gomez vient prolonger ce système de mise en œuvre des responsabilités édictées par la loi. En effet, il est intéressant de constater que le juge français vient d'imposer une obligation supplémentaire au fournisseur d'accès puisque désormais, ce dernier a l'obligation d'informer tout internaute des risques de sanctions qu'il encourt pour la consultation des sites dont le contenu est contraire aux dispositions de la loi française.

Au-delà de la question de la responsabilité des fournisseurs d'accès et d'hébergement, l'affaire Yahoo nous paraît également intéressante dans la mesure où ses effets semblent avoir dépassé le simple cadre franco-français. Puisque l'ordonnance du juge Gomez a en effet eu une portée transfrontalière.

La stratégie des négationnistes sur le web, comme sur support papier, est la recherche d'une légitimité scientifique et une infiltration des milieux universitaires. Aussi, sous prétexte de dénoncer le sionisme, le discours véhiculé est profondément antisémite, « le mythe du complot juif est une autre constante des articles présentés sur le web où sont soulignés les 'intérêts juifs', 'les journalistes juifs', 'les lobbies juifs' ». Cette stratégie était notamment « légitimée » par l'invocation par ces auteurs d'un droit à la liberté d'expression (absolu) et « l'absence apparente de législation sur Internet les préservait souvent de toute condamnation »[160]. Cette stratégie se voyait également confortée par le fait que les serveurs se déchargeaient de leur responsabilité quant au contenu des pages web qu'ils hébergeaient. Qu'en-est-il de l'adaptation des infractions classiques au numérique ?

---

[159] Voir « Yahoo limite la vente d'objets nazis sur ses sites d'enchères », Reuters, 3 janvier 2001.

[160] Ces deux citations sont extraites de l'article de M. Panczer, « L'internationale négationniste sur le net », précité.

CHAPITRE II :

L'ADAPTATION DES INCRIMINATIONS CLASSIQUES AUX TIC

La stratégie d'adaptation des actes infractionnels au particularisme de la cybercriminalité s'est manifestée par une extension de l'objet des infractions contre les biens **(section 1)** et par une obligation d'information et de collaboration des personnes connaissant le système informatique **(section 2).**

Section 1 : L'élargissement de l'objet des infractions contre les biens

Les législations pénales des États africains inspirées du Code pénal français sont surtout orientées vers la protection pénale de biens corporels, à l'exclusion des biens immatériels[161]. Pourtant, l'avènement de la société de l'information a fini par hisser l'information au statut de « bien » marchand ayant une valeur stratégique, très convoitée dans les rapports humains. Très vite, au-delà de la protection pénale spécifique dont bénéficie le bien informationnel[162], la protection pénale générale des informations numérisées (données d'entreprise, fichiers de clientèle, numéro de carte de crédit, etc.) était devenue un enjeu stratégique de la lutte contre la cybercriminalité.

La loi de 2010 portant sur la cybercriminalité a entrepris une politique de protection pénale de l'information par la répression du vol (Paragraphe 1) et de l'escroquerie portant sur des données informatiques (Paragraphe 2).

---

[161] G. VERMELE, « L'immatériel et la répression », in « l'immatériel et le droit », arch. Phil. Dr., t. 43, P.213.

[162] Nd. DIOUF, « Les infractions en relation avec les nouvelles technologies de l'information et procédure pénale : l'inadaptation des réponses nationales face à un phénomène de dimension internationale », Rev.Sen.dr.aff., n° 2, 3,4, 2003-2004, p. 63.

Paragraphe 1 : Le vol de données informatiques

Une infraction relative à l'informatique peut consister en un vol de biens appartenant à autrui, puisque les systèmes informatiques comprennent des éléments matériels (modems, disquettes) et des éléments « durs » sur lesquels peuvent porter des droits de propriété corporels. Ces éléments peuvent être protégés par la qualification traditionnelle de vol[163]. Cependant, dans la mesure où les systèmes informatiques incluent aussi des programmes et des logiciels qui permettent le traitement et la transmission des données, il est quelquefois difficile de faire entrer clairement dans l'une ou l'autre des catégories matérielles et immatérielles des systèmes informatiques. Par exemple, le fait d'accéder aux données peut être effectué sans que soit volé un quelconque objet matériel appartenant à autrui, à la suite d'un acte immatériel, comme une prise de connaissance ou une mémorisation de données affichées sur un écran. Dans ce cadre, la doctrine[164] s'est abondamment interrogée sur le fait de savoir si une information peut être objet de vol[165].

Le législateur de 2010 a répondu par l'affirmation dans l'article 70 de la loi sur la cybercriminalité. Il considère que l'article 318 du Code pénal peut s'appliquer « aux personnes qui, sans droit, interceptent des données personnelles lors de leur transmission d'un système d'information à un autre » ou « à quiconque, au moyen d'un procédé quelconque, porte atteinte à l'intimité de la vie privée d'autrui en fixant, enregistrant ou transmettant, sans le consentement de leur auteur, les données électroniques ayant un caractère privé ou confidentiel ». Ce délit résulte donc d'une volonté du législateur d'adapter les textes existants à de nouveaux actes illicites relatifs aux NTIC. Il s'agit d'étudier l'élément matériel et l'élément moral du vol d'information.

---

[163]Ainsi, constitue le délit de vol, la soustraction de tout matériel informatique ou bureautique ainsi que toutes les fournitures de supports.

[164]J. –P. SPEREUTELS : La Responsabilité pénale découlant des Atteintes aux Applications de l'Informatique in Informatique et droit en Europe (Bruxelles, Université libre de Bruxelles), [1995] p. 277.

[165] Dans la mesure où le vol suppose la soustraction d'une « chose » matérielle, la théorie du vol d'information est rejetée par la majorité de la doctrine. J. DEVEZE : Le Vol des biens informatiques (JCP, éd. E), [1986] II n° 14712 ; J. HUET : La Modification du droit sous l'influence de l'Informatique : Aspects de Droit Privé (JCP, éd. G.), [1983] I n° 3059 ; J.-L. GOUTAL : La Protection pénale des Logiciels (Expertises), [1986] n° 80 p. 2.

Ainsi, il y a lieu de prendre position sur l'ensemble des éléments contenant toute la problématique pénale sur la question du vol d'informations, pour l'élément matériel **(A)** comme l'élément moral **(B)**.

A. L'élément matériel du vol d'information

Le vol suppose, d'après les termes de l'article 318 du Code pénal camerounais, la réunion de trois éléments : la soustraction frauduleuse, une chose, qui appartient à autrui. Or, l'analyse sera différente selon que l'on s'attache à l'utilisation illicite des informations ou que l'on considère l'utilisation abusive des prestations. De ce fait, il importe de distinguer l'acte de soustraction (1), de l'appropriation de l'information (2), afin de comprendre l'élément matériel du vol d'information.

1. L'acte de soustraction

Le droit romain réprimait l'atteinte à la propriété sous le nom de « furtum »[166]. Ce délit englobait non seulement l'infraction constituée par le vol, mais aussi toute une série de formes différentes d'atteinte à la propriété sous le nom de « contrectation fraudulausae rei alinae »[167]. À l'époque, deux notions se sont affrontées : l'école conservatrice des s*abiniens* qui exigeait le déplacement de la chose d'autrui, tandis que celle, progressiste, des proculiens, s'appliquait au contraire à étendre l'action du *furtum* à tous les faits portant atteinte au bien d'autrui. La *contrectation* pouvait se traduire en un acte de maître fait sur la chose d'autrui[168]. Le Code pénal camerounais a adopté une notion plus répressive du vol. De l'interprétation de la notion de soustraction de l'article 318 sont nées deux notions : la notion matérielle, qui concerne le déplacement nécessairement matériel de la chose captée. C'est le fait de prendre, d'enlever et de ravir[169], et la notion

[166] N. AUPECLE – GUICHENET, op. Cit. p. 45.
[167] Ibid.
[168] Ibid.
[169] Pour constituer un vol, il ne suffit pas que l'inculpé se soit frauduleusement approprié la chose d'autrui, il faut de plus qu'il l'ait soustraite au moyen d'une mainmise et d'une appréhension opérée par lui-même sur ladite chose, avec l'intention coupable de la détourner au préjudice de son légitime propriétaire ; dans la remise qui en serait faite volontairement par un tiers, l'appréhension de l'objet volé n'ayant pas eu lieu de la part de celui qui, plus tard, se l'est approprié les caractères du vol disparaissent. Sur ce point voir A. WAZEER : Droit pénal spécial – Infractions contre les biens (Le Caire, Dar Al-Nahda Al Arabia), [sans date] p. 71 ; M. ROUSDY : La Théorie générale de la Soustraction dans Droit pénal (Thèse, Le Caire), [1976] pp. 115-116 ; 402-403.

jurisprudentielle[170], qui concerne la prise de possession à l'insu et contre le gré du propriétaire, dans ses deux éléments du corpus et de l'animus[171].

Dans cette optique, l'arrêt Beaudet172 avait posé la base d'une définition classique de la notion de soustraction. Cet arrêt considère qu'il n'y a pas de vol au sens de cette loi quand la chose objet du délit passe de la possession du légitime détenteur dans celle de l'auteur du délit, à l'insu et contre le gré du premier ; pour soustraire, il faut prendre, enlever, ravir173. M. Garçon nous propose une définition plus large que celle de l'interprétation des textes174. Pour lui, la soustraction serait « la prise de possession à l'insu ou contre le gré du propriétaire ou précèdent possesseur ; c'est l'usurpation de la véritable possession dans ces deux éléments simultanés et concomitants du corpus et de l'animus ».

M. Garçon nous propose donc de dépasser le simple stade matériel de la soustraction et de rechercher dans la théorie juridique de la possession, empruntée au droit civil. À cet égard, l'on peut admettre que la possession s'inscrit donc au centre de la définition du vol. Cette dernière, provenant du droit civil, en rappelle les composantes. Un corpus ou ensemble de faits matériels de garde, de jouissance, d'usage et de disposition qui caractérisent le pouvoir du propriétaire, et un *animus* de celui qui se rend coupable de soustraction.

L'on peut noter que le premier arrêt rendu sur le sujet est l'arrêt Tulega[175]. En l'espèce, les époux Tulega détenaient chez eux des effets mobiliers appartenant à des tiers dépossédés par l'armée d'occupation qui avait par la suite abandonné ces objets ; interrogés et affirmant que tout leur appartenait, ils furent condamnés pour vol. Dans un autre arrêt, la Cour d'appel de Grenoble a trouvé coupable le salarié ayant emporté avec lui des disquettes et listing papier de la société consécutivement à son départ de la société pour laquelle il travaillait. Le jugement fut justifié par le fait qu'il n'était pas propriétaire des biens volés[176]. Enfin, la Cour d'appel de Limoges a

[170] Cass. Crim. [27 février 1874], (Paris, S.) [1874] I, 499
[171] E. GARCON : Code pénal annoté (Paris, Sirey), [1956] article 379, n° 48
[172] Cass. crim. [18 nov. 1837], (Paris, S.) [1838] I. 366
[173] Ibid
[174] E. GARCON, précité.
[175] Cass. Crim. [5 mars 1941], (Paris, S.), [1941] I, 102.
[176] CA. Grenoble : Ch. App. Corr. [15 févr.. 1995], (Paris, Juris-data), n° 41628

considéré que l'usurpation de la possession n'était constituée qu'à partir du moment où le propriétaire avait perdu son pouvoir sur la chose[177]. Il s'agit d'un salarié qui, détenant matériellement des documents appartenant à son employeur, les a copiés en partie à des fins personnelles, à l'insu et contre le gré du propriétaire, afin de les présenter au cours d'une instance prud'homale. La notion classique de vol ne permet pas d'être appliquée à l'espèce, dans la mesure où le vol exige le fait de prendre, enlever, ravir la chose ; l'employé bénéficiait d'un accès aux documents sur lesquels portait le litige. Le fait d'accéder peut donc être analysé comme une détention matérielle de l'auteur sur la chose. Cet arrêt apparaît donc contradictoire lorsque la Cour reconnaît que l'auteur détenant les documents se rend coupable de vol.

Reste à savoir si l'auteur qui s'approprie l'information d'un tiers peut le priver de son information. En effet, on pourrait parler de partition, de partage de connaissance, mais pas d'une dépossession pouvant tomber sous le coup de la loi pénale. Le détenteur de l'information perdra son monopole et son exclusivité, mais pas la possession de cette information. Un exemple est mentionné par M. LARGUIER qui a considéré que : « apprendre par cœur chez un libraire le contenu d'un livre, que l'on ne veut pas acheter, n'est pas un vol ».[178] Il nous semble qu'il n'y a pas passage de la possession d'une personne à une autre. Le libraire conserve son livre, il peut éventuellement subir un préjudice, un manque à gagner, par le non-achat du livre, cependant il ne peut jamais prétendre à une poursuite pénale pour vol.

Il nous semble que la difficulté d'application des textes pénaux classiques a conduit la Cour de cassation à leur donner une extension considérable, tendance qui se justifie par des nécessités pratiques et le souci de ne pas laisser des infractions qui sont en pleine expansion. Sans aucun doute, la définition théorique de l'article 318 du Code pénal n'exige pas une condition minimale ou maximale d'éloignement ou de durée s'agissant de la soustraction. Cela n'est pas sans risque puisqu'elle reconnaît le vol d'une chose incorporelle, ce qui heurte la notion d'appropriation.

---

[177] J. F. CASILE, Le Code pénal à l'épreuve de Délinquance informatique (Université Aix – Marseille), [2002].

[178] J. LARGUIER : Droit pénal (Paris, Dalloz), [1983] *in* N. CHAER, *op. cit.* p. 57.

2. L'appropriation des informations

La définition du vol exige une soustraction de la chose d'autrui[179]. Les infractions visant les biens supposent l'existence de cette « chose », bien susceptible d'être appropriable sur lequel l'acte illicite du délinquant est porté soit directement, soit indirectement[180]. La signification initiale est sans aucun doute « chose » matérielle, bien immobilier et corporel, un corps physique palpable, occupant dans l'espace un certain volume. Dans cette optique, certains auteurs ont estimé possible de considérer les informations comme un bien approprié susceptible de vol, au nom de l'autonomie du droit pénal et en considérant que l'information est un objet de commerce.

Selon M. ZENATI, une chose quelconque peut devenir un bien susceptible d'appropriation sans intervention législative dès lors que la société y attache une valeur et en fait le commerce[181]. De son côté, M. BOURGEOIS a considéré qu'un monopole de fait impliquait que les informations économiques confidentielles relevaient du droit commun de la propriété des meubles[182].

Pour M. CATALA, c'est une propriété spécifique qui comporte deux prérogatives : celle de tenir l'information secrète et celle de demander réparation du préjudice causé par une utilisation abusive[183]. Cependant, ces auteurs n'ont pas pu effacer la difficulté d'un statut global des informations, qui possèdent des formes et des contenus

---

[179]Voir par exemple les articles 311-1 du nouveau Code pénal français, 461 du Code pénal luxembourgeois, 234 et 237 du Code pénal espagnol, 139 du Code pénal suisse, et 624 du Code pénal italien. Il est à noter que l'un des éléments essentiels du vol est que la chose soustraite ne soit pas la propriété de l'auteur de la soustraction. T. corr. Auxerre [14 janv. 1964], (Paris, Gaz. Pal.), [1964] 1. 185. Aussi l'infraction est constituée même si le propriétaire est inconnu, sur ce point voir in Égypte Cass. [12 janv. 1959] (Le Caire, Magmoat Ahkam Al Nakd) année 10, n° 5 p. 18 ; Cass. [8 oct. 1962] année 13, n° 153 p. 258. Voir aussi Abdel Menem Al-Badrawy : Le Droit d'Appropriation (sans éditeur), [sans date] pp. 425-426. Sur la notion de soustraction H. Al-MARSAFAWI : Droit pénal spécial (Alexandrie, Al Ma'aref), [1991] p. 265 ; F. ABDEL-SATAR, *op. cit.* p. 671.

[180] F. ABDEL-SATAR, *op. cit.* p. 703.

[181] F. ZENATI : « Essai sur la nature juridique de la propriété » (Thèse, Lyon III), [1981] p. 162.

[182] M. BOURGEOIS : La protection juridique de l'information confidentielle économique, étude du droit québécois et français (Paris, Revue internationale de droit comparé), [1988] p. 113.

[183] P. CATALA : Ébauche d'une théorie juridique de l'information, *op. cit.* p. 97.

différents. En outre, la propriété d'une information, créée ou non, ne saurait empêcher un tiers de l'appréhender ou de la créer en toute indépendance. Dès lors que cette propriété est regardée comme un pouvoir d'exclure, que penser de l'existence d'un même droit sur un même objet, sans recours possible au régime de l'indivision ; car d'une part, il va être difficile de retirer à une personne un objet de pensée indéfiniment renouvelable ; d'autre part, faire l'objet d'une infinité de propriétés identiques[184].

Dans un arrêt du 13/12/1984, la Cour d'appel d'Anvers a admis le vol d'information. La Cour a reconnu la possibilité de voler les données informatiques et a élargi le concept de « chose » aux programmes informatiques de haute valeur, de façon unanime[185]. Dans la célèbre affaire de l'imprimerie Bourquin, la Cour de cassation a considéré que c'était constitutif de vol, le fait pour des salariés d'avoir frauduleusement soustrait le contenu informationnel de disquettes au préjudice de leur employeur qui en était propriétaire[186]. De même, la soustraction par un salarié de disquettes de l'entreprise contenant des fichiers clients a été qualifiée de vol[187]. Pour justifier sa décision, la Cour d'appel a considéré que le vol était une atteinte à la possession et non à la propriété et qu'il suffit à l'intention délictuelle que l'auteur ait su que l'objet volé (disquettes contenant les fichiers) n'était pas sa propriété personnelle[188]. Or, la question qui se pose est de savoir si l'objet du vol doit avoir un caractère matériel ou non. En Suisse, le législateur protège les choses mobilières[189], en Finlande les propriétés

---

[184] Contre la qualification de vol voir : P. SARGOS et M. MASSE : Le droit pénal spécial né de l'informatique in informatique et droit pénal (Paris, Cujas), [1983], pp. 21 et s ; J. PRADEL et C. FEUILLARD : Les infractions commises au moyen de l'ordinateur (R.D.P), [1985], p. 317 ; J. LARGUIER : Droit pénal des affaires (8e éd. Colin.), [1992] ; R. VOUIN et M.-L. RASSAT : Droit pénal spécial (Paris, Dalloz), [1998] ; J. DEVEZE : Le vol de biens informatiques (J.C.P, éd. G.), [1985], I n° 3210, n° 15 ; P. CORLAY : Réflexions sur les récentes controverses relatives au domaine et à la définition du vol (J.C.P., éd. G.), [1984], I, n° 3160 ; G. CHAMPY : La fraude informatique (Thèse, Aix-en-Provence), [1992], pp. 7533 ; P. CATALA : Les transformations de droit par l'information in Émergence du droit de l'informatique (Paris, Parques), [1983], p. 267.

[185] CA Anvers [13/12/1984] (Paris, RDIT), [1986] p. 244.

[186] Cass. crim. [12 janv. 1989], (Bull. crim.) n° 14

[187] CA Grenoble [15 février 1996], (Gaz. Pal.), [1996] 1 p. 171, note Catherine LATRY-BONNART

[188] Voir en général Y. MAYAUD : Droit pénal général (PUF, Paris), [2004], p. 179

[189] L'article 139.1 du Code pénal dispose que « Celui qui, pour se procurer ou procurer à un tiers un enrichissement illégitime, aura soustrait une chose mobilière

meubles[190], et en Espagne, le fait de prendre ou de s'emparer des choses meubles d'autrui[191]. Le Code pénal français se réfère, sans la définir, à la notion de chose. Le législateur ne dispose d'aucune matérialité de la chose, cependant cette dernière ne peut pas être interprétée isolément, mais en relation avec l'autre élément du vol, c'est à dire la soustraction.

Au-delà de cet acte matériel, dans le cadre du développement des NTIC, M. MALLET-POUJOL considère que : « La revendication d'appropriation repose tant sur le besoin proclamé de protection de l'investissement opéré sur l'information que sur celui de libre contrôle de l'usage qui en est fait, quand il s'agit de données personnelles. Or, ces légitimes aspirations reçoivent une réponse juridique adéquate tandis que l'appropriation de cette ressource informationnelle heurte tantôt le principe d'égalité, tantôt le principe de dignité »[192]. En Finlande, la Cour d'appel du Turku a considéré que le fait de voler des informations ne concernait pas les données elles-mêmes, mais les supports de ces données. En l'espèce, un salarié d'une entreprise d'assurance avait copié des données du fichier de clientèle de cette société, à l'aide des bandes magnétiques de celle-ci. La Cour a déclaré le prévenu non coupable dans la mesure où son acte avait visé les données clientèle elles-mêmes et pas leurs supports[193].

Il est à noter que si l'objet du vol est immatériel, la soustraction quant à la chose volée doit toujours porter sur un objet matériel, impliquer un déplacement physique et une non-capacité pour le propriétaire légitime de maîtriser son exercice sur cette chose[194]. L'on peut donc admettre que la reproduction des données enregistrées sur des supports matériels ne permet pas d'appliquer l'infraction de vol, dès lors que ces supports n'ont pas été déplacés par l'auteur. La chose volée doit être susceptible d'être détournée ou prise d'une manière qui fait une privation au propriétaire. En effet, lorsque l'information ou

---

appartenant à autrui dans le but de se l'approprier.

190 Art. 1 du chapitre 28 du Code pénal finlandais.

191 Arts. 234 et suivants du Code pénal.

192 N. MALLET-POUJOL : L'Appropriation de l'Information, l'Éternelle chimère (Paris, D. : Chron.), [1997] n° 2, p. 330.

193 CA TURKU : [10/08/1990], n° 1674 in A. PIHLAJAMAKI : Computer Crime and other Crimes Against
Information Technology in Finland (RIDP), [1993], n° 1 p. 276.

194 Voir sur ce point M. MOUSTAFA : Droit pénal spécial (Le Caire, Dar Al-Nahda Al-Arabia), [1984] p. 454.

l'idée qu'elle contient sont transmises, sans déplacer leurs supports, c'est la captation et non la soustraction qui devrait être punie lorsque l'information est frauduleuse. C'est à bon droit qu'une cour d'appel déclare coupable du délit du vol l'employé d'une entreprise qui, à l'insu de son employeur, a usurpé la possession de documents comptables et a bien commis la soustraction frauduleuse de données comptables et financières figurant sur ces documents constituants des biens incorporels qui se trouvaient être la propriété exclusive de l'entreprise[195]. Il a également été jugé qu'une salariée qui avait emporté chez elle une disquette sur laquelle elle avait copié des documents, produit de son travail, devait être relaxée en l'absence d'élément intentionnel caractérisé[196]. Enfin, on peut noter la résistance de la Cour d'appel de Paris à admettre le vol d'informations indépendamment de tout support à propos de logiciels[197].

Dans cette optique, M VERDUCT[198] déclare qu'on peut distinguer les idées simples (pouvant être mémorisées) des informations complexes, qui ne sauraient l'être en totalité et qui nécessiteraient un support autre que la mémoire. Selon cet auteur, « volées, elles ne seraient plus en la possession du propriétaire. Mais c'est par conséquent un support qui devrait être volé et la question du vol d'information ne se poserait plus ».

Cette interprétation nous conduit à mettre en lumière les modalités du vol d'informations sans déplacer leurs supports physiques. Il s'agit de la captation intellectuelle d'informations, de la reproduction illicite des données informatiques.

- **La captation intellectuelle d'informations traitées par l'ordinateur**

La présence dans le centre de traitement est souvent indispensable pour perpétrer ces infractions. Le comportement illicite se concrétisant par la captation d'informations sur un écran cathodique relié à l'ordinateur, ce qui peut être considéré comme une captation ou un captage intellectuel[199]. L'on peut noter aussi la simple écoute des

---

[195] Cass. Crim. 1er mars 1989, n° 88-82815.
[196] CA Aix-en-Provence [29 février 2000] (JCP, G.), [2000], IV, 2910.
[197] CA Paris 13e ch. A [25 novembre 1992], (Gaz. Pal.), [1993] 2, p. 474 note Catherine LATRY-BONNART.
[198] P. VERGUUCT, *op. cit.* p. 112.
[199] J. SAID, *op. cit.* 47.

informations par l'intermédiaire d'un haut-parleur qui rend compte des informations et données traitées.

L'infraction peut résulter de ce que le bénéficiaire de l'écoute est sans droit pour recevoir les informations traitées, ou qu'il soit en droit de les recevoir, mais les utilise à des fins non autorisées. Il peut arriver, dans d'autres hypothèses, que le bénéficiaire des informations ait la qualité requise pour en prendre connaissance, mais en fasse un usage illicite[200]. Les douaniers suisses déclarent que la circulation des listes de comptes bancaires ouverts clandestinement en Suisse par des Français (fuite de capitaux) fait partie de cette nouvelle forme de commercialisation clandestine d'informations informatiques par des banquiers pourtant qualifiés pour les recevoir.

Selon M. DEVEZE[201], le fait de capter intellectuellement les informations circulant sur l'écran d'ordinateur tombe sous le coup de la loi pénale dans la mesure où cette dernière punit l'auteur qui capte illégalement les informations et les enregistre sur un support physique. À cet égard, on peut punir celui qui capte illégalement les mêmes informations, mais les enregistre dans sa mémoire. M. BAHNAM[202] va dans ce sens et considère que la captation intellectuelle sans autorisation des informations enregistrées sur un support physique tombe sous le coup de la loi, même si ce support n'était pas déplacé. Selon lui, les informations captées représentent une valeur à son propriétaire, ce dernier a seulement le droit de les maîtriser.

Cependant, une partie de la doctrine égyptienne n'a pas accepté cette idée. Elle considère que l'absence de déplacement du support matériel ne constitue pas la qualification de vol, dans la mesure où l'incrimination vise toujours un acte illicite commis dans le monde physique[203]. Elle affirme que la captation intellectuelle d'informations (soit par le visuel, soit par l'écoute) n'est pas considérée comme un comportement illicite commis dans le monde (réel) et par conséquent ne peut pas être visée par la loi[204]. En effet, nous pensons que le droit pénal ne peut pas qualifier comme vol le fait de capter les

---

[200] Ibid, pp. 48-49.

[201] H. ROUSTOM, op. cit. p. 232

[202] R. BAHNAM, précité, voir aussi B. BERGMAS : Le Vol d'Information en Droit comparé (Paris, RDPC, [1988] n° 8-9, p. 907.

[203] A. RASEHD : Le Droit pénal, Introduction et Théorie générale (Le Caire, Sayed Abd-Allah Wahba), [1970] pp. 307 et 308.

[204] H. ROUSTOM, op. cit. p. 233

informations sur un écran cathodique relié à l'ordinateur, ou par une écoute, dans la mesure où l'auteur les a laissées où elles se trouvent, c'est-à-dire circulant sur l'écran. Ce que pense M. VOUIN quand il considère que « le vol n'est concevable que dans le cas de celui qui emporte un document puis le photocopie chez lui ou ailleurs »[205]. Dans le cas étudié, les informations ont été captées sur place et les supports physiques de ces dernières n'ont donc pas été soumis au déplacement en principe nécessaire.

- La reproduction illicite des données informatiques

Les données informatiques peuvent être enregistrées sous la forme d'impulsions dans des circuits électroniques ou sur des bandes magnétiques[206]. Dans cette optique, la question qui se pose est de savoir si le fait de cloner illégalement ces informations peut être visé par l'infraction de vol. Au Royaume-Uni, la loi de 1916 sur le vol considère comme un voleur celui qui en connaissance de cause, et avec l'intention de commettre une fraude « prend et emporte » (take and carry away), une « chose mobilière » appartenant à autrui. De même, l'article 1 de la loi de 1968 sur le vol dispose que la personne est coupable d'infraction de vol si elle prend par un moyen malhonnête les biens d'autrui dans l'intention d'appropriation.

La doctrine anglaise[207] n'accepte pas le principe de vol d'information visé par ledit article. Elle déclare que le caractère frauduleux de la soustraction, élément constitutif du délit de vol, n'est réalisé que si le voleur a eu l'intention bien arrêtée de s'approprier l'objet dérobé. Pour elle, le fait de cloner les informations sur d'autres supports physiques ne déplace pas les supports originaux et par conséquent la victime reste leur propriétaire. La jurisprudence anglaise confirme ce même principe dans l'affaire Boardman v. Phipps, 1966. Le juge Upjohn a déclaré que les informations n'étaient absolument pas des biens. Elles sont disponibles à toute personne qui a des yeux pour les lire, et des oreilles pour les écouter[208]. Ce principe a été confirmé dans l'affaire Oxford v. Moss. Par ailleurs, la House of

---

[205] VOUIN : Le Recel et la détention de la chose (Paris, D. : Chro.), [1972] p. 281.
[206] H. ROUSTOM, *op. cit.* 235.
[207] E. GRIEW: *The Theft Acts 1968 & 1978* (Londres, Sweet & Maxwelle), [1978] pp. 2-14.
[208] U. SIEBER: *The International Handbook on Computer Crime. Computer – Related Economic Crime and Infringements of Privacy* (Londres, John Wiley and Sons), [1986] pp. 237.

Lords a déclaré dans l'affaire Information Center Rank Film Distributors v. Vidio que la violation du droit d'auteur et multimédia ne pouvait pas être considérée comme un vol[209].

Aux États-Unis, quelques États ont accepté le principe de vol des données informatiques. Dans l'affaire *Huncock v. State of California*[210], le *California Northern District* a considéré que les logiciels et les données informatiques sont considérés comme des biens, lesquels sont protégés par la loi. En l'espèce, un salarié de la société *Texas Instruments Automatic Computer Corporation* a cloné 49 logiciels informatiques concernant ladite société afin de les vendre à la société *Texaco*, pour une somme de 5 millions de dollars. Cependant, le prévenu a été arrêté avant de vendre lesdits logiciels. Malgré le fait que les supports physiques sur lesquels les logiciels étaient enregistrés n'aient pas été volés, le Tribunal a appliqué l'article traditionnel de vol, et le prévenu a été condamné à 5 ans d'emprisonnement. En revanche, dans l'affaire *Ward v. State of California,* la *Superior Court of California* a considéré que les impulsions électroniques n'étaient pas des biens et que le fait de cloner ces impulsions ne pouvait pas être considéré comme un vol. Face à cette difficulté, certains États ont traité le fait de cloner les données informatiques par des législations qui traitent les secrets commerciaux, alors que d'autres ont adopté de nouvelles législations qui considèrent le vol d'une façon large.

Au Canada, la chose volée doit pouvoir faire l'objet d'un droit de propriété. Dans l'affaire *Stewart*, les juges ont reconnu en appel un « vol d'information », mais la Cour Suprême d'Oriento a rejeté l'idée. Dans une argumentation limpide, le juge Lamer a déclaré qu'« il faut adopter à l'égard du domaine de l'information une vue d'ensemble qui tient compte du conflit entre la libre circulation de l'information et le droit à la confidentialité, ou encore les utilisations économiques relatives à certains types de renseignements. Le choix à faire à cet égard repose sur des jugements politiques qui, à mon avis, relèvent des législateurs et non des tribunaux (...). Dans la mesure où la protection des renseignements confidentiels est justifiée, elle doit être accordée par un texte législatif plutôt que par l'élargissement judiciaire de la notion de bien ou de la disposition du Code criminel relative au vol ».

---

209 U. SIEBER, *op. cit.* p. 54.

210 H. HOUSTOM, *op. cit.* p.126.

Afin de qualifier ce type d'infractions, nous devons distinguer d'une part les informations, et d'autre part les données. Concernant les informations, elles se composent de deux éléments :

(a) matériel qui représente le support physique sur lequel l'information est enregistrée ;

(b) intellectuel qui représente la notion et le concept de cette information. Dans cette optique, l'information a toujours besoin d'un support physique afin d'occuper un espace dans notre monde réel. Sans ce support, le fait de voler ne peut pas exister. En ce qui concerne les données, elles sont des informations traitées qui peuvent prendre plusieurs formes telles que les ondes électromagnétiques et les impulsions magnétiques. Ces formes peuvent être enregistrées, transmises, et reproduites. Dans cette optique, elles ne sont pas considérées comme une chose intellectuelle telle que les droits et les idées, mais comme une chose qui a dans notre monde physique (réel), une présence matérielle. Cette idée a été affirmée par le Tribunal correctionnel de Bruxelles le 31 mai 1988, quand il a jugé que les données informatiques sont des choses tangibles et matérielles comme l'électricité qui peut être volée.[211] À cela s'ajoute l'élément moral.

B. L'élément moral du vol d'information

Le caractère frauduleux de la soustraction, élément constitutif du délit de vol, n'est réalisé que si le voleur a eu l'intention bien arrêtée de s'approprier l'objet dérobé[212]. Le dol général de cette infraction est matérialisé par la conscience de l'auteur d'agir sans droit. À supposer que le délit de vol d'information puisse être retenu, le dol général serait constitué par le fait pour l'auteur d'avoir conscience que la prise de connaissance de l'information s'effectue sans droit, c'est-à-dire contre la volonté du propriétaire[213]. Cela a été affirmé par l'arrêt de la Cour d'appel d'Aix-en-Provence le 29 février 2000. La Cour infirma le jugement de première instance qui avait déclaré la prévenue

---

[211] J. –P. SPREUTELS, *op. cit.* Note 97, p. 1047.

[212] T. corr. Épinal [17 oct. 1957] (Paris, JCP), [1985] II 10 440, note de Lestang ; voir également en Égypte cass. [17 oct. 1929], (Le Caire, Magmoa'at Al Kawaed Al Kanoneya) T 1, n° 295, p. 350 ; Cass. [23 juillet 1964] (Le Caire, Magmoa'at Ahkam Al-Nakd) année 15, n° 101, p. 506 ; Cass. [22 avril 1974] année 25, p. 425. Voir aussi C. PAULIN : Droit pénal spécial (Paris, Armand Colin), [2002], p. 65.

[213] M. SALAMA : Les Infractions de Vol, d'Escroquerie et d'Abus de Confiance (Le Caire, sans Éditeur), [1984/1985] p. 26

coupable d'avoir frauduleusement soustrait des disquettes à son employeur. La Cour d'appel prononça la relaxe au motif que l'infraction de vol suppose un élément volontaire qui consiste en l'intention de s'approprier le bien d'autrui[214]. Cependant, la doctrine favorable à l'adjonction du dol spécial au dol général pour que l'infraction soit constituée reconnaît que le déplacement de la chose volée se fait dans l'intention de l'auteur de se comporter en véritable propriétaire[215]. La distinction entre les deux perdrait ainsi de son intérêt. Concernant le vol d'informations, il permettrait d'opérer une distinction suivant la nature et l'objet du déplacement de la chose.

Effectivement, le problème du critère du déplacement de la chose risque de faire peser une tentative punissable de vol sur chaque personne déplaçant une information si toutefois la formule peut être retenue. Dans cette optique, la référence au dol spécial permet d'éviter ce problème, car la volonté de l'auteur de se comporter comme le véritable propriétaire de l'information ne résulterait pas en fait de recopier celle-ci, mais d'en user comme le ferait le véritable propriétaire. Ainsi, la doctrine[216] affirme que le fait de voler les informations ne serait retenu qu'à partir du moment où l'auteur use de l'information comme le ferait le propriétaire légitime. Reste à mentionner que la reproduction de l'information ne constituerait dans cette optique, qu'un acte préparatoire et non un commencement d'exécution d'une tentative incriminable. Ce dernier résulterait de l'acte mettant en évidence la recherche du bénéfice de ces droits et/ou prérogatives du propriétaire légitime[217]. L'escroquerie en ligne en fait aussi partie.

Paragraphe 2 : L'escroquerie en ligne

L'escroquerie en ligne[218], entendue comme toute forme de soustraction frauduleuse de bien d'autrui opérée sur ou par le web, souvent sous la forme de débits effectués sur un compte bancaire, sans

---

214 CA. Aix-en-Provence [29 févr.. 2000], (Lamy Droit de l'Informatique et des Réseaux : Bull. Act.) n) 129, F, octobre 2000, P.13.

215 M. MOUSSTAFA : Droit pénal spécial (Le Caire, sans Éditeur), T. 2, [1951] p. 423 ; voir aussi en France Cass. Crim. [19 février 1959], (Paris, D.), [1959] p. 331.

216 J. –F. CASILE, *op. cit.* p. 382.

217 Ibid.

218 Le Code pénal définit l'escroquerie comme le fait de tromper une personne physique ou morale et de la déterminer ainsi, à son préjudice ou au préjudice d'un tiers, à remettre des fonds, des valeurs ou un bien quelconque.

l'accord de son propriétaire ou en procédant par une technique d'ingénierie sociale. C'est une expérience commune, quasiment ordinaire, pour tous les internautes, au moins sous la forme de tentatives.

Particulièrement au Cameroun, cette forme de cybercriminalité a fini par prendre les proportions d'un véritable fléau. Des individus utilisent les réseaux électroniques pour se livrer à des manœuvres frauduleuses, et très souvent, ils parviennent à obtenir des sommes d'argent de la part de personnes qui croient à leurs supercheries. Les techniques de perpétration de vol sont variées et avant de procéder à leur analyse **(B),** il importe d'apporter des précisions sur la nature de l'artisan de cette forme de délinquance qui est, au fait, le cyberdélinquant **(A).**

A. Le cyberdélinquant

Le développement des NTIC fait apparaître un nouveau type de délinquance, la « délinquance informatique ». En droit pénal, le délinquant est défini comme « l'auteur d'une infraction pénale, qui peut faire l'objet d'une poursuite de ce chef ». Le délinquant informatique serait donc la personne qui commet un délit informatique. Mais plusieurs auteurs dont, Philippe ROSÉ,[219] écartent la notion de délinquant informatique au profit de celle de criminel informatique ou de fraudeur informatique. En revanche, d'autres, comme le professeur André LUCAS, préfèrent le terme de « délinquance informatique » au terme de « fraude informatique »[220]. Ce dernier considère de plus que « la seule démarche acceptable consiste à réserver l'acceptation de fraude informatique aux hypothèses dans lesquelles la technique informatique est au cœur de l'agissement incriminable tout en sachant fort bien qu'il est parfois difficile d'isoler le noyau dur de la périphérie »[221].

En tout état de cause, la délinquance informatique se différencie de la délinquance classique, car elle « se compose de délinquants

---

[219] ROSE (P.), *La Criminalité informatique,* Paris, Collection Que-sais-Je ? PUF, [1987] ; PARKER (D-B.), « Combattre la criminalité informatique », Paris, OROS, [1985] p. 18 ; CASILE (J-F.), « Le Code pénal à l'épreuve de la délinquance informatique », Thèse, Aix-Marseille, [2002], p. 17.
[220] LUCAS (A.), « Le droit de l'informatique », éd. PUF, Coll. Thémis Droit, Paris, [2001], p. 400.
[221] *Ibid.* p. 401.

spécialisés, jeunes par hypothèse, considérés comme employés modèles occupant un poste de confiance dans la direction d'une entreprise. Généralement motivés par le caractère du jeu et du défi qu'apporte l'idée de tromper l'ordinateur »[222].

Dès lors, nous pouvons affirmer qu'il n'existe pas un type de cybercriminels, mais une pluralité de profils. Dans cette optique, M. Philippe ROSÉ et M. Jean-Marc LAMÈRE distinguent : « (a) l'utilisateur qui recherche le profit d'un capital financier ; (b) les destructeurs qui composent une frustration professionnelle ou personnelle et qui ne commettent que dans le but de nuire aux entreprises ou aux organisations ; et (c) l'entrepreneur qui vise l'activité ludique et le défi des agressifs qui compensent une frustration personnelle ou professionnelle »[223]. De son côté M. BOLOGNA isole quatre types de délinquants : « (a) l'utilisateur qui recherche le gain financier ; (b) l'utilisateur qui recherche une reconnaissance sociale ; (c) l'utilisateur qui recherche la perte du sens des réalités ; et enfin (d) l'utilisateur ayant un comportement idéologique, qui veut se venger de la société »[224].

Tout pirate informatique n'est pas forcément un hacker, et il convient donc de s'y attarder, en analysant ce qu'est un *hacker,* un *cracker* et un *crasher*. Ces trois termes, souvent confondus en pratique, se distinguent pourtant en raison de l'objet de l'acte accompli.

- Le *hacker*

Le terme « hacker » provient du verbe anglais « to hack into » qui signifie « entrer par effraction ». Pour beaucoup, les hackers sont ceux qui utilisent les NTIC à des fins contraires à la loi. Le terme « hacker » appartient désormais au langage courant, en témoigne la maison d'édition française Larousse 2017qui y fait référence dans son dictionnaire et le décrit comme « une personne qui, par jeu, goût du défi ou souci de notoriété, cherche à contourner les protections d'un logiciel, à s'introduire frauduleusement dans un système ou un réseau informatique »[225]. Les Anglo-saxons le définissent comme

---

[222] CASILE (J-F.), « Le Code pénal à l'épreuve de la délinquance informatique », op. Cit., p.17.
[223] ROSÉ (C.) et LAMÈRE (J-M.), Menaces *sur les autoroutes de l'information,* Paris, Éd. L'Harmattan, [2000].
[224] BOLOGNA (G-J.), « Organizational Perspective on Enhancing Computer Security », in MARTIN) : « La criminalité informatique », Paris, PUF, [1997], p.68.
[225] Consultable sur le site Internet du dictionnaire Larousse 2017.

« quelqu'un qui tente de faire irruption dans les systèmes informatiques, en particulier pour obtenir des renseignements confidentiels qui y sont entreposés »[226].

Le dictionnaire du nouveau pirate informatique va même plus loin en définissant le terme « hacker » comme (a) « une personne qui aime explorer les détails des systèmes programmables par opposition à la plupart des utilisateurs qui préfèrent apprendre seulement le minimum nécessaire ; (b) celui qui programme avec enthousiasme, même de manière obsessionnelle, ou qui aime programmer plutôt que juste théoriser sur la programmation ; (c) une personne capable de comprendre ; (d) une personne qui sait bien programmer rapidement ; (e) un expert d'un programme particulier, ou celui qui y travaille fréquemment ; (f) un expert ou un passionné de n'importe quelle sorte, comme un pirate informatique d'astronomie par exemple ; (g) celui qui aime le défi intellectuel et le fait de devoir surmonter ou contourner des obstacles ; (h) un fouineur malveillant qui essaye de découvrir des informations sensibles en furetant tous azimuts »[227].

Le hacker peut donc être considéré comme « une personne qui prend du plaisir à explorer en détail un système, un programme, et qui cherche sans cesse à étendre ses connaissances dans ce domaine »[228].

---

[226] Traduit de l'anglais : « A computer hacker is someone who tries to break into computer systems, especially in order to get secret information. Disponible sur http://www.collinsdictionary.com/dictionary/english/hacker?showCookiePolicy=true

[227] De son vrai nom « The New Hacker's Dictionary », RAYMOND (S.), 3e éd., [1996]. Traduit de l'anglais :
(a) « A person who enjoys exploring the details of programmable systems and how to stretch their capabilities, as opposed to most users, who prefer to learn only the minimum necessary ». (b) « One who programs enthusiastically (even obsessively) or who enjoys programming rather than just theorizing about programming ». (c) « A person capable of appreciating ».
(d) « A person who is good at programming quickly ».
(e) « An expert at a particular program, or one who frequently does work using it or on it; as in 'a UNIX hacker ».
(f) « An expert or enthusiast of any kind. One might be an astronomy hacker, for example ».
(g) « One who enjoys the intellectual challenge of creatively overcoming or circumventing limitations. » (h) « A malicious meddler who tries to discover sensitive information by poking around ».

[228] MARTIN (D.), Conférence-débat sur « Crime informatique et cyberguerre » Centre universitaire Juridique de recherche sur les Menaces criminelles contemporaines, éd. num. [1999]. Disponible sur http://strategique.free.fr/analyses/cyberguerre.pdf.

En pratique, le hacker exploite les failles dans une procédure d'accès pour casser un système informatique et en violer l'intégrité, afin d'y dérober, d'altérer, ou de détruire de l'information ou encore de copier frauduleusement des logiciels ou des données.

- Le *cracker*

Le terme *cracker* provient du verbe anglais « to crack » qui signifie craquer, casser un code d'accès[229]. Le cracker est spécialisé dans le cassage de codes de protection anticopies des logiciels sous licence ou encore des jeux. En effet, les logiciels, comme nous avons pu le voir auparavant pour le cyberespace, sont le fruit d'une infinité d'équations et de codes mathématiques. La finalité du cracker va alors être de casser les protections des logiciels ou des jeux en y implantant un patch appelé « crack » que les internautes trouveront sur Internet et qui injectera dans l'applicatif « cracker » les manipulations trouvées par le cracker. Cela permet ainsi aux personnes qui les téléchargent par la suite de profiter du logiciel ou du jeu tout en s'exemptant de son aspect financier.

- Le *crasher*

Le terme *crasher* provient du verbe anglais « to crash » qui signifie « s'écraser »[230]. Ce dernier pénètre et détruit ou sabote un des éléments d'un système informatique par pur plaisir. Pour y arriver, il utilise deux armes :

- le déni de service[231] qui consiste à forcer l'arrêt des services informatiques ciblés. Pour cela, soit le crasher exploite une faiblesse connue ou qu'il a trouvée au sein du système informatique ciblé, soit il bombarde ces systèmes pour saturer leur mémoire, les forçant ainsi à crasher ;

---

229 RAYMOND (E.), « Le Cyberlexis : Dictionnaire du jargon informatique » éd. Dunod, [1997].

230 Ibid.

231 Traduit de l'anglais : « Denial-of-service », une attaque par déni de services est une attaque informatique ayant pour but de rendre indisponible un service, une machine en le ou la submergeant de trafic inutile. Il peut y avoir plusieurs machines à l'origine de cette attaque, c'est alors une attaque distribuée qui vise à anéantir des serveurs, des sous-réseaux.
GODART (D.), « Sécurité informatique : risques, stratégies et solutions », éd. Edipro, [2005], p. 32.

- les virus ou les vers, créations de toutes pièces destinées à infliger un maximum de dégâts.

Un *crasher* allemand dira même au sujet de ses créations : « vous sentez que quelque chose de magnifique s'est produit lorsque vous en avez créé un. Vous venez de créer un être vivant. Vous ne savez pas où il s'en ira et ce qu'il fera le long de son chemin, mais vous savez qu'il vivra »[232]. La distinction entre le cracker et le crasher se trouve donc dans la finalité de l'infraction. Tandis que le crasher pénètre un système informatique pour y détruire des données, le cracker va introduire des données dans le système, ou modifier son contenu.

« Toute infraction suppose que son auteur ait agi avec intelligence et volonté »[233]. Dans le cyberespace, l'infraction est rarement commise de manière impulsive, elle est généralement le fruit d'une période de réflexion, durant laquelle le cybercriminel met en balance les intérêts qu'il peut retirer de son infraction et les risques qu'elle représente[234]. Les cybercriminels disposent désormais d'une panoplie étoffée de méthodes et de modes opératoires pour passer à l'attaque, entre autres : les chevaux de Troie, les logiciels espions, les botnets, les virus et vers et les keyloggers.

- Les chevaux de Troie

Le cheval de Troie est un logiciel qui ne se reproduit pas et permet d'ouvrir une « porte » sur l'ordinateur de la victime pour en prendre ultérieurement le contrôle ou activer à distance des programmes nocifs, les « malwares ». Encore appelé « Trojan Horse » en anglais, ce type de logiciel n'est rien d'autre que le véhicule, celui qui fait entrer le programme malveillant au cœur de la machine. Il n'est pas nuisible en lui-même, car il n'exécute aucune action, si ce n'est de permettre l'installation du vrai programme malveillant. Très présents dans les pièces jointes de messagerie, ces programmes sont souvent destinés au vol de données personnelles, et notamment financières.

---

[232] DANA (A-C.), « Essai sur la notion d'infraction pénale », Paris, LGDJ, [1982], p. 42.
[233] Ibid.
[234] ROSÉ (P.), LAMÈRE (J-M.), « Menaces sur les autoroutes de l'information », *op. cit.* p. 215.

- Les logiciels espions

Ou *spyware* en anglais, ils s'introduisent dans un système informatique afin de cueillir, à des fins commerciales, le profil d'un utilisateur au regard de sa navigation sur le réseau Internet, le cas échéant obtenir des informations personnelles comme les références d'une carte bancaire, d'un permis de conduire ou tout autre document personnel et sensible.

Ces logiciels espions sont souvent inclus dans des logiciels gratuits et s'installent généralement à l'insu de l'utilisateur, en même temps qu'il télécharge le logiciel en question. Ils sont souvent développés par des sociétés proposant de la publicité sur Internet. Pour permettre l'envoi ultérieur de publicité ciblée, il est nécessaire de bien connaître sa cible. Cette connaissance est grandement facilitée par ces logiciels espions.

- Les *botnets*

Contraction de robot et réseau, un *botnet* est un terme générique qui désigne un groupe d'ordinateurs, de quelques milliers à plusieurs millions, contrôlés par un pirate à distance. Ce sont en réalité des programmes informatiques destinés à communiquer avec d'autres programmes similaires pour l'exécution de différentes tâches.

Le plus connu consiste à prendre le contrôle à distance, en exploitant une faille de sécurité à travers un cheval de Troie ; par exemple, des milliers d'ordinateurs zombies forment un réseau de milliers de robots appelés communément des « botnets »[235]. Ces milliers d'ordinateurs contrôlés seront autant de relais pour permettre des attaques puissantes, puisque les pirates pourront alors, depuis leur domicile, diffuser des codes malveillants tout en cachant leur identité. Les enquêteurs, dans le meilleur des cas, arriveront sur des ordinateurs dont les propriétaires sont également des victimes. Ces *botnets* représentent aujourd'hui une réelle menace pour notre société[236].

- Les virus et vers

Ce sont les deux exemples de logiciels malveillants les plus répandus et les plus connus. Ces programmes malveillants capables de

---

[235] IFRAH (L.), « L'Europe face à la criminalité informatique », questions d'Europe, Fondation Robert SCHUMANN, n° 70, 3 septembre 2007.

[236] IFRAH (L.), *« Les nouvelles menaces criminelles numériques »*, Cahiers de la sécurité n° 6, pp. 59 et s.

s'autorépliquer sur les ordinateurs ou via les réseaux informatiques, et de les infecter à l'insu de leurs utilisateurs. La plupart peuvent causer d'importants préjudices.

Dans la mesure où chaque copie du virus ou du ver informatique peut à son tour s'autorépliquer, les infections peuvent se propager très rapidement. Il existe énormément de catégories et sous-catégories de virus et vers informatiques. On peut citer les vers d'e-mail ou les vers de messagerie instantanée, les virus envoyés sous forme de pièces jointes ou à travers les réseaux de partages de fichier P2P[237].

- Les *keyloggers*

Il s'agit d'enregistreurs de frappes de touche du clavier d'un ordinateur dont les informations sont ensuite adressées au pirate agissant à distance. Il lui est ainsi possible de connaître les informations sensibles de sa victime comme des références bancaires ou toutes autres données qui lui permettraient de commettre ultérieurement une escroquerie.

Certains *keyloggers* sont capables d'enregistrer les URL visitées, les courriers électroniques consultés ou envoyés, les fichiers ouverts, voire de créer une vidéo retraçant toute l'activité de l'ordinateur infecté. Ils peuvent prendre la forme soit d'un logiciel, soit d'un support matériel. Dans le premier cas, il s'agit d'un processus furtif écrivant les informations captées dans un fichier caché. Dans le second cas, il s'agit alors d'un dispositif intercalé entre la prise clavier de l'ordinateur et le clavier. Par ailleurs, les modes opératoires des cybercriminels sont multiples.

B. Les modes opératoires des cybercriminels

Sur Internet, « des attaques ont lieu en permanence, à raison de plusieurs par minute sur chaque machine connectée ». Cette tendance confirme que l'action des cybercriminels est en train d'évoluer. Avant, leur activité consistait à diffuser du spam, à attaquer des serveurs pour se livrer au chantage ou à répandre des programmes publicitaires. Aujourd'hui, les pirates chassent en priorité les données personnelles qui, une fois collectées, sont revendues aux plus offrants. Des fichiers d'adresses de courriel donnent également lieu à un commerce très

[237] De l'anglais *« Peer-to-peer »*, d'utilisateur à utilisateur.

rémunérateur. Selon l'éditeur d'antivirus Symantec, un réseau d'environ 5 500 zombies se loue autour de 350 dollars la semaine[238].

Les cybercriminels ont recours à plusieurs techniques qui reposent généralement sur le facteur humain et que l'on nomme l'ingénierie sociale. C'est l'art de soutirer des informations à quelqu'un par la ruse. Cette ingénierie sociale peut prendre plusieurs formes : le *spamming*, le *phishing*, le *pharming*, et l'espionnage industriel. En effet, depuis des siècles, des escroqueries en tout genre ont été imaginées et orchestrées par des gens peu scrupuleux dans le but de tromper la confiance d'autrui et ainsi en obtenir des biens de manière frauduleuse.

En remontant au XVIe siècle, on constate l'apparition d'une escroquerie appelée l'arnaque de « la prisonnière espagnole ». Cette escroquerie visant à extorquer de l'argent à de riches bourgeois par une combine consistait à leur faire croire qu'une très belle et riche princesse espagnole était détenue par les Turcs comme prisonnière et qu'une rançon était exigée pour sa libération. C'est une technique utilisée de façon très habile sur les sites de rencontre gratuits dans le but de soutirer une somme coquette d'argent en un temps convenable. L'escroc, qui se fait passer pour une jeune et jolie femme envoie un message où il donne une adresse e-mail privée. La victime, un homme lui répond et une correspondance privée s'engage. Au début, la femme raconte sa vie, donne des éléments de sa vie et raconte ses déceptions et l'envie qu'elle a de rencontrer quelqu'un de bien. Elle envoie également quelques photos. L'homme victime répond et rentre alors dans une correspondance suivie. Il ne se doute de rien, parce que les mails sont très plausibles et l'escroc s'arrange parfois pour y mettre quelques réponses à des questions posées. Progressivement, la femme semble tomber amoureuse, et expose des idées de mariage, confessant à l'homme que celui-ci est l'amour de sa vie, qu'elle veut absolument le rencontrer. Elle a l'impression qu'ils sont faits l'un pour l'autre. Il y croit, et arrive le moment de la rencontre. Mais, à la dernière minute, un problème énorme se présente et la femme demande de l'argent pour le résoudre. Le célibataire déjà amoureux et voulant à tout prix rencontrer sa dulcinée hésite, puis finit par envoyer de l'argent. Une fois l'argent envoyé, plus aucune nouvelle. L'escroc a réussi son coup.

---

[238] PILLOU (J F.), BAY (J-F.), « Tout sur la sécurité informatique », Dunod, 3e éd., [2013], p. 4.

Une variante de la précédente escroquerie consiste à faire croire au « pigeon » qu'une jeune et belle femme russe est traquée par la mafia qui l'a enlevée et battue (la femme porte des traces de violence physique) dans le but de la prostituer ; de surcroît, les « proxénètes » menacent la famille de la jeune femme, restée au pays, de représailles sanglantes en cas d'indocilité de celle-ci. Pour plus de crédibilité de l'histoire, l'homme victime de l'escroquerie sera en contact physique avec les mafieux, qui le menaceront et le mettront à l'amende pour qu'il puisse « racheter la liberté » de la jeune femme (le « pigeon » ne doutera pas de l'existence des mafieux). La menace pesant sur la famille de la jeune femme le dissuadera d'avoir recours à la police. Après le paiement, la jeune femme disparaîtra.

À la fin du XVIIIe siècle, une autre fraude se basant sur les mêmes effets psychologiques fait son apparition, il s'agit de la « lettre de Jérusalem ». Le principe étant que l'escroc fait croire à une victime, par une série de lettres adressées à celle-ci, qu'il possède un fabuleux trésor, mais pour des raisons indépendantes de sa volonté, il n'a plus la possibilité d'y accéder ! L'escroc fait appel alors à la bonté de sa victime pour solliciter son aide afin de récupérer ce trésor. Cette dernière, alléchée par la perspective de ce trésor, commence à débourser de l'argent afin que l'escroc puisse le récupérer. Malheureusement pour la victime, l'escroc trouvera toujours une excuse pour légitimer l'impossibilité de rapatrier le bien tout en incitant la victime à s'acquitter d'une nouvelle somme d'argent afin de continuer la quête du trésor.

À la fin du XXe siècle, l'apparition d'Internet donna une descendance à cette escroquerie, appelée cette fois « Fraude 4-1-9 ». Basée sur le même principe que « La lettre de Jérusalem », cette filouterie abusant de l'ingénuité de ses victimes s'opère désormais par des moyens de communication modernes à savoir par messagerie électronique, principalement par courriel, mais parfois aussi par SMS.

Le point commun de toutes ces escroqueries est leur exploitation des failles psychologiques de l'être humain. Une victime est manipulée par un escroc qui abuse de sa confiance et de sa crédulité pour lui soutirer ce dont il a besoin. La démocratisation de l'accès à Internet a étendu les possibilités d'arnaque en tout genre sur la toile. Les escroqueries recourant notamment à l'ingénierie sociale sont devenues nombreuses et variées. On constate encore chez nombre d'internautes, un manque de connaissances spécifiques à ce sujet, ce qui peut déboucher sur la divulgation d'informations personnelles permettant ainsi à des personnes malveillantes d'usurper leur identité afin d'en retirer un avantage. Les escrocs accèdent à leurs données personnelles, en vue de commettre ultérieurement des infractions en empruntant frauduleusement l'identité de leurs victimes.

Le mariage entre l'astuce humaine ou la technique du *social engineering* et la faille technique est redoutable. L'internaute reçoit un e-mail qui paraît tout à fait officiel et qui n'attire pas la méfiance. Cet e-mail incite généralement à donner « login *et* mot de passe », mais aussi d'autres données personnelles. Le mal est fait. En voici un exemple : « Cher client de la City. Les services techniques de la Citibank ayant actualisé le logiciel, nous vous demandons de suivre les indications suivantes pour confirmer vos données, votre accès au système pouvant être bloqué. Nous vous remercions de votre coopération. Un membre de Citigroup ». Les victimes potentielles sont souvent invitées ensuite à cliquer sur un lien qui tombe sur une version trafiquée du site web d'une société (souvent une banque). La victime mord littéralement à l'hameçon lancé par l'escroc, un peu comme à la pêche à la ligne, d'où le nom de *phishing*[239].

Au début du mois de mars 2004, la banque Internet australienne, Westpac, a dû prévenir en urgence de nombreux clients à propos d'un e-mail factice qui les incitait à divulguer leurs identifiants sur une fausse page. En janvier, ce sont plusieurs grandes banques britanniques comme Barclays, Citibank et Lloyds, ainsi que le système de paiement PayPal (groupe eBay), qui ont été victimes de faits similaires, où là aussi un courrier, plus vrai que nature, était envoyé aux clients, les incitant à se rendre sur une page trompeuse. Les escrocs bien informés et bons pirates, exploitaient une erreur d'affichage des URL du navigateur Internet Explorer.

---

[239] Le terme anglais « phishing » a été inventé en 1996 par des pirates informatiques américains qui détournaient les comptes d'America Online (« AOL ») en soutirant les mots de passe des utilisateurs d'AOL. L'utilisation du « ph » dans cette terminologie remonte aux années 1970, avec les premiers pirates qui se livraient au « phreaking », piratage des systèmes téléphoniques. L'hameçonnage ou phishing est aujourd'hui décrit, en général, comme une méthode de tromperie que les voleurs utilisent pour « pêcher » les informations d'identité personnelles d'utilisateurs de l'Internet peu méfiants, au moyen de messages électroniques et de sites Internet miroirs revêtant l'apparence de messages émanent d'entreprises légitimes telles que des établissements financiers ou administrations publiques.

Le phénomène a pris une telle ampleur qu'une association s'est créée pour observer les tendances et évolutions du *phishing*. Il s'agit de l'Anti-Phishing Working Group (APWG)[240] fondée notamment par des banques, des cybermarchands et des institutions financières. Son dernier rapport indique que dans les premiers mois de l'année, les attaques par *phishing* se sont multipliées tout en gagnant en sophistication. On constate 163 % d'attaques en plus en février 2004, comparé à décembre 2004. Selon le rapport de février 2004, 282 nouvelles attaques ont été enregistrées, soit une augmentation de 60 % par rapport à janvier 2004. Dix nouvelles attaques quotidiennes sont signalées. Le secteur professionnel le plus touché est bien évidemment celui de la finance et des divers services financiers, mais c'est le géant des enchères en ligne eBay qui est le plus visé et qui reste la cible préférée des *phishers*.

Les banques préviennent pourtant clairement leurs clients. Sur sa page d'accueil, on peut lire, par exemple pour la BNP : « Vos codes secrets sont strictement réservés à un usage personnel. Votre code secret multimédia et votre code secret de carte bancaire sont confidentiels. Ne les communiquez jamais. Ni par oral, ni par écrit, ni par courrier électronique. En cas de doute, vous pouvez modifier votre code secret multimédia à tout moment. Ne le saisissez pas sans avoir vérifié que vous vous trouvez bien dans l'espace sécurisé de BNPParibas.net. Après avoir consulté vos comptes, déconnectez-vous en cliquant sur le bouton déconnexion ».

Mais force est de constater qu'entre 1 et 5 % des destinataires de ces messages falsifiés y ont répondu. Il faut dire à leur décharge que ces messages ressemblent de plus en plus à des e-mails officiels, ce qui les rend plus difficiles à détecter, et on peut donc tomber facilement dans le panneau en l'absence de sensibilisation. D'autant que la méthode est de plus en plus sophistiquée. Si, jusqu'à présent, le *phishing* se déroulait en deux temps : réception d'un e-mail incitant à ouvrir un lien vers une banque en ligne, puis renvoi à une copie du site

---

[240] L'Anti-Phishing Working Group (« APWG »), association de l'industrie ayant pour but d'éliminer le vol d'identité résultant de l'hameçonnage, collecte et enregistre les exemples de messages électroniques ou de faux sites Internet d'hameçonnage. Ce consortium, qui sert de forum où l'industrie, les entreprises et les organismes chargés de faire respecter la loi discutent de l'impact de l'hameçonnage, entretient un site Internet public permettant à ses membres d'échanger des informations et des bonnes pratiques pour éliminer ce problème.

de cette banque sur laquelle l'internaute est invité à déposer ses coordonnées bancaires, on vient de découvrir une nouvelle méthode encore plus subtile visant plusieurs banques au Brésil : Banco do Brasil, Bradesco, Caixa Economica Federal, HSBC, Itau et Unibanco.

Plus besoin d'aller consulter le faux site de la banque. À la seule lecture de l'e-mail initial, un logiciel intrusif s'installe alors automatiquement et de manière invisible sur le poste de l'internaute. Ce programme peut alors enclencher deux types de processus : ouvrir, directement et indépendamment de toute autre manipulation par l'internaute, la fausse page imitée du site d'une banque en ligne, donc sans que l'internaute ait à cliquer sur un lien ; ou encore, le point le plus dangereux, renifler les « favoris » de l'internaute, repérer les liens relatifs à une banque et lorsque l'utilisateur souhaitera y accéder, lui substituer la page détournée à la vraie page.

Deutsche Bank AG et Postbank AG, deux des principales banques allemandes, ont également fait l'objet de multiples attaques par *phishing*. En raison de la synchronisation des attaques, les services de police pensent que ces attaques proviennent d'organisations criminelles internationales. La Suisse n'est pas en reste. En 2003, des escrocs rusés avaient conçu un site qui imitait celui de la Banque Nationale Suisse (BNS), à la différence près que le site pirate se terminait en « .org » au lieu de « .ch ». Et, contrairement au site original de la BNS, il proposait des services bancaires en ligne. Ces services purement virtuels permettaient aux criminels de récupérer les adresses électroniques des visiteurs à qui ils offraient « des bénéfices de 40 millions de francs suisses (26 millions d'euros) contre le versement d'une avance de 1 000 francs suisses ».

Les techniques du *phishing* se partagent sur le Net entre *hackers*. Sur certains sites pirates, il suffit de se déclarer (créer une identité et un mot de passe) pour accéder librement aux lignes de code, voire même à des applications construites fournies librement, pour accéder aux technologies et à la panoplie du pirate en ligne. Les vrais pirates informatiques sont peu nombreux, mais leur comportement est de plus en plus mafieux.

Au Brésil, haut lieu de « l'hacktivisme », la police annonce avoir arrêté plus de 50 personnes soupçonnées de pillages de comptes bancaires en ligne. Environ 30 millions de dollars auraient ainsi été dérobés aux clients de ces banques. Avec le *phishing*, c'est toute la fiabilité et la sécurité des transactions commerciales et des communications qui sont en cause. Avec plus de rigueur et une méfiance exacerbée, ajoutées à des produits mieux verrouillés, l'on devrait pouvoir faire face à cette nouvelle vague qui, sans doute, sera suivie par d'autres tentatives. L'intelligence et l'imagination des truands sont inépuisables, mais, heureusement, celles des corps constitués qui luttent contre toutes les formes de criminalité le sont tout autant. Dans l'environnement actuel de convergence de l'Internet, deux autres techniques (reposant sur des appareils autres que des ordinateurs) sont depuis peu exploités des hameçonneurs pour voler des identités.

Le *smishing*

L'hameçonnage continue de se répandre en touchant des appareils externes tels que les téléphones mobiles. En vertu de cette technique naissante, l'utilisateur d'un téléphone mobile reçoit un message de texte (un SMS) où une compagnie lui confirme qu'il a souscrit à un de ses services de rencontres, en indiquant qu'il lui sera facturé une certaine somme par jour s'il n'annule pas sa commande en se connectant au site Internet de cette compagnie. Ce site Internet est en fait corrompu et est utilisé pour voler les informations personnelles de l'utilisateur. McAfee Avert Labs a indiqué en août 2006 que le *smishing* s'était pour la première fois attaqué à deux grands opérateurs de téléphonie mobile en Espagne en 2006. Les escrocs utilisaient le propre système de ces deux compagnies pour envoyer aux clients des SMS offrant un logiciel antivirus gratuit provenant prétendument de l'opérateur mobile. Quand le client suivait le lien pour installer le logiciel sur son ordinateur, celui-ci se retrouvait infecté par des logiciels malveillants[241]. McAfee prédit que, bien que récent, le *smishing*, qui fait maintenant partie de la « boîte à outils du cybercriminel », sera de plus en plus utilisé dans les mois à venir par les propagateurs de logiciels malveillants[242].

Le *vishing*

La téléphonie sur Protocole Internet (« Voice over Internet Protocol » ou « VoIP ») offre également un nouveau moyen pour dérober les informations personnelles des individus par le biais des téléphones. Dans ce cas, l'hameçonneur envoie un message électronique maquillé

---

241 Mention de cette affaire est faite sur : www.avertlabs.com/research/blog/?p=75.
242 McAfee (2006), Virtual Criminality Report, décembre 2006, p. 20.

classique, présenté comme provenant d'une entreprise ou institution légitime et invitant le destinataire à former un numéro de téléphone. Les victimes se sentent habituellement plus en sûreté dans ce cas de figure, étant donné qu'il ne leur est pas demandé de se connecter à un site Internet où elles fourniraient leurs informations personnelles. Quand elles appellent, un répondeur automatique leur demande de saisir des informations personnelles telles qu'un numéro de compte, un mot de passe ou autre information à des fins prétendues de « vérification de sécurité ». Dans certains cas, l'hameçonneur ne recourt même pas à un message électronique et appelle à froid les consommateurs pour leur soutirer des informations financières.

Les techniques décrites ci-dessus reposant sur les logiciels malveillants évoluent et se transforment rapidement en de nouveaux genres de menaces. Elles peuvent même être combinées, comme le remarquait en 2005 l'Identity Theft Technology Council (ITTC) des États-Unis dans son rapport intitulé *Online Identity Theft*[243]. L'ITTC déclare que « les distinctions entre les types d'attaques [d'hameçonnage] sont floues, étant donné que beaucoup [d'attaques] sont de nature hybride, employant plusieurs technologies ». Ce rapport illustre cette idée en prenant l'exemple d'un message électronique d'hameçonnage fallacieux qui peut diriger un utilisateur vers un site qui a été corrompu par injection de contenu et qui installe alors un logiciel malveillant infectant le fichier d'hôtes de l'utilisateur. Il en résulte que les tentatives ultérieures de connexion à des sites Internet légitimes sont redirigées vers des sites d'hameçonnage où les informations confidentielles sont détournées par la technique de « l'homme du milieu ». Cette attaque hybride combine le *pharming* et l'attaque de « l'homme du milieu »[244].

Le *phishing* est réprimé au Cameroun, mais cette répression ne dissuade pas les délinquants[245]. Dès lors, comment rendre dissuasives

---

243 (Identity Theft Technology Council) (États-Unis), Online Identity Theft: Phishing Technology, Chokepoints, and Countermeasures, 3 octobre 2005, p. 7.

244 L'attaque de « l'homme du milieu » est un autre exemple d'hameçonnage reposant sur des logiciels malveillants. Cette expression décrit le processus par lequel l'hameçonneur collecte des données personnelles en interceptant le message d'un utilisateur de l'Internet qui était destiné à un site légitime.

245 Deux stratagèmes ont été plusieurs fois utilisés. Tout d'abord, il est arrivé que pratiquement au même moment, plusieurs abonnés de téléphonie mobile reçoivent sur leur téléphone portable des messages leur annonçant explicitement ou leur faisant croire qu'ils avaient gagné tantôt de l'argent, tantôt un crédit de

les sanctions édictées par la loi ? Cette question peut paraître curieuse si l'on émet des hypothèses relatives aux difficultés pour identifier ces délinquants. Serait-ce une justification à la commission grandissante de cette forme de crime ? En guise de réponse, il faut souligner qu'il est possible d'identifier une personne connectée grâce à ses adresses IP. Le réel problème qui se pose est de savoir si le fait que l'hébergeur ou le fournisseur d'accès communique les identités des personnes connectées suffit à les identifier réellement. Il est possible, et cela arrive de plus en plus, que le délinquant utilise de fausses identités.

Il existe d'ailleurs des systèmes rendant impossibles (même pour le fournisseur d'accès) les identifications personnelles. Il est dans ce cadre, fait appel aux procédés d'anonymisation[246] des identifiants Internet utilisés ou encore de techniques de cryptage[247] qui masquent les composantes permettant de retracer les moments de connexion ou les personnes connectées.

Dans le cadre des opérations de *phishing*, le tribunal de grande instance de Yaoundé a puni, dans son jugement du 26 mai 2016, Monsieur S. pour plusieurs opérations frauduleuses : l'utilisation des marques Footlocker, Uknow, Boncoup, sans aucune autorisation de leur propriétaire d'une part, des vols des données bancaires des

---

communication, tantôt un voyage en Europe avec leur famille, et les invitant, pour les formalités y afférentes, à appeler à un numéro de téléphone qui était clairement indiqué. À chaque fois, au bout du fil, le répondant confirmait le gain et entretenait de très longues conversations téléphoniques avec les victimes, qui devaient plus tard se rendre compte que l'annonce était mensongère. Ensuite, le second stratagème consiste à appeler un abonné très tard la nuit, pour lui annoncer qu'un des siens qu'on nomme très clairement est victime d'un accident de la circulation et se trouve aux services d'urgence (parfois qu'il en est mort) et de demander un transfert immédiat de crédit de communication pour permettre à l'informateur de donner plus de détails sur l'accident. Les fonctionnaires avides de nomination sont aussi assez régulièrement escroqués par des appelants qui leur signalent que leur dossier de nomination à tel poste est en bonne voie, mais qu'il faudrait fournir un pot-de-vin pour un heureux aboutissement.

[246] L'anonymisation recouvre plusieurs techniques pour masquer les données ou rendre impossible l'identification des personnes concernées, cf. Fiche n° 16 de la Commission nationale informatique et libertés (CNIL) sur l'anonymisation.

[247] Au titre des atteintes au système de cryptologie, l'article 88 de la loi n° 2010/012 du 21 décembre 2010 relative à la cybersécurité et à la cybercriminalité punit « celui qui, ayant connaissance de la convention sécrète de déchiffrement, d'un moyen de cryptographie susceptible d'avoir été utilisé pour préparer, faciliter ou commettre un crime ou un délit, refuse de remettre ladite convention aux autorités judiciaires ou de la mettre en œuvre, sur les réquisitions de ces autorités ».

usagers à travers les faux sites en ligne ; d'autre part, et d'utilisation des données confidentielles de cartes bancaires pour le paiement en ligne de diverses commandes sur Internet après l'obtention de ces données par des moyens frauduleux. Les sanctions vont de la peine de prison à la publication du jugement sur les sites des enseignes concernées.

Il ressort de cette décision qu'en plus des peines ou des sanctions traditionnelles prononcées, c'est-à-dire la prison et les amendes, la publication de la décision dans des quotidiens de journaux et sur le site Internet des sociétés lésées, s'ajoute le fait de publier la décision de justice condamnant en l'espèce Monsieur S, l'imitateur de sites ayant pignon sur rue, sans autorisation de la part des marques, est un moyen à la fois dissuasif (pour des internautes qui seraient tentés d'agir de manière similaire) et préventif (pour informer les clients de ces enseignes ou tout un chacun de l'existence de tels agissements). Par ailleurs, la loi oblige la collaboration des personnes connaissant le système informatique.

Section 2 : Obligation d'information et de collaboration des personnes connaissant le système informatique

Accéder aux données informatiques utiles à la recherche et à la poursuite des infractions, pouvoir en prendre copie, étendre sa recherche à des systèmes tiers n'est souvent pas suffisant. Encore faut-il pouvoir lire et déchiffrer les données saisies et copiées. L'évolution numérique est en effet telle que les données sont de moins en moins transmises en clair. La plupart des communications recourent au cryptage, les sites et systèmes informatiques se barricadent derrière des mots de passe, des identifications biométriques et d'autres outils d'accès conditionnel. Selon l'article 4 de la loi relative à la cybersécurité et à la cybercriminalité au Cameroun, la cryptologie peut être définie comme tout processus de transcription d'une information intelligible en une information inintelligible, par l'application de conventions secrètes dont l'effet est réversible. Quant à la prestation de cryptologie, elle est définie comme toute opération visant la mise en œuvre, pour le compte d'autrui, de moyens de cryptologie.

La cryptologie permet la protection des informations sensibles, que ce soit dans le cadre de stockage ou de transfert, elle constitue donc une composante importante de tout système sécurisé des communications électroniques et du commerce électronique[248], en permettant de garantir la confidentialité, l'authenticité et l'intégrité de données. Les informations qui sont chiffrées ne sont connues que des personnes qui sont en possession de la clé de déchiffrement. Le chiffrement est donc à la fois un outil fondamental pour la sécurité des données à l'ère du numérique (signature électronique), mais également pour la garantie de la vie privée et de la confidentialité des communications électroniques dans le sens où elle permet de s'assurer, d'une part, de l'identité de l'auteur du message et, d'autre part, de l'intégrité de celui-ci dès lors que les données cryptées circulent sur les réseaux sans être lues, altérées ou détournées par des personnes non autorisées.

En réalité, en l'absence de solutions relevant de la cryptographie asymétrique, les internautes ne seraient pas en mesure de communiquer de manière fiable non seulement dans le cadre privé, mais également dans le cadre des opérations relevant du commerce électronique ou encore de la banque en ligne par exemple. La cryptologie permet, en effet, de fournir en ligne son numéro de carte de crédit ou d'autres données sensibles à un destinataire choisi sans pour autant les exposer à des attaques « de l'homme du milieu » (« man-in-the-middle attacks ») ou autres vulnérabilités. Elle permet aussi aux individus de communiquer en ligne sans devoir craindre la surveillance des contenus échangés par les gouvernements - qu'il s'agisse des activistes luttant pour le respect des droits de l'homme dans des pays autoritaires, des terroristes ou encore des trafiquants de drogue. Dans ce sens, la liberté d'expression est affectée de manière évidente. La cryptologie permet enfin la création et l'usage de signature électronique comme condition d'authentification. Les gouvernements, au même titre que les entreprises et les organisations, utilisent la cryptologie pour sécuriser leurs documents, e-mails et communications téléphoniques. Elle se présente donc comme le meilleur moyen de conserver le secret de la correspondance

---

[248] N. Saper, « International Cryptography Regulation and the Global Information Economy », Northwestern Journal of Technology and Intellectual Property, automne 2013, vol.1, issue7, art.5m adresse : http://scholarlycommons.law.northwestern.edu/cgi/viewcontent.cgi?article=1205&context=njtip.

numérique, et les enjeux liés à l'usage des moyens cryptologiques sont donc d'importance cruciale pour le respect des droits des personnes, tant physiques que morales.

La cryptographie, sésame essentiel de la sécurité des réseaux et du commerce électronique, est aussi un outil très ambivalent. Si elle permet de garantir l'indispensable sécurité des transmissions et systèmes informatiques, ainsi que l'identification et l'authentification des acteurs, elle contribue également à l'opacité des communications et à la garantie de la confidentialité des messages. Les autorités de recherche des infractions sur les réseaux n'ont cessé de dénoncer un usage trop généralisé de la cryptographie qui, à la fois, assurerait aux criminels une transmission de contenus en toute impunité, et ce faisant, handicaperait la recherche des infractions sur les réseaux.

De tout temps, la cryptographie a été vue par les gouvernements comme une arme à double tranchant qu'il s'agissait de réglementer strictement. De l'interdiction d'exportation de moyens cryptographiques à l'imposition ou à la promotion d'un codage standardisé, les États-Unis ont expérimenté diverses solutions qui ont toutes échoué. L'interdiction d'exportation n'était pas viable économiquement et l'industrie n'a pas voulu d'un code imposé, voire contrôlé, par le Gouvernement. Le spectre d'un Big Brother[249] était dans tous les esprits. Les récentes propositions visent, soit à exiger l'intégration dans les techniques de cryptage d'une « back door »[250] par laquelle, et à la seule condition

[249]C'est le nom du personnage dans « 1984 » d'Orwell, le tyran qui voit tout et sait tout. Plus que jamais le récit du roman culte et visionnaire de George Orwell « 1984 » publié en 1949 est présent et redouté dans la mémoire collective. Ainsi le personnage du « Big Brother », chef omniprésent du Parti dans le roman, évoque à lui seul toutes les craintes et les dérives d'une société de plus en plus contrôlée. Big Brother est un outil de gestion de documents hypertexte (HTML). Si vous administrez un site web, ou simplement un jeu de signets (bookmarks), il vérifiera que les liens qu'ils contiennent sont valides. Big Brother fonctionne sur la plupart des systèmes Unix (y compris Linux et MacOS X), ainsi que sur Windows 95/98/NT. Il est placé dans le domaine public, ce qui signifie qu'il est disponible en code source, et qu'il peut être utilisé, modifié ou distribué sans aucune restriction.

[250]Dans un logiciel, une porte dérobée (de l'anglais backdoor, littéralement porte de derrière) est une fonctionnalité inconnue de l'utilisateur légitime, qui donne un accès secret au logiciel. L'introduction d'une porte dérobée dans un logiciel à l'insu de son utilisateur transforme le logiciel en cheval de Troie. Une porte dérobée peut être introduite soit par le développeur du logiciel, soit par un tiers. La personne connaissant la porte dérobée peut l'utiliser pour surveiller les activités du logiciel, voire en prendre le contrôle {par contournement de l'authentification). Parmi les

d'un mandat juridictionnel, les autorités judiciaires pourraient s'introduire en cas de suspicion, soit une remise des moyens de décryptage par les services d'émission ou de conservation des clés de décryptage. Cette dernière solution fait son chemin en Europe suite à la Recommandation R (95) 13 du Conseil de l'Europe qui considère que les « autorités chargées de l'enquête devraient avoir le pouvoir d'ordonner aux personnes qui ont des données spécifiques sous leur contrôle de fournir toutes les informations nécessaires pour permettre l'accès au système informatique et aux données qu'il renferme ».

La loi camerounaise se situe en droite ligne de cette Recommandation. Son article 55 dispose : « (1) Lorsqu'il apparaît que les données saisies ou obtenues au cours de l'enquête ou de l'instruction ont fait l'objet d'opérations de transformation empêchant d'accéder en clair ou sont de nature à compromettre les informations qu'elles contiennent, le procureur de la République, le juge d'instruction ou la juridiction de jugement peuvent réquisitionner toute personne physique ou morale qualifiée, en vue d'effectuer les opérations techniques permettant d'obtenir la version en clair desdites données ». (2) Lorsqu'un moyen de cryptographie a été utilisé, les autorités judiciaires peuvent exiger la convention secrète de déchiffrement du cryptogramme ».

La loi belge également se situe en droite ligne de cette recommandation. L'article 88quater qu'elle introduit dans le code d'instruction criminelle dispose :

« §1. Le juge d'instruction ou un officier de police judiciaire auxiliaire du Procureur du Roi délégué par lui, peut ordonner aux personnes dont il présume qu'elles ont une connaissance particulière du système informatique qui fait l'objet de la recherche ou des

---

motivations amenant les hackers à installer une porte dérobée, Il y a :

* la possibilité de surveiller ce que fait l'utilisateur légitime et de copier ou détruire des données ayant une valeur (mots de passe, clé privée pour déchiffrer des messages privés, coordonnées bancaires, secrets commerciaux) ;

* la possibilité de prendre le contrôle d'un ordinateur et de pouvoir l'utiliser pour mener des actions malfaisantes (envoi de courriels notamment pour l'hameçonnage, de virus informatiques, déni de service)

* le contrôle d'un vaste réseau d'ordinateurs, qui peut être utilisé pour du chantage au déni de service distribué, ou revendu à des criminels. Pour installer des portes dérobées en masse, les hackers utilisent des vers. Ceux-ci se répandent automatiquement et installent un serveur informatique sur chaque ordinateur infecté. Ensuite le hacker peut se connecter à travers Internet au serveur.

services qui permettent de protéger ou de crypter des données qui sont stockées, traitées ou transmises par un système informatique, de fournir des informations sur le fonctionnement de ce système et sur la manière d'y accéder ou d'accéder aux données qui sont stockées, traitées ou transmises par un tel système, dans une forme compréhensible.

§2 Le juge d'instruction peut ordonner à toute personne appropriée de mettre en fonctionnement elle-même le système informatique ou selon le cas, de rechercher, rendre accessibles, copier, rendre inaccessibles ou retirer les données pertinentes qui sont stockées, traitées ou transmises par ce système, dans la forme qu'il aura demandée. Ces personnes sont tenues d'y donner suite dans la mesure de leurs moyens ».

Ces obligations sont sanctionnées pénalement dans la mesure où tout refus de coopération est puni d'un emprisonnement de six mois à un an et d'une amende de vingt-six francs à vingt mille francs belges. La loi parle des "personnes dont [le juge d'instruction] présume qu'elles ont une connaissance particulière du système informatique". Il peut donc s'agir du responsable du système informatique, d'un de ses utilisateurs principaux, du gestionnaire du réseau, du concepteur ou du fournisseur des logiciels permettant de déchiffrer les données ou des techniques de cryptage ou d'accès à celles-ci, et autres détenteurs de clés de cryptage.

L'éventail est très large. On peut d'ailleurs se demander si des experts en cryptographie, spécialistes de la sécurité et informaticiens qui auraient une connaissance précise de la clé de cryptage sécurisant les données litigieuses ne pourraient pas être requis par le juge pour apporter leur concours à la recherche. L'approximation du texte ne s'y oppose en tout cas pas clairement ; l'exposé des motifs ne le fait pas non plus[251]. Le paragraphe 2 qui impose un devoir d'intervention, le fait à l'égard de "toute personne appropriée", ce qui n'est pas plus limpide. Par contre, cette mesure ne peut être imposée à l'inculpé et à ses proches. Le législateur évite ainsi un écueil fréquent dans les lois pénales informatiques qui imposent à l'accusé de collaborer au décryptage ou déverrouillage des données saisies ou communiquées.

---

[251] L'exposé des motifs admet la largesse des termes employés qui justifie à dessein une décision du juge d'instruction au cas par cas, voir Exposé des motifs, Doc Parl. Chambre, 0213/001, p. 27.

C'est notamment le cas dans la loi néerlandaise que l'Ordre national des avocats a fortement critiquée sur ce point. Forcer l'accusé à fournir les pièces à conviction de son infraction enfreint son droit fondamental au silence, interprété par la Cour européenne des droits de l'homme comme incluant le droit de ne pas s'incriminer soi-même[252].

Les autorités judiciaires ou policières ne peuvent en conséquence contraindre la personne à remettre des documents compromettants. Le projet de Convention européenne ne précise pas non plus si l'inculpé est également tenu d'une telle obligation de coopération. Ses articles 14 et 15 habilitent les autorités d'investigation des infractions à enjoindre à toute personne de fournir les informations nécessaires sur le fonctionnement du système informatique dont il connaît le fonctionnement, et de communiquer les données qui sont sous son contrôle. L'inculpé paraît également visé par ce pouvoir d'injonction. Le législateur européen contredirait-il sa propre jurisprudence ? Qu'il anéantisse ou réduise un droit fondamental qu'il est chargé de préserver et de défendre nous semble en tout cas extrêmement surprenant.

Les obligations imposées à ces personnes consistent en la fourniture de toute information permettant de faire fonctionner le système ou d'y accéder. Le décryptage des données est particulièrement visé par cette disposition. Le deuxième paragraphe oblige les personnes concernées à intervenir activement pour permettre aux autorités judiciaires d'effectuer les manipulations qui leur sont désormais ouvertes par la loi, telles que la recherche dans un système informatique, la copie ou le retrait des données. Il est précisé qu'il s'agit d'une obligation de moyen, précision qui n'apparaît pas pour l'obligation visée au premier paragraphe. L'exposé des motifs étend toutefois, en toute logique, cette qualification d'obligation de moyen au premier paragraphe. Les personnes qui prêtent leur concours dans le cadre de cet article sont tenues au secret de l'instruction, dont la violation est sanctionnée conformément aux dispositions du Code pénal relatif au secret professionnel.

L'exposé des motifs du projet de loi semble inclure dans les interventions pouvant être requises des tiers, la remise des clés de

---

[252] C.E.D.H., arrêt Saunders c. Royaume-Uni du 17 décembre 1996. Voir F. KUTY, "L'étendue du droit au silence en procédure pénale", Rev. Dr. Pén. et Crim., mars 2000, p. 330-331.

cryptage. Le texte même de l'article 88quater pourrait permettre au juge d'instruction d'exiger la remise de telles clés. Les concepteurs ou fournisseurs de techniques de cryptographie ainsi que les tiers de confiance pourraient se voir dans l'obligation de remettre les clés qu'ils détiennent. Il importe cependant de se montrer particulièrement prudent en cette matière et d'éviter autant que possible de convertir l'article 88quater en une remise systématique des clés de déchiffrement, et ceci pour deux raisons principales :

La première est que la clé est susceptible de donner accès à de nombreuses données dont certaines seulement constituent des éléments de preuves recherchés par l'instruction. Le juge ne jouit pas pour autant d'un accès légitime ou nécessaire à toutes les autres données. Il lui est cependant difficile de distinguer, dans le contenu crypté, les données auxquelles il lui est indispensable d'avoir accès et les autres. Le munir d'une clé de décryptage l'autorise à accéder à des données de manière disproportionnée.

L'autre critique est plus essentielle. Les lois qui, dans certains pays, légitiment la remise des clés aux autorités judiciaires ne prévoient aucune obligation en matière de sécurité et de protection de ces clés. L'industrie informatique et de sécurité désapprouve généralement cette absence de toute obligation dans le chef de la police. Le risque commercial est en effet très grand pour les concepteurs de clés, et plus généralement pour la sécurité du commerce électronique, que ces clés de décryptage soient dérobées et détournées alors qu'elles sont aux mains des autorités de recherche des infractions.

La remise des clés de cryptage doit par conséquent être limitée aux cas dans lesquels une telle mesure se révèle indispensable. Généralement, la personne dont le juge d'instruction requiert la coopération doit pouvoir s'exécuter en remettant une copie des données décryptées, et non la clé de décryptage même. Lorsque la remise des clés paraît incontournable, les autorités judiciaires et policières doivent mettre tout en œuvre pour assurer la sécurité et la confidentialité de celles-ci.

DEUXIÈME PARTIE

L'AMÉLIORATION DE LA PROCÉDURE PÉNALE CONTRE LA CYBERCRIMINALITÉ

Devant le constat de l'inadéquation des mécanismes procéduraux traditionnels à la conduite des investigations dans l'environnement électronique, les auteurs de la loi sur la cybercriminalité, intégrant les nouvelles dispositions procédurales au code de procédure pénale, ont procédé d'une part à l'aménagement des techniques procédurales traditionnelles **(chapitre 1)** et d'autre part à l'institution de nouvelles procédures pénales **(chapitre 2).**

Il convient de noter que la cybercriminalité présente la particularité d'ignorer les frontières étatiques. Elle est transfrontalière, car non seulement les auteurs, complices et victimes des infractions peuvent se trouver dans des pays ou des continents différents, mais aussi l'élément matériel de certaines infractions peut être localisé sur des territoires différents. Or elle menace, au-delà des individus, les États eux-mêmes qui se trouvent ainsi soumis à des atteintes à leur sûreté et, particulièrement, au risque de terrorisme. Face à un tel phénomène, il est évident qu'une réponse strictement nationale serait inefficace. Les États consentent ainsi plus aisément à coopérer dans le domaine de la lutte contre la cybercriminalité. Dans cette optique, la loi relative à la cybersécurité et à la cybercriminalité fait de la coopération internationale et de l'entraide policière et judiciaire une priorité **(chapitre 3).**

CHAPITRE I

L'AMÉNAGEMENT DES INSTRUMENTS PROBATOIRES CLASSIQUES

L'adaptation des outils de procédure classiques a permis de consacrer la réquisition, la perquisition et la saisie électronique **(section 1)** et d'admettre la preuve électronique en matière pénale **(section 2)**.

Section 1 : La consécration des réquisitions, perquisitions et saisies informatiques

Le principe de l'accès, par les autorités judiciaires, aux documents, informations et données « intéressant l'enquête », « utiles à la manifestation de la vérité » ou qui peuvent servir de preuve à l'élucidation d'une infraction, est en effet au cœur des dispositions de la loi de 2010. L'accès à des données informatiques fait ainsi l'objet de nombreuses dispositions spécifiques.

Sont ainsi prévues les réquisitions de données, y compris celles issues d'un système informatique ou d'un traitement de données personnelles, qui permettent d'exiger de toute personne la communication de toute donnée informatique, quel que soit son support **(paragraphe 1)**.

Les perquisitions **(paragraphe 2)** et les saisies de données (**paragraphe 3**) sont encadrées par des dispositions distinctes, qui permettent de prendre connaissance, au domicile des personnes concernées, des données informatiques nécessaires à la manifestation de la vérité et de saisir le support physique de ces données ou d'en faire copie.

Paragraphe 1 : Les réquisitions judiciaires en matière de délinquance numérique

D'un point de vue juridique, la réquisition se définit comme une requête officielle adressée à une personne physique ou morale, afin de mettre à disposition des documents et/ou des informations, de préserver des informations ou d'accomplir une prestation technique. La réquisition ne constitue pas un acte de délégation judiciaire pour accomplir des investigations comme peut l'être la commission rogatoire.

Au-delà de la simple surveillance du réseau Internet, la lutte contre la criminalité numérique nécessite de recourir à des techniques criminalistiques performantes. En effet, il n'est pas inutile de rappeler la particularité de la recherche de la preuve numérique[253], souvent fugace et fragile en cas de manipulation incorrecte de l'ordinateur[254]. En la matière, peut-être encore plus que dans les enquêtes traditionnelles, les enquêteurs n'échappent pas aux réquisitions judiciaires. Il importe également de préciser que les réquisitions informatiques (tout comme les expertises informatiques) représentent pour l'autorité judiciaire un traitement lourd et coûteux par rapport à l'infraction et à sa sanction judiciaire.

La mise en place de ces réquisitions judiciaires en matière numérique s'inscrit dans le cadre de la lutte internationale contre la cybercriminalité. En effet, la Convention sur la cybercriminalité de 2001 a mis en place un mécanisme procédural d'injonction de produire qui correspond dans notre droit national à la réquisition judiciaire[255]. À cet égard, l'article 18 de la convention dispose que « *chaque partie adopte les mesures législatives et autres qui se révèlent nécessaires pour habiliter ses autorités compétentes à ordonner : a/ à une personne présente sur son territoire de communiquer les données informatiques spécifiées, en sa possession ou sous son contrôle, qui sont stockées dans un système informatique ou un support de stockage informatique ; et b/ à un fournisseur de services offrant des prestations sur le territoire de la partie, de communiquer les données en sa possession ou sous son contrôle relatives aux abonnés et concernant de tels services* ».

La présentation des réquisitions judiciaires en matière de délinquance numérique[256] justifie d'examiner successivement les

---

[253] Belloir P., L'application des règles de procédure pénale aux infractions commises sur le réseau Internet, <www.legalis.net>, 2002, p. 1 et s. ; voir égal. Féral-Schuhl C., La collecte de la preuve numérique en matière pénale, AJ pénal 2009, p. 115.

[254] Le délinquant peut dissimuler (stéganographie) ou chiffrer (cryptographie) les données, il peut même les détruire en cas d'alerte.

[255] <Http://conventions.coe.int/Treaty/fr/Treaties/Html/185.htm>.

[256] En l'espèce, il ne sera pas examiné les dispositions de la loi n° 2006-64 du 23 janvier 2006 sur la lutte contre le terrorisme ayant introduit aux articles L. 34-1-1

réquisitions aux fins de communication **(A),** les réquisitions aux fins de préservation **(B)** et les réquisitions aux fins de décryptage **(C).**

A. Les réquisitions aux fins de communication

On distingue deux types de réquisitions :

- La réquisition aux fins de remise de documents issus d'un système informatique ou d'un traitement de données nominatives.
- La réquisition aux fins de mise à disposition d'informations contenues dans les systèmes informatiques ou traitements de données nominatives.

La réquisition aux fins de remise de documents issus d'un système informatique ou d'un traitement de données nominatives est reconnue au procureur de la République, à l'Officier de police judiciaire ou encore au juge d'Instruction, et elle s'applique à toute personne, à tout établissement ou organisme privé ou public, ou à toute administration publique susceptibles de détenir des documents intéressants l'enquête, y compris ceux issus d'un système informatique ou d'un traitement de données nominatives.

La réquisition a pour effet d'ordonner la remise des documents demandés, notamment sous forme numérique. Il n'appartient pas à la personne requise d'apprécier si les documents sollicités sont susceptibles d'intéresser l'enquête. Ainsi, pour la chambre criminelle, constitue une réquisition judiciaire, au sens de l'article 77-1 du Code de procédure pénale, la demande de communication à un opérateur de téléphonie de la liste des appels entrants et sortants sur trois lignes téléphoniques ainsi que les cellules activées par ces lignes[257]. À cette occasion, la chambre criminelle a rappelé qu'une telle mesure n'entre pas dans le champ d'application de l'article 5, § 3, de la Convention européenne des droits de l'homme, relatif au contrôle de la privation de liberté[258]. De même, la facturation détaillée d'un téléphone mobile,

---

du Code des postes et des communications électroniques, et 6 II bis de la loi du 21 juin 2004, une obligation de conservation et de communication des données de connexion à la charge des opérateurs de communications électroniques ainsi que des « personnes qui, au titre d'une activité professionnelle principale ou accessoire, offrent au public une connexion permettant une communication en ligne par l'intermédiaire d'un accès au réseau, y compris à titre gratuit ».

[257] Cass. crim. 22 nov. 2011, n° 11-84.308, AJ pénal 2012, p. 293, obs. Lasserre Capdevielle J.

[258] Cass. crim. 22 nov. 2011, précité.

les associations IMEI-Imsi d'un mobile, la liste des bornes activées et leur localisation géographique constituent des renseignements qui peuvent être réclamés aux opérateurs de téléphonie en application de l'**article 77-1-1 du Code de procédure pénale.** En revanche, la consultation du fichier national des immatriculations et du fichier des véhicules volés par les services de police et de gendarmerie n'entre pas dans le champ d'application des dispositions précitées. Les établissements tenant les fichiers des immatriculations et des véhicules volés détiennent ces informations pour l'usage exclusif des services de police ou de gendarmerie auxquels la loi leur permet de les communiquer, dans le seul cadre de l'article 19 du Code de procédure pénale[259].

Dans le cadre d'une enquête à caractère international, comme en matière de prostitution sur Internet, des enquêteurs peuvent-ils procéder à des réquisitions se rapportant à des lignes téléphoniques étrangères ? Ne s'exposent-ils pas à la violation des règles de compétence territoriale et de souveraineté des États ? La chambre criminelle a précisé que les officiers de police judiciaire peuvent, lors d'une enquête préliminaire, requérir d'opérateurs français de téléphonie, la liste des appels concernant une ligne étrangère, sans violer les règles de compétence territoriale et de souveraineté des États, dès lors que ces appels sont émis à partir du territoire français, entrent sur le territoire national ou transitent sur le réseau d'un opérateur de téléphonie français[260]. Cette solution avait déjà été dégagée en matière d'interceptions téléphoniques, puisque le juge d'instruction peut, en application des articles 100 et suivants du Code de procédure pénale, ordonner l'interception, l'enregistrement et la transcription des correspondances émises par la voie des télécommunications, à destination de lignes téléphoniques localisées à l'étranger, dès lors que les interceptions, réalisées à partir de centres internationaux de transit situés en France, portaient sur des appels émis depuis le territoire français[261].

Dans le cadre d'une enquête de flagrance, le pouvoir de requérir la communication de ces documents est donc conféré au procureur de la République ou à l'officier de police judiciaire. Dans le cadre d'une commission rogatoire, ce pouvoir est conféré au juge d'instruction ou

---

[259] Cass. crim. 15 sept. 2009, n° 09-82.597, Procédures 2009, n° 419, obs. Buisson J.
[260] Cass. crim. 1er févr., 2011, n° 10-83.523.
[261] Cass. crim. 14 juin 2000, n° 00-81.386.

à l'officier de police judiciaire qui agit sur délégation de celui-ci. En revanche, dans le cadre d'une enquête préliminaire, la réquisition ne peut être formulée que par le procureur de la République, ou sur son autorisation par un officier de police judiciaire. L'autorisation du ministère public est indispensable pour obtenir d'un opérateur de téléphonie mobile la liste des appels émis et reçus à partir d'un téléphone mobile et l'identité des correspondants[262]. Le défaut d'autorisation du procureur de la République entraîne la nullité des réquisitions sans qu'il soit nécessaire de démontrer l'existence d'un grief[263]. Le formalisme s'apprécie au regard de la forme de la réquisition délivrée à la personne requise puis au niveau de la forme de l'autorisation du procureur de la République donnée à l'officier de police judiciaire dans le cadre d'une enquête préliminaire.

Dans le premier cas, la loi n'a pas prévu de forme particulière pour mettre en œuvre ces réquisitions. Elles peuvent être faites par tout moyen. Il n'est pas nécessaire que la réquisition soit adressée par écrit, elle peut l'être oralement, notamment par une communication téléphonique à destination de la personne requise. Dans le deuxième cas, il en va de même. L'autorisation donnée par le procureur de la République à un officier de police judiciaire pour présenter une réquisition, en application de l'article 77-1 du Code de procédure pénale, n'est soumise à aucune forme particulière[264]. La Chambre criminelle retient que des réquisitions, qui comportent les mentions « *agissant conformément aux instructions de M. le procureur de la République* », suffisent à établir l'autorisation du parquet puisque l'article 77-1-1 du Code de procédure pénale ne soumet l'autorisation du procureur de la République à aucune forme particulière[265]. De même, la chambre criminelle a validé le principe de l'autorisation globale de réquisitions adressées à des opérateurs de téléphonie mobile, délivrée par le procureur, en indiquant que ces réquisitions, décernées sur une période d'un mois, « *s'inscrivent dans la logique de la première autorisation et s'enchaînent dans un ensemble cohérent, compte tenu des renseignements recueillis* »[266].

---

[262] Cass. crim. 6 déc. 2005, n° 05-85.076, RSC 2007. 599, obs. Buisson J.
[263] Cass. crim. 1er sept. 2005, n° 05-84.061.
[264] Cass. crim. 23 mai 2006, n° 06-83.241, AJ pénal 2006. 367, obs. Girault C.
[265] Cass. crim. 1er fév, 2011, n° 10-83.523.
[266] Cass. crim. 20 juil. 2011, n° 11-81.823.

Par principe, l'opposition à une réquisition aux fins de communication d'un document est interdite, quelle que soit la nature du document réclamé. Le secret professionnel n'est plus en lui-même un motif suffisant pour s'opposer à la remise des documents, les dispositions du Code de procédure pénale (C. pr. pén. art. 60-1, art. 77-1-1 et art. 99-3) ayant prévu que l'obligation au secret professionnel ne pourrait être opposée « *sans motif légitime* ». Cette notion de motif légitime n'est pas définie par le législateur. Toutefois, le Ministère de la Justice, dans une circulaire du 14 mai 2004[267], a précisé que « c'est à l'occasion de poursuites pénales engagées sur le fondement du dernier alinéa de l'article 60-1 du Code de procédure pénale que la jurisprudence pourra être amenée à se prononcer sur la réserve du motif légitime susceptible de justifier un refus de réponse par une personne arguant de son obligation au secret professionnel, une telle exception à l'inopposabilité du principe du secret professionnel - sauf pour les professions visées aux articles 56-1 et suivants - devant très certainement être entendue de façon extrêmement restrictive ».

Toutefois, il en va différemment lorsque ces réquisitions concernent des professions « protégées » : avocat, entreprise de presse ou de communication audiovisuelle, médecin, notaire, ou huissier de justice. Selon les textes susvisés, la remise des documents ne peut alors intervenir qu'avec leur accord. Enfin, la loi du 4 janvier 2010[268] a complété les dispositions précitées en indiquant « *qu'à peine de nullité ne peuvent être versés au dossier les éléments obtenus par une réquisition prise en violation de* l'article 2 de la loi du 29 juillet 1881 *sur la liberté de la presse* » qui pose le principe de la protection du secret des sources des journalistes. L'absence de réponse de la personne requise, à l'exception des personnes mentionnées aux ***articles 56-1*** à 56-3 du Code de procédure pénale, constitue un délit puni exclusivement d'une amende délictuelle de 3 750 € (C. pr. pén. art. 60-1, art. 77-1-1 et art. 99-3).

S'agissant de la deuxième hypothèse, il convient de noter que le législateur a prévu durant le déroulement de l'enquête de flagrance, de

[267]Circ. Crim-04-4-E8 du 14 mai 2004, relative à la présentation des dispositions de procédure pénale immédiatement applicables de la loi n° 2004-204 du 9 mars 2004 portant adaptation de la justice aux évolutions de la criminalité, BO Justice 2004, n° 94, p. 132-246.

[268] Loi n° 2010-1 du 4 janvier 2010 « relative à la protection du secret des sources des journalistes », JO 5 janv., p. 272.

l'enquête préliminaire et de l'information judiciaire, la réquisition aux fins de mise à disposition d'informations contenues dans un système informatique ou un traitement de données nominatives, détenues par toute personne, tout établissement ou organisme privé ou public ou toute administration publique. La réquisition a pour effet d'ordonner la remise des informations demandées, notamment sous forme numérique. Il importe de préciser que les enquêteurs ne disposent pas de l'accès direct aux données, la loi ne vise en effet que la mise à disposition de ces informations par le responsable du système ou du traitement. Par ailleurs, il n'appartient pas, là encore, à la personne requise d'apprécier si les documents sollicités sont susceptibles d'intéresser l'enquête. La distinction avec la précédente réquisition est floue puisqu'en pratique il est souvent constaté que les enquêteurs sont enclins à réclamer les mêmes choses ne distinguant pas toujours très bien entre documents et informations. Il faut reconnaître que cette division n'est pas des plus pertinentes et qu'il serait opportun d'unifier ce type de réquisitions.

Ces réquisitions de mise à disposition d'informations permettent aux services de police judiciaire d'œuvrer plus efficacement grâce aux recours de moyens de communication électronique existants. En contrepartie, il est prévu des garanties particulières à cette réquisition informatique. D'une part, la mise à disposition est limitée aux seules données utiles à la manifestation de la vérité, conformément au principe de proportionnalité. D'autre part, il ne peut être communiqué que les données non protégées par un secret prévu par la loi.

Les réquisitions ne peuvent pas être effectuées directement par l'autorité judiciaire. En effet, dans le cadre de l'enquête de flagrance, le texte précise que le pouvoir de requérir des informations contenues dans un système informatique ou issues d'un traitement de données nominatives est conféré uniquement à l'officier de police judiciaire. En matière d'enquête préliminaire, le pouvoir de requérir des informations est attribué à l'officier de police judiciaire après autorisation du procureur de la République. Enfin, sur commission rogatoire, le pouvoir de réquisition est confié à l'officier de police judiciaire dans le cadre de l'exécution de sa commission rogatoire, de sorte qu'il n'est pas nécessaire pour lui de solliciter une autorisation spécifique de la part du juge d'instruction. Il s'agit d'un pouvoir propre.

Concernant la forme de la réquisition adressée à la personne requise, la loi n'a pas prévu, comme pour les réquisitions aux fins de remise de documents, de forme particulière pour mettre en œuvre cette réquisition aux fins de mise à disposition d'informations. De même, au niveau de l'autorisation du procureur de la République donnée à l'officier de police judiciaire dans le cadre d'une enquête préliminaire, elle est dépourvue de tout formalisme.

À la différence des réquisitions aux fins de remise de documents, les personnes requises dans le cadre de la remise d'informations contenues dans un système informatique ou dans un traitement de données nominatives sont strictement définies.

D'une part, le législateur a prévu que les réquisitions ne peuvent pas être adressées aux organismes publics ou aux personnes morales de droit privé relevant d'association ou d'autre organisme à but non lucratif à caractère religieux, philosophique, politique ou syndical[269] et d'organismes de la presse écrite ou audiovisuelle[270]. D'autre part, des dispositions réglementaires viennent préciser les catégories d'organismes publics ou les personnes morales de droit privé pouvant être requises.

Elles concernent :

- les opérateurs de communications électroniques tels que définis à l'article L. 34-1 du Code des postes et communications électroniques, ainsi que les personnes morales prestataires mentionnées par la loi n° 2004-575 du 21 juin 2004 « *pour la confiance dans l'économie numérique* » ;
- les établissements financiers, bancaires et de crédit ;
- le groupement des cartes bancaires CB ;
- les organismes sociaux mentionnés au Code de la sécurité sociale ainsi qu'au Code rural ;
- les entreprises d'assurances ;
- les organismes publics ou privés gestionnaires de logements ;
- les services des administrations publiques gestionnaires de fichiers administratifs, notamment fiscaux et bancaires ;

---

[269] Personne morale relevant du deuxième alinéa du 3° du II de l'article 8 de la loi n° 78-17 du 6 janvier 1978 « relative à l'informatique, aux fichiers et aux libertés ».

[270] Personne morale relevant du 2° de l'article 67 de la loi n° 78-17 du 6 janvier 1978, précitée.

- les entreprises de transport collectif de voyageurs ;
- les opérateurs de distribution de l'énergie.

Pour être complet, les modalités et la procédure de mise à disposition de ces données par voie électronique, par les personnes requises, obéissent à un protocole et à un formalisme déterminé aux articles R. 15-33-67 à R. 15-33-75 du Code de procédure pénale, auxquels il convient de se référer. La loi peut également exiger une réquisition aux fins de la préservation du contenu des informations consultées sur Internet.

B. La réquisition aux fins de préservation du contenu des informations consultées sur Internet

Le législateur a prévu durant le déroulement de l'enquête de flagrance, de l'enquête préliminaire et de l'information judiciaire, la réquisition aux fins de préservation du contenu des informations consultées sur Internet. Concrètement, les opérateurs de télécommunications, et notamment ceux dont l'activité est d'offrir un accès à des services de communication au public en ligne sont tenus de conserver en mémoire, pendant un an, le contenu des informations consultées par les personnes utilisatrices de leurs services. En cas de demande, les opérateurs doivent mettre ces informations à la disposition de la justice sans délai. À la différence des précédentes réquisitions qui supposent la transmission de documents ou d'informations, il s'agit là de conserver un contenu infractionnel ou permettant de démontrer un agissement illicite. Avec cet instrument, l'opérateur technique devient un véritable auxiliaire technique précieux pour les services d'enquête en contribuant essentiellement à la préservation des moyens de preuve. Cette obligation de stockage suppose naturellement une coopération active de la part du fournisseur d'accès. Cette association est indispensable puisque la réussite de la recherche de la preuve informatique repose régulièrement sur la coopération entre la personne responsable du système et les autorités policières et judiciaires.

Là aussi, la réquisition aux fins de préservation du contenu ne peut pas être accomplie directement par l'autorité judiciaire, mais uniquement sous son contrôle. En France en effet, dans le cadre de l'enquête de flagrance et de l'enquête préliminaire, l'officier de police judiciaire ne peut agir qu'après autorisation du juge des libertés et de la détention, saisi par le procureur de la République. L'intervention du juge des libertés et de la détention s'explique par le caractère attentatoire de ce type de réquisition, proche de la perquisition et de la saisie. Dans l'hypothèse d'une information judiciaire, les officiers de police judiciaire formulent les réquisitions uniquement avec l'autorisation expresse du juge d'instruction. Ici, la personne requise qui refuse de répondre sans motif légitime est passible du Tribunal correctionnel. La sanction est une amende délictuelle de 3 750 €. À défaut de précision, l'appréciation de ce motif légitime est laissée au juge.

C. Les réquisitions aux fins de décryptage

Face au développement des moyens de chiffrement à des fins délictueuses, la loi de 2010 a renforcé les pouvoirs de l'autorité judiciaire en permettant « *la mise au clair des données chiffrées* ». Les dispositions sont prévues aux articles 55 et 56 de la loi sur la cybercriminalité. Lorsque des données saisies ou obtenues au cours de l'enquête ou de l'instruction ont fait l'objet d'opérations de transformation empêchant d'accéder aux informations en clair qu'elles contiennent ou de les comprendre, l'autorité judiciaire saisie de l'affaire peut désigner toute personne physique ou morale qualifiée, en vue d'effectuer les opérations techniques permettant d'obtenir la version en clair de ces informations ainsi que, dans le cas où un moyen de cryptologie a été utilisé, la convention secrète de déchiffrement, si cela apparaît nécessaire. Les agents requis sont tenus d'apporter leur concours à la justice, mais il n'est pas édicté de sanction pénale spécifique. Compte tenu de la particularité des données requises, le législateur a prévu que les décisions judiciaires prises en matière de décryptage n'ont pas de caractère juridictionnel et ne sont susceptibles d'aucun recours.

À la différence des autres réquisitions, celles-ci relèvent exclusivement du pouvoir de l'autorité judiciaire. En effet, l'article 203-1 du Code de procédure pénale dispose que le Procureur de la République, la juridiction d'instruction ou la juridiction de jugement peuvent prescrire le déchiffrement de données saisies ou obtenues dans le cadre d'une enquête ou d'une instruction.

Dans l'hypothèse de données couvertes par un secret défense nationale, le législateur a prévu la possibilité pour l'autorité judiciaire de prescrire « *le recours aux moyens de l'État soumis au secret de la défense nationale* ». La procédure de recours aux moyens de l'État afin d'obtenir la mise au clair de données chiffrées est doublement conditionnée : il faut que la peine encourue pour les faits, objets de l'enquête, soit au moins égale à deux ans d'emprisonnement et que les nécessités de l'enquête ou de l'instruction l'exigent. En France, la réquisition est adressée à l'Office central de lutte contre la criminalité liée aux technologies de l'information et de la communication (OCLCTIC), accompagnée du support physique contenant les données à mettre au clair ainsi que du délai d'exécution des opérations de mise au clair. L'OCLCTIC transmet sans délai la réquisition à un organisme technique soumis au secret de la défense nationale qui est le Centre technique d'assistance [271] (CTA). Dès l'achèvement des opérations de mise au clair, les résultats obtenus sont retournés par le CTA à l'OCLCTIC, accompagnés des pièces reçues avec les indications techniques nécessaires ou utiles à la compréhension et à l'exploitation des résultats ainsi qu'une attestation du responsable du CTA sur la sincérité des résultats. Enfin, l'OCLCTIC transmet immédiatement à l'autorité judiciaire requérante l'ensemble des pièces retournées par le CTA qui dresse un procès-verbal de réception qui sera versé à la procédure.

Au total, les réquisitions judiciaires constituent des armes essentielles dans la lutte contre la cybercriminalité. Il importe de rappeler que la matière pénale impose avant tout le respect des principes de loyauté, de proportionnalité et du contradictoire dans la collecte de la preuve. Face à ces principes, les enquêteurs doivent recourir à des techniques probatoires dont la validité doit être exempte de toute critique, sous peine de voir le juge évincer ces éléments recueillis à titre de preuve. L'on a ensuite les perquisitions informatiques.

Paragraphe 2 : Les perquisitions informatiques

L'essor des technologies de l'information et de la communication contribue à internationaliser et à diversifier les infractions, offrant à leurs auteurs un nouveau terrain à leur commission. Confrontées à cette diversification de la criminalité, les méthodes d'investigation

[271] Décret n° 2002-1073 du 7 août 2002 d'application de l'article 30 de la loi n° 2001-1062 du 15 novembre 2001 relative à la sécurité quotidienne et portant création du centre technique d'assistance, JO 10 août 2002, p. 13713. Les moyens mis en œuvre par le CTA sont classifiés secret défense. L'ensemble du personnel du CTA est habilité à connaître ces informations classifiées.

s'adaptent et s'ajustent, grâce aux technologies renforçant les pouvoirs octroyés à la police et à la justice. C'est la raison pour laquelle le législateur a fixé des règles qui précisent les recours à l'ensemble de ces méthodes, manifestant ainsi sa volonté d'encadrer leur utilisation tout en préservant les libertés individuelles.

Prenant acte des dispositions de la convention sur la cybercriminalité de Budapest du 23 novembre 2001 consacrant la notion de perquisition « informatique » et offrant ainsi aux enquêteurs un accès transfrontalier aux données informatiques, le législateur camerounais a fait évoluer le Code de Procédure pénale. Les articles 52, 53, 54, 55 et 56 de la loi de 2010 permettent à un officier de police judiciaire, au cours d'une perquisition effectuée dans les conditions prévues par le code de procédure pénale, d'accéder par un système informatique implanté sur les lieux où se déroule la perquisition, à des données intéressant l'enquête en cours et stockées dans ledit système ou dans un autre système informatique, dès lors que ces données sont accessibles à partir du système initial ou disponibles pour le système initial.

La spécificité réside ici dans le fait que l'on doit distinguer le contenant, qui est le disque dur ou tout support numérique, voire un simple code d'accès, du contenu qu'il renferme, en l'occurrence les fichiers. L'objectif de la perquisition est d'inventorier les données susceptibles de servir à la manifestation de la vérité, d'établir sur-le-champ un procès-verbal et de placer les objets saisis sous scellés. Concrètement, le parquet ou le juge d'instruction peuvent désigner un expert, présent lors de la perquisition, afin d'effectuer les investigations informatiques. Cet assistant spécialisé procédera à une recherche par mots-clés pour faire remonter l'information. À l'issue de cette première phase, trois éventualités se présentent : impression sur place des éléments nécessaires ; copie du disque dur (en présence des personnes qui assistent à la perquisition) ; saisie du matériel informatique (disque dur d'un ordinateur, téléphone portable, ou encore supports de stockage amovibles type CD-ROM, clé USB, disque dur amovible). L'analyse informatique des données aura alors lieu à l'issue de la perquisition.

À l'instar du régime des perquisitions et saisies classiques, la loi a permis d'appréhender ces données informatiques en fixant un cadre légal qui garantit les droits de la défense et en veillant au respect du principe de proportionnalité entre les faits et les actes réalisés par les enquêteurs. La perquisition est classiquement définie comme la « recherche policière et judiciaire des éléments de preuve d'une infraction »[272]. Elle n'est donc pas la simple présence de l'enquêteur sur les lieux de l'infraction ; elle suppose « une intrusion, une pénétration »[273] à l'intérieur du domicile d'une personne privée ou dans les locaux appartenant à une personne morale en vue de la recherche d'objets relatifs aux faits poursuivis. La perquisition intervient en cas d'enquête sur infraction flagrante, d'enquête préliminaire et d'instruction préparatoire[274]. Les autorités habilitées à procéder à cette mesure diffèrent selon que celle-ci doit intervenir dans le cadre d'une enquête préliminaire, de flagrant délit ou en cas d'une information.

Dans le cas d'enquête préliminaire ou sur infraction flagrante, les perquisitions nécessaires sont effectuées par les officiers de police judiciaire. L'officier de police judiciaire ne peut perquisitionner que chez les personnes qui paraissent avoir participé à l'infraction ou détenir des pièces ou objets relatifs aux faits incriminés. Si une information est ouverte, ces actes sont réalisés par le juge d'instruction ou par les officiers de police judiciaire agissant sur commission rogatoire. Dans ce cas, elle peut bien s'exercer dans tous les lieux où peuvent se trouver des objets dont la découverte serait utile à la manifestation de la vérité. Ainsi, l'officier de police judiciaire ou le juge d'instruction procède aux recherches, pouvant ouvrir les tiroirs et les portes des meubles, sonder les cloisons et les

---

[272]31 GUILLIEN Raymond et VINCENT Jean, *Lexique des termes juridiques*, 2003, 14e éd, p. 429.

[273] J. PRADEL, Manuel de Procédure pénale, CUJAS, octobre 2002, 11e, édition n° 410 : Voir aussi R. MERLE et A. VITU, Traité de Droit criminel, Tome II, Procédure pénale, CUJAS, 2001, 5e Édition, n° 192.

[274] L'enquête préliminaire se définit comme une procédure à caractère policier diligentée, soit d'office, soit sur instruction du parquet, par un officier de police judiciaire et dont le but est de rassembler certains renseignements permettant au parquet d'apprécier l'opportunité des poursuites sans devoir déclencher la procédure plus lourde de l'instruction. Quant à l'enquête sur crime ou délit flagrant, elle désigne les investigations menées, soit par les officiers de police judiciaire, le procureur de la République ou le juge d'instruction sur un crime ou un délit qui se commet actuellement ou qui vient de se commettre ; ces investigations interviennent aussi dans les cas où, dans un temps voisin de l'action, l'individu soupçonné est poursuivi par la clameur du public ou est trouvé porteur d'objets, de traces ou d'indices laissant penser qu'il a participé à l'infraction. Enfin, l'instruction préparatoire est la phase du procès au cours de laquelle la juridiction d'instruction recueille les preuves de l'infraction et décide, s'il y 'a lieu, de renvoyer la personne inculpée en jugement.

paquets, compulser tous documents, « interroger » un ordinateur, etc. Parce que le domicile est un lieu presque sacré, dans le cadre d'une enquête préliminaire, les perquisitions et saisies des pièces à conviction ne peuvent être effectuées sans l'assentiment exprès et écrit ou oral de la personne chez qui elles ont lieu en droit. Les perquisitions doivent également être faites en présence de l'intéressé, ou de son fondé de pouvoir et, à défaut, de deux témoins.

La notion de domicile, en procédure pénale, renvoie à l'habitabilité. Elle ne désigne pas seulement le lieu où une personne a son principal établissement, mais encore le lieu, qu'elle y habite ou non, où elle a le droit de se dire chez elle, quel que soit le titre juridique de son occupation et l'affectation donnée aux locaux[275]. Ainsi, sont des domiciles, de ce point de vue, le bureau, la maison, le garage, etc.

Une autre règle qui régit les perquisitions est le principe de spécialité : la perquisition doit être opérée en relation avec l'infraction poursuivie. Enfin, la liberté d'action de l'officier de police judiciaire et du juge d'instruction est définie dans l'espace par les règles de compétence territoriale : l'un et l'autre doivent opérer dans le ressort territorial auquel ils sont attachés.

Dans le cadre de la perquisition classique portant sur des documents ou des dossiers, une perquisition consiste à recueillir des informations qui ont été consignées ou enregistrées dans le passé sous une forme matérielle, comme celles couchées à l'encre sur du papier. Les enquêteurs perquisitionnent ou inspectent ces données ainsi enregistrées et saisissent ou emportent physiquement des dossiers tangibles. La collecte des données a lieu pendant la perquisition et porte sur les données existant à ce moment-là. La condition à remplir pour obtenir l'autorisation légale de procéder à une perquisition est l'existence de raisons de penser que de telles données existent dans un endroit précis et permettront de prouver qu'une infraction pénale spécifique a été commise.

S'agissant de la recherche d'informations, en particulier de données informatiques, beaucoup d'éléments de la perquisition classique subsistent dans le nouvel environnement technologique. Les conditions à remplir pour obtenir l'autorisation légale de procéder à

---

[275]14 J. PRADEL, Manuel de procédure pénale, *op. cit.* n° 412, citant une définition donnée par la Chambre criminelle de la Cour de cassation française en son arrêt du 13 octobre 1982.

une perquisition demeurent les mêmes. Le degré de conviction requis pour obtenir cette autorisation légale de perquisition ne dépend pas de la forme, tangible ou électronique, sous laquelle se présentent les données en question. De même, la conviction et la perquisition concernent des données qui existent déjà et qui permettront d'établir qu'une infraction spécifique a été commise.

Toutefois, en ce qui concerne la recherche de données informatiques, des dispositions procédurales supplémentaires sont nécessaires pour garantir que l'obtention des données informatiques puisse se faire d'une manière aussi efficace que la perquisition et la saisie de supports d'information tangibles. Cela s'explique par plusieurs raisons.

D'abord, les données se présentent sous une forme intangible : électromagnétique.

Ensuite, les données peuvent être lues à l'aide d'un matériel informatique, mais ne peuvent pas être saisies et emportées de la même façon qu'un document papier. Le support matériel sur lequel les données intangibles sont stockées (qui peut être le disque dur d'un ordinateur ou une disquette) doit être saisi et emporté ou une copie des données doit être faite sous forme soit tangible (copie papier, par exemple), soit intangible sur un support matériel (comme une disquette), avant que le support tangible contenant la copie ne puisse être saisi et emporté. Dans les deux dernières situations donnant lieu à la copie des données, les informations originelles restent dans le système informatique ou le dispositif de stockage (mémoire).

Enfin, du fait de la connectivité des systèmes informatiques, les données peuvent ne pas être stockées dans l'ordinateur faisant l'objet de la perquisition, mais être facilement accessibles par ce système. Elles pourraient être stockées dans un dispositif associé directement/connecté à l'ordinateur ou connecté indirectement via des systèmes de communications tel qu'Internet.

La loi camerounaise de 2010 instaure une mesure coercitive destinée à faciliter la perquisition et la saisie de données informatiques. Elle traite de la difficulté pratique que peuvent poser l'accès aux données recherchées et leur identification comme preuves du fait de la quantité de données pouvant être traitées et stockées, des mesures de sécurité employées et de la nature des opérations informatiques. Partant de la constatation qu'il peut y avoir lieu de consulter les administrateurs de système qui connaissent bien le système informatique en question sur la meilleure manière de mener la perquisition, cette disposition habilite les services de lutte contre la criminalité à obliger un administrateur de système à apporter l'aide raisonnablement nécessaire pour permettre l'application d'une mesure de perquisition et de saisie.

Ce pouvoir ne profite pas qu'aux autorités chargées de l'enquête. Si elles ne pouvaient s'assurer cette coopération, elles seraient capables de rester sur les lieux de la perquisition et rendre impossible l'accès au système informatique pendant une longue période. Cela créerait alors un fardeau économique pour des entreprises légitimes ou leurs clients et abonnés se trouvant dans l'impossibilité d'accéder aux données pendant la perquisition. En se ménageant la coopération de personnes compétentes, on peut rendre une perquisition plus efficace et moins coûteuse, tant pour les services de lutte contre la criminalité que pour les personnes innocentes touchées par cette mesure. En contraignant légalement un administrateur de système à coopérer, on peut également le décharger de toute obligation contractuelle ou autre de non-divulgation des données.

Les informations que l'on peut obliger l'administrateur de système à fournir sont celles nécessaires l'application de la mesure de perquisition et de saisie ou de mise en œuvre d'un moyen similaire d'accès et d'obtention de données. Seules, toutefois, doivent être fournies les informations "raisonnablement" nécessaires. Dans certains cas, il pourra s'agir de communiquer un mot de passe ou une autre mesure de sécurité aux autorités chargées de l'enquête. Mais dans d'autres circonstances, cela ne sera pas raisonnable, comme dans le cas où la divulgation du mot de passe ou d'une autre mesure de sécurité constituerait une menace inacceptable à la vie privée d'autres utilisateurs ou au caractère confidentiel d'autres données dont la recherche n'est pas autorisée. En pareil cas, la fourniture des "informations... nécessaires" pourrait consister à communiquer, sous une forme intelligible et lisible, les données effectivement recherchées par les autorités compétentes.

La mise en œuvre des perquisitions informatiques est très encadrée : la jurisprudence de la Cour de cassation a suivi une longue évolution en s'intéressant notamment au cas particulier de la confidentialité des données. En effet, certains documents peuvent relever de la confidentialité, notamment celle attachée aux relations entre un avocat et son client. La jurisprudence a suivi une évolution par étape afin de répondre à cette problématique. D'abord, de tels documents ont été jugés insaisissables, sous peine de nullité de la saisie, en vertu du principe de la libre défense, à moins qu'ils ne soient de nature à établir la preuve de la participation de l'avocat aux faits illicites en cause[276]. Ensuite, la Chambre commerciale a jugé que les consultations adressées par un avocat à son client étaient couvertes par le secret professionnel en toute matière. Une saisie de documents répondant à cette définition ne peut être autorisée ou maintenue, sauf s'ils sont de nature à établir la preuve de la participation de l'avocat à la fraude présumée[277].

La Chambre criminelle a ultérieurement considéré que seules les correspondances émanant d'un avocat ou lui ayant été adressées et expressément liées à l'exercice des droits de la défense étaient insaisissables, sous peine de nullité de la saisie[278]. Puis en 2013, la Cour de cassation a jugé que le premier président était souverain et devait rechercher, au cas par cas, si les pièces et supports informatiques saisis étaient ou non couverts par le secret professionnel entre l'avocat et son client[279]. Si les correspondances saisies relevaient bien de la protection de ce secret, le premier président de la Cour d'appel devait annuler la saisie au motif que la violation de ce secret intervenait dès la saisie du document, et non lors de la prise de connaissance des enquêteurs.

Dans un arrêt du 27 novembre 2013, la chambre criminelle a précisé que la présence d'éléments insaisissables (cas d'une messagerie) au sein de fichiers susceptibles de contenir des éléments intéressant l'enquête ne saurait avoir pour effet d'invalider la saisie de tous les autres documents[280]. La chambre commerciale a, par ailleurs, précisé que la juridiction saisie n'avait pas à rechercher le caractère divisible ou insécable d'une messagerie électronique ou d'un disque dur[281]. L'enjeu de la confidentialité des données a posé plusieurs difficultés qui ont évolué de concert avec les techniques de perquisitions informatiques. La Cour de cassation a ainsi pu se

[276] Cass. crim. 27 juin 2001, n° 01-81.865.
[277] Cass. com, 9 mars 1999, n° 97-30.029.
[278] Cass. crim. 13 décembre 2006, n° 06-87.169.
[279] Cass. crim. 24 avril 2013, n° 12-80.331.
[280] Cass. crim. 27 novembre 2013, n° 12-85.830.
[281] Cass. com. 18 janvier 2011, n° 10-11.777.

prononcer à de nombreuses occasions afin d'établir une jurisprudence déterminée qui sera sûrement amenée à se renouveler.

De par sa nature, la perquisition constitue nécessairement une atteinte à l'intimité de la vie privée lorsqu'elle concerne des équipements personnels, et à la liberté d'entreprendre et au secret des affaires lorsqu'elle porte sur des équipements professionnels ou appartenant à une entreprise. Les « contre-feux » instaurés par des textes protégeant le secret de la correspondance se révèlent insuffisants ; car ils exigent l'existence d'un échange, d'un transfert pour pouvoir s'appliquer, alors que les perquisitions peuvent porter sur des données stockées sur le support sans aucun mouvement entre terminaux. De même, la protection classique du domicile ne semble pas tout à fait adaptée, les dispositions dans ce sens étant généralement limitées à l'espace physique du domicile, alors que les données numériques se trouvent systématiquement en dehors de celui-ci. Le juge saisi d'une question de validité d'une perquisition informatique sera alors confronté à une situation de conflit entre deux perceptions relatives aux perquisitions : pour certains, un STAD doit être considéré comme un prolongement de l'espace privé de la personne concernée. En ce sens, toute intervention dessus s'assimile à une perquisition qui demande, a priori, la présence d'un témoin et le respect des formalités encadrant les saisies.

Pour d'autres, un STAD ne doit pas être assimilé au domicile, et les perquisitions effectuées dessus correspondent plutôt à des constatations et ne nécessitent pas la présence de témoins.

De plus, des lacunes existent toujours dans l'encadrement du système de perquisition informatique. Par exemple, l'identification de l'auteur des faits est déjà une tâche complexe lorsqu'on agit directement sur l'équipement ayant été utilisé pour commettre l'infraction, ou lorsqu'on prend en compte le titulaire de l'abonnement Internet qui a servi au délinquant. Aucune certitude n'existe, en effet, quant à l'identité de la personne qui se trouvait derrière le terminal au moment des faits : en théorie, chaque personne habitant le domicile ayant pu utiliser l'équipement perquisitionné et chaque salarié de l'entreprise ayant pu être présent derrière le poste informatique concerné. Et ce, d'autant plus que l'usage a pu se faire à distance, en détournant la connexion Internet et/ou en prenant contrôle sur le système d'information concerné. Cette même identification s'avérera donc encore plus complexe lorsque l'accès par les officiers de police ne se fait même pas directement au départ de l'équipement en cause. Ceci, sans mentionner le fait que, dans ce dernier cas, l'exigence de la présence du propriétaire des données accédées (poste informatique distant ou serveur interconnecté) n'est absolument pas respectée.

Par ailleurs, les règles admettant les perquisitions informatiques souffrent généralement du manque de clarté, du fait de l'absence de définitions compréhensives des notions comme « données » ou « système informatique ». Par voie de conséquence, elles s'appliquent de manière large, en visant par exemple non seulement les ordinateurs et les disques durs à proprement parler, mais aussi les téléphones mobiles, des agendas électroniques, et pourquoi pas tout équipement « smart » connecté au réseau - téléviseur, montre, lecteur de livres électroniques, et bientôt les vêtements, les voitures, etc. Même aux États-Unis où la vie privée des citoyens américains est préservée de manière particulièrement forte, par une décision sans précédent datant de 2014, la Cour Suprême a autorisé les perquisitions et saisies des données effectuées sur les téléphones mobiles, à condition d'avoir au préalable obtenu un mandat judiciaire. À partir du moment où on sait qu'Internet véhicule des informations qui peuvent servir à commettre une infraction ou avoir été destinées à la commettre, ou encore être le produit de cette infraction ou représenter les avantages retirés de sa commission, tout objet susceptible de bénéficier de la connexion au réseau peut paraître pertinent pour l'enquête éventuelle.

Face à ces nombreuses interrogations, des garanties spécifiques à l'accès même et à l'exploitation des contenus d'équipements informatiques doivent être prévues pour limiter son étendue, encadrer les démarches et assurer le respect des droits des personnes perquisitionnées au maximum possible, ainsi que la sécurité du processus d'exploitation des données recueillies. Notamment, des garanties procédurales sanctionnées par un contrôle *a posteriori* par le juge semblent primordiales pour protéger les personnes contre des perquisitions abusives. À ces perquisitions, s'ajoutent les saisies informatiques.

Paragraphe 3 : Les saisies informatiques

La saisie est « la mise d'un bien sous main de justice »[282] ou « une mesure de contrainte provisoire par laquelle, en vertu de la loi et à l'occasion de la commission d'une infraction, l'autorité compétente

[282] G. CORNU, *Vocabulaire juridique*, 4e éd. P.U.F., 2003, vo « Saisie ».

soustrait une chose au droit de libre disposition du propriétaire ou du possesseur, et, en règle, se saisit de cette chose, en vue de la recherche de la vérité, de la confiscation, de la restitution ou la sauvegarde des intérêts civils »[283].

En matière de saisie de biens corporels, le détenteur du bien en est matériellement dessaisi au profit de la justice. Les données informatiques étant par nature incorporelles, il est impossible de les mettre sous la main, de les saisir matériellement. « La principale caractéristique des données sous forme numérique, c'est qu'elles ne sont pas tangibles »[284]. Une prise de possession matérielle est uniquement possible en saisissant l'infrastructure sur laquelle ces données sont stockées (un ordinateur, en l'occurrence).

Cette saisie peut s'avérer fastidieuse à plusieurs égards :

- Les données litigieuses peuvent être stockées sur un serveur qui abrite les données d'autres personnes que celle visée par l'enquête ou l'ordonnance de saisie. Tel est notamment le cas pour les serveurs hébergeant une multitude de sites Internet. La saisie du serveur perturbe alors également les services de personnes tierces[285].
- Le fonctionnement d'infrastructures informatiques peut s'avérer très complexe. À titre d'exemple, on peut citer les services de stockage dans le nuage (en anglais *cloud*), où les données d'un même utilisateur peuvent être stockées sur une multitude de serveurs. Ce ne sont que les logiciels des opérateurs cloud qui permettent d'afficher les données d'un utilisateur de façon cohérente.
- Les données litigieuses se trouvent sur l'infrastructure d'un opérateur non visé par l'enquête ou l'instruction. Pour saisir les données de son client, il faudrait saisir son matériel.

Le législateur a adapté la législation camerounaise aux réalités en matière informatique, en prévoyant que « la saisie des données stockées, traitées ou transmises dans un système de traitement ou de

---

283 Cass. Belge, 25 février 2003, R.G. noP.02. 0674. N, www.cass.be.

284 B. LOSDYCK, « Les saisies et perquisitions de matériel informatique : les "garde-fous" entourant leur mise

285 Sur ces aspects, voir également B. LOSDYCK, « Les saisies et perquisitions de matériel informatique : les "garde fous" entourant leur mise en œuvre », R.D.T.I., no 52, 3/2013, p. 36.

transmission automatisée de données, peut se faire soit par la saisie du support physique de ces données, soit par une copie de ces données ».

La saisie peut tendre aussi à faire cesser un état délictueux[286] ou, parfois, à préparer une confiscation ultérieure[287]. Elle porte donc sur tout objet et tout document utile à la manifestation de la vérité. Par cela, il faut entendre, non seulement ceux qui paraissent avoir servi à commettre l'infraction ou avoir été destinés à la commettre, mais aussi ceux qui sont le produit de cette infraction ou qui représentent les avantages retirés de sa commission. Pour une saisie informatique, par exemple, c'est le plus souvent le support de stockage qui fait l'objet d'une telle mesure. Il s'agit là d'une application du principe de spécialité aux saisies. Ainsi, lorsque les éléments de preuve sont contenus sur des supports matériels tels que des CD- ROM ou des disquettes, les enquêteurs peuvent sans difficulté particulière les placer sous main de justice. Tout de même, la saisie de supports tangibles est délicate et périlleuse, et exige, en conséquence, une méthode pour préserver la preuve d'une infraction[288]. La loi autorise, notamment, le juge d'instruction et l'OPJ, respectivement dans le cadre des enquêtes policières ou pendant l'instruction préparatoire, à prendre connaissance des documents à saisir avant l'exécution de ladite opération.

Les objets et documents saisis sont immédiatement inventoriés et placés sous scellés ; les scellés ne seront ouverts et les documents dépouillés, dans le cabinet du juge par exemple, qu'en présence de l'intéressé assisté de son conseil. Les tiers, chez qui la saisie a lieu, sont pareillement convoqués[289]. Il n'est pas rare d'assister, en personne ou par le biais des médias, à des perquisitions qui aboutissent à la saisie des disques durs d'une entreprise ou d'un individu, dans le but de pouvoir prendre connaissance de quelques fichiers stockés en mémoire de l'ordinateur qu'il s'agisse : d'images

[286] Saisie d'une arme dont le port est délictueux.

[287]Par exemple en matière de chasse.

[288] Il faut noter que la saisie est le but de la perquisition et a pour objet essentiel d'éviter le dépérissement des éléments de preuve que les auteurs de l'infraction pourraient faire disparaître si elle n'intervenait pas. Mais, elle ne s'opère pas nécessairement à la suite d'une perquisition. Un certain nombre d'objets et de documents peuvent être saisis sans avoir été découverts. Ils peuvent, par exemple, être remis au juge ou à l'autorité policière lors d'un interrogatoire ou d'une audition.

[289]La règle vaut aussi bien pour l'enquête de flagrance, l'enquête préliminaire que pour la phase d'instruction préparatoire-

pédophiles, de contrefaçons au droit d'auteur, de données de navigation et d'accès non autorisés à des sites et systèmes informatiques tiers. Quelle que soit la nature du délit que de telles saisies tendent à démontrer, l'enlèvement de matériel informatique lourd constitue une mesure particulièrement laborieuse pour les autorités policières et judiciaires en charge de la perquisition. En outre, la saisie de l'ensemble du matériel informatique d'une entreprise ou d'un individu peut causer des dommages irréversibles. Songeons à une entreprise de graphisme qui se verrait dépossédée de son principal outil de travail parce qu'elle est soupçonnée de détenir des copies illicites d'un logiciel ou parce que, dans l'une de ses créations, elle a utilisé sans autorisation l'œuvre d'autrui. La disproportion de la mesure de saisie dans de tels cas mène à certaines critiques.

La saisie des supports peut également se révéler impraticable, lorsque les données utiles à l'établissement et la poursuite de l'infraction sont disséminées dans tout le système informatique d'une entreprise. C'est particulièrement le cas lorsque l'entreprise est une multinationale et héberge des données dans des systèmes informatiques localisés dans différents États. En effet, l'article 53 a étendu les prérogatives du juge d'instruction, en l'habilitant à opérer une perquisition dans un système informatique ou à une partie de celui-ci, lorsque des données stockées sont utiles à la manifestation de la vérité. Mais si les données sont stockées dans un autre serveur situé en dehors du territoire national, elles sont recueillies par le juge d'instruction, sous réserve des conditions d'accès prévues par les engagements internationaux en vigueur. Lorsque le juge d'instruction découvre dans un système informatique des données stockées qui sont utiles pour la manifestation de la vérité, mais que la saisie du support ne paraît pas souhaitable, l'article 55 habilite le magistrat instructeur à copier ces données, ainsi que celles qui sont nécessaires pour les comprendre, sur des supports de stockage informatique pouvant être saisis et placés sous scellés.

L'article 53 alinéa 2 prévoit que « lorsqu'une copie des données saisies a été faite, celle-ci peut être détruite sur instruction du procureur de la République pour des raisons de sécurité ». Cette disposition permet d'effacer des données stockées, traitées ou transmises dans un système informatique dont la détention ou l'usage est illégal ou dangereux pour la sécurité des personnes ou des biens.

L'effacement se fait dans le cadre d'une saisie judiciaire et exige qu'une copie des données à effacer soit préalablement établie. À côté des impératifs en matière de preuve, la copie ainsi établie permet encore de rétablir les données effacées en cas d'annulation de la décision d'effacement par la Chambre du Conseil ou par les juridictions du fond, ainsi qu'en cas de non-lieu ou d'acquittement prononcé sur le fond de l'affaire[290]. L'utilité du nouveau texte est multiple. En premier lieu, il permet de faire cesser des atteintes contre d'autres systèmes informatiques. Nous pensons notamment aux dispositifs informatiques destinés à commettre l'une des infractions visées aux articles 60 à 89 de la loi de 2010. Il permet également de retirer du contenu illégal, tel que des images ou vidéos pédopornographiques.

Il convient de noter que l'article 32 de la Convention de Budapest prévoit qu'une partie « peut, sans l'autorisation d'une autre partie, accéder à des données informatiques stockées accessibles au public (source ouverte), quelle que soit la localisation géographique de ces données ». Cette disposition est la conséquence logique de la disponibilité globale des informations publiées sur Internet. Toute information accessible publiquement au Cameroun peut être saisie par les autorités de poursuite.

La deuxième hypothèse visée par l'article 32 donne droit aux autorités d'« accéder à, ou recevoir au moyen d'un système informatique situé sur son territoire, des données informatiques stockées situées dans un autre État, si la partie obtient le consentement légal et volontaire de la personne légalement autorisée à lui divulguer ces données au moyen de ce système informatique ».

Tout en transposant ce cas de figure minimal, le législateur camerounais va légèrement plus loin en n'exigeant pas le consentement de la personne visée. L'article 53 permet en effet la copie de toutes les données, sans prévoir la nécessité du consentement de la personne. Le choix ainsi opéré nous paraît opportun. Avec l'évolution des nouvelles technologies et l'émergence fulgurante du *cloud*, la différenciation entre contenu directement stocké sur le matériel saisi et contenu chargé par les réseaux de l'information à

---

[290] Cette problématique a notamment été soulevée par le Conseil d'État dans son premier avis du 16 avril
2013, *Doc. Parl.* 6514-2, p. 6, point 4.

partir d'un système informatique extérieur constituerait en effet un artifice. À titre d'exemple, on peut s'imaginer la saisie d'un *smartphone* contenant des photos stockées dans la mémoire interne et d'autres photos stockées dans le « nuage ». Alors que le téléphone représenterait toutes ces photos de la même façon, les autorités de poursuite devraient faire une différenciation entre les modes de stockage.

La différenciation devient encore plus artificielle si l'on analyse le fonctionnement concret du stockage de données dans le nuage. Les données d'un même utilisateur ne se retrouvent souvent pas sur le même serveur, mais peuvent être réparties sur des serveurs localisés dans différents pays. On peut donner l'exemple d'un fournisseur anglais qui peut entretenir des serveurs miroirs dans un centre de calcul situé au Cameroun. En saisissant un *smartphone*, il se peut dès lors qu'une partie des données stockées dans le *cloud* se situe même physiquement au Cameroun.

Au regard des réalités techniques actuelles, la saisie des données accessibles à partir du matériel saisi est dès lors opportune. Nous rappelons toutefois que seules les données se trouvant physiquement au Cameroun peuvent être effacées par les autorités camerounaises. En matière informatique, l'accès aux réseaux, et donc aux données, est souvent réservé à des personnes hautement spécialisées qui ont elles-mêmes programmé et configuré les logiciels et sont fréquemment détentrices de mots de passe ou de codes sans lesquels un accès est impossible[291]. À côté de la complexité des réseaux et des systèmes informatiques se pose la problématique du cryptage des données. Cette technologie[292], indispensable pour assurer la sécurité et la confidentialité des données transmises par les réseaux de l'information, met toutefois les autorités poursuivantes devant des défis techniques d'une très grande complexité. Si le titulaire des données chiffrées refuse de communiquer son mot de passe, il faut procéder au déchiffrage forcé de celles-ci[293].

À côté des défis techniques, les relations humaines entre le suspect et son spécialiste informatique, voire le simple utilisateur spécialisé de

---

[291] Doc. Parl. 6514, Exposé des motifs, p. 14.

[292] Nous précisons qu'en vertu de l'article 3 de la loi du 14 août 2000 relative au commerce électronique, l'usage des techniques de cryptographie est libre.

[293] Nous précisons que la loi camerounaise n'érige pas en infraction le fait de refuser de communiquer son mot de passe.

celui-ci, peuvent poser problème. On peut en effet s'imaginer des personnes qui, par sympathie pour le suspect, refusent de communiquer les informations nécessaires à la manifestation de la vérité.

Afin de faire face à ces problèmes, l'article 55 prévoit : « lorsqu'il apparaît que les données saisies au cours de l'enquête ou de l'instruction ont fait l'objet d'opérations de transformations empêchant d'accéder en clair ou sont de nature à compromettre les informations qu'elles contiennent, le procureur de la République, le juge d'instruction ou la juridiction de jugement peuvent réquisitionner toute personne physique ou morale qualifiée, en vue d'effectuer les opérations techniques permettant d'obtenir la version en clair desdites données ». Nous estimons que les personnes ainsi définies, en fonction de l'assistance qu'elles peuvent fournir, figureront comme experts ou comme témoins dans l'instruction. Contrairement à la législation française[294], le texte camerounais ne prévoit pas d'infraction spécifique contre le suspect qui refuserait de communiquer son mot de passe. L'article 55 exclut également la personne visée par l'instruction de la liste des individus auxquels une injonction de faire peut-être donnée par le juge d'instruction. Le droit au silence de même que le droit de ne pas s'auto-incriminer sont ainsi respectés.

Nous signalons d'ailleurs que les programmes de cryptage prévoient désormais une solution technique à l'infraction prévue par l'article 434-15-2 du Code pénal français. Le suspect peut ainsi crypter son système par deux (ou plusieurs) mots de passe différents. Appelé à donner son mot de passe aux autorités de poursuite, il indique celui qui donne accès à du contenu anodin. Il se garde évidemment d'indiquer celui qui révélerait le contenu illicite. Ce nouveau dispositif de perquisition et de saisie électronique tire principalement sa source d'inspiration de la Convention de Budapest et de la loi belge sur la criminalité

[294] Article 434-15-2, alinéa 1er, du Code pénal français : « Est puni de trois ans d'emprisonnement et de
45 000 EUR d'amende le fait, pour quiconque ayant connaissance de la convention secrète de déchiffrement d'un moyen de cryptologie susceptible d'avoir été utilisé pour préparer, faciliter ou commettre un crime ou un délit, de refuser de remettre ladite convention aux autorités judiciaires ou de la mettre en œuvre, sur les réquisitions de ces autorités délivrées en application des titres II et III du livre 1er du coût de procédure pénale ».

informatique[295]. Le législateur camerounais a également admis la preuve électronique en matière pénale.

Section 2 : L'admission de la preuve électronique en matière pénale

« Il n'y a pas de serrure dont le crime n'ait la clef »[296]. Cette citation du poète Aloysius BERTRAND reflète parfaitement les nouvelles formes de criminalité qui sévissent sur Internet. Piratages, usurpation d'identité, racket numérique, vols de données, cyberpédopornographie sont autant de menaces qui obligent les investigations policières à s'adapter aux nouvelles technologies. Les difficultés d'ordre juridique soulevées par la cybercriminalité semblent relever, avant tout, de l'inadéquation de certaines dispositions du Code de procédure pénale à la délinquance commise sur Internet. « Les instruments dont disposent les officiers de police judiciaire dans la recherche des preuves des infractions n'ont pas été conçus au temps de l'univers numérique et dématérialisé, ni même adaptés à celui-ci »[297]. En effet, les nombreuses possibilités techniques facilitant l'anonymat sur le réseau Internet, l'effacement des données, la complexité des faits soulèvent de réelles difficultés pour les enquêteurs en matière d'établissement des preuves. Par ailleurs, le principe de la souveraineté interdit à un État d'exercer ses attributions en dehors de ses frontières.

Jean DOMAT définissait la preuve comme « ce qui persuade l'esprit de vérité [...]. On appelle preuves, en justice, les manières réglées par les lois pour découvrir et pour établir la vérité d'un fait contesté »[298]. Ce qu'exprime également la maxime latine « idem est non esse et non probari »[299]. Avec le développement des moyens d'investigations numériques, l'exigence de vérité semble plus

---

[295] Loi du 28 novembre 2000 sur la criminalité informatique.

[296] Gaspard de la nuit : fantaisies à la manière de Rembrandt et de Callot (édition établie sur le manuscrit original, publiée selon les vœux de l'auteur, présentée et annotée par Jacques Bony), Paris, Flammarion, 2005, p. 227. Louis Jacques Napoléon Bertrand, dit Aloysius Bertrand est un poète, dramaturge et journaliste français, né le 20 avril 1807 à Ceva, mort le 29 avril 1841, à l'hôpital Necker de Paris.

[297] TABAROT (M.), Rapport n° 608 (2e partie) sur le projet de loi n° 528 pour la confiance dans l'économie numérique [2013].

[298] DOMAT (J.), « Les lois civiles dans leur ordre naturel », Paris, éd. Cavelier, t.1 [1771], p. 204.

[299] Traduit du latin : « Ce qui n'est pas prouvé n'est pas ».

pressante. « La preuve numérique est une modalité particulière d'établissement de la vérité qui consiste à avoir recours à des moyens numériques divers et variés qui vont de l'étude des contenus dans les données d'un disque dur, aux messages électroniques, en passant par l'enregistrement numérique »[300]. Pour autant, le caractère immatériel, volatile et évolutif de l'information numérique est autant d'obstacles à son élection au rang de preuve.

Ainsi, les défis techniques auxquels semblent confrontés les services d'enquêtes spécialisés dans les actes d'investigations numériques qu'ils procèdent sont réels **(paragraphe 1).** Mais ces procédures sont néanmoins vouées à s'améliorer grâce au développement de la technologie **(paragraphe 2)**.

Paragraphe 1 : Les défis techniques rencontrés dans les actes d'investigation numériques

La première difficulté est celle de la distance qui peut séparer l'état de poursuites et celui de l'arrestation. Les progrès accomplis dans le domaine de la technologie et des télécommunications sont allés de pair avec une recrudescence de la délinquance. Pour rechercher la preuve, *« l'enquête judiciaire est de plus en plus une enquête de confrontation des données et une enquête de traçabilité qui requiert d'aller chercher les preuves à l'étranger »*[301]. Par ailleurs, en application de l'article 59 du Code de procédure pénale, les perquisitions et visites domiciliaires ne peuvent débuter avant six heures du matin et après vingt et une heures.

Or, dans l'hypothèse de la diffusion de contenus illicites sur Internet, réseau mondial par excellence, l'existence des fuseaux horaires peut aboutir à ce qu'une infraction commise sur notre territoire, ou à partir de celui-ci, intervienne en dehors des heures légales de perquisition et de ce fait, interdise la mise en œuvre des mesures tendant à la cessation du trouble à l'ordre public qu'elle

---

300 CNEJITA, *« La preuve numérique à l'épreuve du litige »*, Colloque du 13 avril 2010 à la première Chambre de la Cour d'appel de Paris, p. 11.

301 AGHROUM (C.), chef de l'OCLCTIC, *« Police judiciaire et nouveaux territoires de l'information numérique »*, Campagne nationale des experts de justice en informatique et techniques associées, Colloque du 13 avril 2010 à la 1re chambre de la Cour d'appel de Paris. Disponible sur http://cnejita.org/doc/Colloque_20100513_Actes.pdf, p. 42.

constitue, quand bien même les autorités répressives compétentes en seraient informées, ce qui n'est guère satisfaisant.

La seconde difficulté concerne la traçabilité du fait de ces outils d'anonymisation, mais aussi des outils de cryptage qui permettent de chiffrer les données. *« Ces chiffrements utilisés par la criminalité organisée ou le terrorisme sur Internet sont parfois très difficiles à casser, même si la France dispose d'un service spécialisé doté des outils nécessaires »*[302]. De plus, l'anonymisation qui caractérise en grande partie le réseau Internet ne garantit en rien l'identité de celui qui est derrière le mail, la vidéo ou le site Internet, ce qui complique nécessairement la tâche des enquêteurs.

Paragraphe 2 : Une procédure en amélioration ?

Les nombreuses possibilités techniques autorisant l'anonymat sur le réseau ou l'effacement des données soulèvent de réelles difficultés pour l'enquête criminelle actuelle. Pourtant, la question de la conservation des données est essentielle à l'efficacité de ces enquêtes ; car, à défaut, les preuves de connexions et les adresses des personnes impliquées dans le ou les délits sont amenées à disparaître. Il existe notamment des serveurs ne recueillant aucune donnée personnelle d'identification, des logiciels d'effacement des traces qui interdisent tout archivage ainsi que des techniques de chiffrement des messages. Tout ceci nuit inéluctablement à l'efficacité de l'enquête criminelle.

Pourtant, des initiatives sont intervenues en faveur de la conservation des données avec la directive 2006/24/CE[303] du Parlement européen et du Conseil qui impose une conservation des données en Europe de 6 à 24 mois. En France, ces données sont conservées pendant un an. Mais elles sont rarement aussi bien conservées à l'étranger[304]. De plus, la Cour de justice de l'Union

---

302 *Ibid.*

303 Disponible sur :
http://eur-lex.europa.eu/legal-content/FR/TXT/HTML/?uri=CELEX:32006L0024

304 « En dehors de l'Europe, des pays comme le Japon, la Russie, le Canada, l'Australie, Israël, se sont dotés de législations spécifiques. Aux États-Unis où Internet a été inventé, il n'existe pas de lois-cadres protégeant les données personnelles, le gouvernement américain préférant encourager l'autorégulation. Cela a constitué un obstacle pour le transfert de données personnelles de l'Europe vers les États-Unis qui n'assuraient pas "un niveau de protection adéquat "requis par la directive européenne (art 25-1), jusqu'aux accords de "Safe Harbor "de

européenne a imposé le mardi 8 avril 2014, *« une révision de la législation européenne sur la conservation des données personnelles utilisées pour lutter contre le crime organisé et le terrorisme sur Internet. Pour ce faire, elle a tout simplement invalidé la directive 2006/21/CE du Parlement européen et du Conseil »*[305]. Or, cette nécessité de conservation des données était un point important dans la recherche de la preuve pour les enquêteurs, puisque bien souvent il s'écoule un certain délai, notamment dans les enquêtes classiques, entre le moment où la victime est découverte et le moment où l'établissement du lien entre elle et l'auteur est effectif.

Partant de ce constat, les enquêteurs risquent alors de se voir confrontés à des problématiques de prescription. En effet, en matière de lutte contre la cybercriminalité, le rapport au temps est différent et il est fondamental d'être particulièrement réactif sous peine de voir l'action publique s'éteindre par le jeu de la prescription. Enfin, il n'existe pas de police universelle dont le rôle serait notamment de rassembler les preuves en vue de parvenir à la vérité. Pourtant, dans le cadre de l'Union européenne, il existe déjà EUROPOL. Mais à y regarder de plus près, cet organisme n'est qu'une coordination entre les polices des pays européens. Il faudrait, pour ce faire, une intégration policière qui s'entend, en droit international, *« comme un transfert des compétences étatiques d'un État à une organisation internationale dotée de pouvoirs de décision et de compétences supranationales »*[306]. Malheureusement pour l'heure, ce n'est pas d'actualité d'autant plus que, comme nous l'avons évoqué précédemment, les États demeurent jaloux de leur souveraineté.

---

juillet 2000 ». « Ces accords, autorisant le transfert transatlantique des données personnelles, ont été depuis invalidés par la CJUE dans un arrêt du 6 octobre 2015 ». Source : http://www.ls-avocats.com/article-presse/53-donnee-perso

[305] Disponible sur :
http://www.lemonde.fr/technologies/article/2014/04/08/la-justice-europeenne-invalide-la- directive-sur-les-donnees-personnelles_4397550_651865.html

[306] CAPITAN (R.), V° Intégration, cité par ISSA-SAYEGH (J.), « Quelques aspects techniques de l'intégration juridique : l'exemple des actes uniformes de l'OHADA », Revue de droit uniforme, n° 1 [1999], p. 5.

CHAPITRE II

L'INSTITUTION DE NOUVELLES PROCÉDURES SPÉCIFIQUES AUX TIC

Ces nouvelles procédures renvoient à la conservation rapide de données archivées **(Section 1)** et de l'interception de données informatisées **(Section 2).**

Section 1 : La conservation rapide de données archivées

L'obligation de conservation des données du trafic a pour but, dans le cadre de notre étude, de permettre, en tant que de besoin, leur mise à disposition à l'autorité judiciaire pour les besoins de la recherche, de la constatation et de la poursuite des infractions pénales. Elle est censée permettre aux enquêteurs d'accéder à des données par hypothèse antérieures au début de l'enquête. La rétention des données de trafic révélerait qui a téléphoné ou envoyé un courrier électronique, à qui, quels sites web les personnes ont consultés. Il y a lieu de préciser les sujets de cette obligation **(Paragraphe 1)** ainsi que son objet et sa durée **(Paragraphe 2).**

Paragraphe 1 : les sujets de l'obligation de conservation

La nouvelle réglementation doit déterminer les personnes tenues à l'obligation de conservation des données du trafic. Pour commettre une infraction sur les réseaux, l'auteur est nécessairement obligé d'avoir recours aux tiers prestataires de services. Ceux-ci peuvent être amenés, pour des raisons commerciales, à stocker ces données de facturation (adresses IP, noms et prénoms des émetteurs et des destinataires, durées et contenus des communications). Ces données informatiques sont des indices qui vont permettre de reconstituer le parcours de la communication et remonter aux auteurs d'infractions. Toutefois, pour des raisons commerciales ou juridiques, ces prestataires peuvent aussi ne pas conserver ces éléments. C'est notamment le cas lorsqu'ils procèdent à la facturation au forfait, ce qui rend inutile la conservation des données traditionnelles de facturation (nombre et durée des communications). Ces prestataires peuvent également se voir tout simplement interdire la conservation desdites données au titre de la protection de la vie privée ou des données personnelles. Or, ces données sont indispensables pour assurer la traçabilité des communications, et donc l'imputabilité des infractions commises sur les réseaux[307].

Ce sont les tiers, prestataires de services, qui sont donc en mesure d'accéder et de conserver les données qui pourraient se révéler plus tard utiles à la vérité judiciaire. Il reste à identifier ces prestataires afin de les soumettre à l'obligation de conservation des données. En droit français, il s'agit notamment des fournisseurs d'accès à l'Internet (F.A.I.), des fournisseurs d'hébergement[308] et des opérateurs de télécommunications[309]. Le CIC belge met cette obligation, d'une manière générale, à la charge des opérateurs de réseaux de télécommunications et fournisseurs de télécommunications[310]. Sont ainsi concernés les opérateurs de réseaux de téléphone, de téléphonie mobile ou d'Internet. Il nous semble que les sujets désignés par la réglementation belge, par la généralité des termes utilisés, permettent d'englober une plus large gamme de personnes et, ainsi, offrent un gage de stabilité. Cela évite la frénésie de légiférer pour suivre un monde immatériel en perpétuelle mutation. On peut également mentionner l'objet et la durée de l'obligation de conservation.

Paragraphe 2 : L'objet et la durée de l'obligation de conservation

L'objet et la durée de l'obligation de conservation des données doivent être strictement définis au regard de ce que cela comporte comme conséquences sur la vie privée. En effet, la plupart des

---

307 L. KALINA, « La lutte contre la cybercriminalité : vers la construction d'un modèle juridique normalisé, présenté lors du séminaire ADIE- Coopération française « Informatique et libertés, quel cadre juridique pour le Sénégal ? », < http://www.adie.sn/docs/Article_Lionel_Kalina_Seminaire.pdf>, p. 10.

308 V. L. du 1er août 2000. Cette loi fait obligation à ces fournisseurs de conserver les données de connexion de leurs clients. Elle a réformé la loi du 30 septembre 1986 sur la liberté de communication.

309 L. n° 2001-1062, sur la sécurité quotidienne (L.S.Q.) du 15 novembre 2000, J.O. du 16 novembre 2001. Cette loi impose aux fournisseurs d'accès Internet la conservation des données de connexion des internautes.

310 V. L. 28 novembre 2000 relative à la criminalité informatique, spécifiquement en son chapitre IV, art. 14 al. 1 modifiant la L. du 21 mars 1991 portant réforme de certaines entreprises publiques économiques.

données sont des données à caractère personnel[311]. En conséquence, l'obligation de conservation des données ne saurait constituer une règle générale : le principe est l'effacement ou l'anonymisation des données.

La détermination de l'objet de l'obligation de conservation doit donc respecter le principe de spécialité, en évitant de prescrire une obligation générale de conservation de toutes données[312]. Ainsi, il serait judicieux d'exclure de l'obligation de conservation, les données de communication pouvant être considérées comme des données indirectes de contenu ou de comportement. Certaines données techniques peuvent en effet fournir des éléments sur le contenu des informations transmises (par exemple l'URL des sites visités, l'adresse IP du serveur consulté ou l'intitulé d'un courrier électronique) ou sur le comportement des internautes (adresse du destinataire d'un courrier électronique par exemple). En France, le Forum des droits sur Internet, dans sa recommandation aux pouvoirs publics du 18 juillet 2001, a considéré que ce type de données devait être exclu de l'obligation de conservation. En revanche, il a admis que l'adresse IP de l'utilisateur y soit incluse. Celle-ci, en effet, relève bien des données nécessaires à l'établissement de la communication et

---

[311] Pour le Burkina Faso, v. L n° 010-2004/AN du 20 avril 2004 portant protection des données à caractère personnel. Pour plus de détail sur cette question, v. Madame S. SAWADOGO, « La protection des données personnelles, expérience du Burkina Faso », intervention à la Conférence des commissaires à la protection des données personnelles de la francophonie, 24 septembre 2007, <http://www.cai.gouv.qc.ca/CCPDF/doc/bf.pdf>. Pour le Sénégal, la protection des données personnelles fait l'objet du projet de loi n° 32/2007 ; pour plus de détails, v. le site de l'Agence de l'Informatique de l'État du Sénégal, sur <http://www.adie.sn/article.php3?id_article=173>.

[312] Dans la législation belge, l'objet de cette obligation est constitué par les données d'appel et d'identification des utilisateurs recourant au service des opérateurs de réseaux de télécommunications et fournisseurs de télécommunications. Les données d'appel concernent les données relatives à l'origine, la destination, la durée, la localisation des appels. Transposés à l'environnement numérique, ces exemples recouvrent également les adresses IP des ordinateurs émetteurs et récepteurs de la communication, le début et la fin de la conservation afin de pouvoir relier cette adresse IP à un utilisateur précis, *le log book* des prestataires de service, les adresses des sites visités, voire la durée de ces visites, les adresses e-mails des messages échangés, tant de l'émissaire que du destinataire. V. F. VILLENGAGNE et S. DUSOLLIER, « La Belgique sort enfin ses armes contre la cybercriminalité », *op.cit.*, p. 26.

n'indique rien quant au contenu des informations consultées ou au comportement de l'internaute.[313]

Le Décret n° 2006-358 du 24 mars 2006 relatif à la conservation des données des communications électroniques[314] énumère les données concernées par la conservation en son article 1er. Il s'agit d'abord des informations permettant d'identifier l'utilisateur. Le décret vise ensuite les données relatives aux équipements terminaux de communication utilisés, les caractéristiques techniques ainsi que la date, l'horaire et la durée de chaque communication. Sont aussi incluses dans le texte les données relatives aux services complémentaires demandés ou utilisés et leurs fournisseurs et, enfin, celles permettant d'identifier le ou les destinataires de la communication. Auparavant, la loi du 2 août 2000 « avait » prescrit aux fournisseurs d'accès à l'Internet (F.A.I.) et aux fournisseurs d'hébergement d'identifier leurs clients bénéficiant de services d'accès à l'Internet, et de conserver des données identifiantes sur réquisition de l'autorité judiciaire.

Dans la loi sur la sécurité quotidienne, la conservation vise les données de connexion des internautes[315]. La durée de conservation des données doit être fixée en tenant compte d'une part, des impératifs d'efficacité de l'action des services chargés des enquêtes et, d'autre part, des effets de cette durée sur les sujets de l'obligation et sur les libertés individuelles[316]. Ce délai ne doit pas être trop court au risque d'être improductif au regard du but poursuivi. De nombreux mois, voire des années, sont susceptibles de s'écouler entre la commission de l'infraction et sa recherche effective. Une certaine lenteur prudente de la procédure permet d'ailleurs de garantir le respect des droits des

---

313 Forum des droits sur Internet, « Conservation des données relatives à une communication, Recommandation aux pouvoirs publics », 18 juillet 2001 <http://www.foruminternet.org/telechargement/documents/reco20011218.pdf>, p. 4.

314 V. le texte dudit décret sur <http://www.legifrance.gouv.fr/imagesJOE/2006/0326/joe_20060326_0073_0009.pdf>.

315 V. B. WARUSFEL, « Procédure pénale et technologie de l'information : de la Convention sur la cybercriminalité à la Loi sur la sécurité quotidienne < http://www.droit.univ-paris5.fr/warusfel/articles/procpenale-ntic_warusfel02.pdf>, p. 4 à 5.

316 En Europe, le Groupe de l'article 29 dans son avis du 11 octobre 2002 avait déclaré que la conservation doit être prévue pour une période limitée et constituer une mesure nécessaire, appropriée et proportionnelle. Cet avis était conforme à la position prise par les Commissaires européens à la protection des données lors de la conférence internationale de Cardiff. V. <http://europa.eu.int/>.

personnes : les actes à poser le seront avec précaution. Ce délai ne doit pas être trop long non plus, l'idée étant de tenir compte des intérêts des personnes assujetties à cette obligation[317] et des questions de protection de liberté des internautes. Il faudrait donc un temps de conservation raisonnable : un an par exemple[318].

Compte tenu de l'évanescence des données informatiques qui sont souvent nécessaires à l'enquête, l'article 46 de la loi camerounaise a habilité le juge d'instruction à faire injonction à toute personne de conserver et de protéger l'intégrité des données en sa possession ou sous son contrôle, pendant une durée de dix ans maximum, lorsqu'il y a des raisons de penser que des données informatisées archivées dans un système informatique sont particulièrement susceptibles de perte ou de modification. Il s'agit en réalité d'une mesure provisoire et conservatoire en attendant la réalisation d'une perquisition ou d'une saisie électronique. Le gardien des données est par ailleurs tenu au secret professionnel et peut encourir les peines de la violation du secret professionnel.

La loi tente ainsi de répondre à une des difficultés essentielles de la poursuite d'infractions commises sur les réseaux de télécommunications, celle de l'identification de l'auteur du délit, problème amplifié par l'anonymat potentiel qui caractérise les réseaux numériques.

La disposition nouvelle se distingue une fois de plus par la largesse des termes utilisés pour définir les personnes astreintes à une obligation pénalement sanctionnée. Il s'agit des opérateurs de réseaux de télécommunications et fournisseurs de services de télécommunications. Mais il va sans dire que l'inquiétude que nous avons exprimée quant à la multitude et à la diversité des acteurs que ce vocable recouvre s'amplifie encore lorsqu'on parle d'une

---

[317] En effet, il ne faut pas perdre de vue les implications de cette durée pour les personnes auxquelles l'obligation de conservation incombe. La conservation engendre des coûts. Il sera injuste que ce coût reste à la charge de ces personnes. La nouvelle réglementation devrait donc y voir la responsabilité de l'État. La diction selon laquelle l'État est un mauvais payeur est une triste réalité en Afrique, surtout dans le paiement des frais occasionnés par le fonctionnement de la justice. C'est dire que les coûts de la conservation des données seront, pour la plupart des cas, à la charge effective des personnes tenues de cette obligation, quoique le législateur les ait mis à la charge de l'État.

[318] Ce qui serait conforme aux délais arrêtés en droit français et belge. V. en droit français, art. 1er al. 2 du D. n° 2006-358 du 24 mars 2006.

obligation permanente et détachée de toute recherche spécifique d'une infraction. En effet, la coopération technique n'intervient que dans le cadre d'une investigation précise et déterminée. L'obligation dont il est question ici est d'une portée bien plus large. La conservation des données doit se faire indépendamment de toute poursuite, de manière générale, indifférenciée. Non seulement les opérateurs de réseaux de téléphone, de téléphonie mobile ou d'Internet devront conserver les données relatives aux appels, communications et connexions, mais également tout prestataire de services délivrés par ces réseaux ; ce qui englobe, nous le répétons, les fournisseurs d'accès Internet, de courriers électroniques, de forums de discussions, de chat, de services de cryptographie, de conservation des clés, etc.

La définition donnée par la Recommandation R (95) du Conseil de l'Europe, est excessivement large : le fournisseur de services s'y entend de "quelqu'un qui offre de transférer et d'acheminer des données sur un réseau de télécommunications entre un client et un nombre indéfini de tiers, défini par le client lui-même"[319]. Ce qui permet d'englober, selon nous, les fournisseurs de moyens de paiement électroniques, de services d'anonymisation, ainsi que les intermédiaires du type Napster qui fournissent les moyens d'envoyer des données musicales ou autres à un nombre indéfini de personnes. Les opérateurs de réseaux privés semblent tout autant concernés que les opérateurs et prestataires de services dans les réseaux publics.

Tous ces acteurs sont désormais tenus de conserver, durant un certain délai, toutes les données d'appel et d'identification des utilisateurs recourant à leurs services. Ce qui appelle plusieurs remarques : les cas dans lesquels cette obligation prendra place, ainsi que le type de données concernées doivent encore être déterminés. S'agissant d'une restriction à la vie privée des personnes, nous regrettons, avec d'autres chercheurs et auteurs, que ce pouvoir n'ait pas été laissé à la loi, conformément aux recommandations de la Convention européenne des droits de l'homme. Les données d'appel et d'identification sont un concept très peu défini. L'exposé de motifs évoque, quant aux données d'appel, les données relatives à l'origine, la destination, la durée, la localisation des appels. Transposés à l'environnement numérique, ces exemples recouvrent également les adresses IP des ordinateurs émetteurs et récepteurs de la

[319] Conseil de l'Europe, Problèmes de procédure pénale liés à la technologie de l'information, Recommandation R (95) 13, Exposé des motifs, p. 61

communication, le début et la fin de la connexion afin de pouvoir relier cette adresse IP à un utilisateur précis, le *log book* des prestataires de services, les adresses des sites visités, voire la durée de ces visites, les adresses e-mail des messages échangés, tant de l'émissaire que du destinataire.

Nombre de ces données recoupent des éléments permettant d'identifier l'utilisateur de services. Mais les données visées par la loi recoupent également, selon nous, les mots de passe utilisés, l'identification des personnes relativement aux moyens de paiement concernés (lorsque le sujet de l'obligation de conservation est un prestataire de ces paiements électroniques), l'identité et l'adresse physique de l'abonné, l'identité réelle de la personne se cachant derrière un e-mail ou une connexion anonyme. La plupart de ces données constituent, cela va sans dire, des données personnelles protégées par la législation relative à la vie privée. Or, la loi est relativement silencieuse sur l'application des principes de protection des données à cette obligation de conservation.

L'accès au contenu des communications constitue une atteinte à la protection de la vie privée bien plus problématique que l'accès aux données de trafic ou d'appel. Les nouvelles technologies obscurcissent cependant la distinction entre les deux types de données et la rendent en tout cas plus délicate à tracer. Les exemples que nous avons donnés sur les données d'appel démontrent combien certaines informations glissent de l'identification de l'appel à l'identification du contenu. Il s'agit de veiller particulièrement pour que de tels glissements soient évités ou, à tout au moins, entourés de garanties particulières.

Le délai de conservation des données est de 10 ans. Ce délai nous paraît raisonnable et praticable. De nombreux mois sont susceptibles de s'écouler entre la commission d'une infraction et sa recherche effective. Une certaine lenteur prudente de la procédure permet d'ailleurs de garantir le respect des droits des personnes. En outre, la situation de l'arriéré judiciaire et l'encombrement des juges d'instruction sont tels qu'on ne peut imaginer que des services de police puissent obtenir, en peu de temps, de la commission de l'infraction, un mandat leur permettant d'accéder aux données conservées par les opérateurs de télécommunications.

Les conditions d'accès aux données ainsi conservées par les autorités policières et judiciaires ne sont pas autrement explicitées dans la loi. Or la protection de la vie privée requiert que cet accès aux données conservées par les opérateurs ne se réalise qu'au cas par cas et dans des conditions strictes de légalité[320].

L'obligation de conservation des données pose également un problème de coût très important. Les fournisseurs de services Internet, petites ou grandes entreprises, devront assumer le coût du stockage des données, de la formation de personnel, de la conformation de leurs services afin de pouvoir conserver les traces nécessaires, etc. Dans d'autres pays, les prestataires de services se sont déjà rebellés contre cette imposition d'un coût inattendu dans leurs activités[321]. On peut aussi recourir à l'interception des données informatisées.

Section 2 : l'interception de données informatisées

L'article 49 permet enfin aux magistrats, si les nécessités de l'information l'exigent, d'utiliser les moyens techniques appropriés pour collecter ou enregistrer en temps réel, les données relatives au contenu de communications sur leurs territoires, transmises au moyen d'un système informatique ou obliger un fournisseur de services, dans le cadre de ses capacités techniques, à collecter, à enregistrer ou à prêter aux autorités compétentes son concours et son assistance pour collecter ou enregistrer lesdites données informatisées. Le fournisseur d'accès est en outre tenu de garder le secret.

Les activités impliquant la mise en œuvre de traitements automatiques des données à caractère personnel sont non seulement a priori licites, mais surtout indispensables au bon fonctionnement de la société de l'information et de l'économie numérique. Étant donné l'importance des enjeux liés au caractère confidentiel de ce type de données, les traitements de données à caractère personnel obéissent, cependant, à des formalités strictes dont le non-respect est sanctionné par des règles pénales.

---

[320] Groupe de protection des personnes à l'égard du traitement des données à caractère personnel, Recommandation 3/99 relative à la préservation des données de trafic par les fournisseurs de services Internet pour le respect du droit, adoptée le 7 septembre 1999.

[321] Voir ECLIP Workshop on interception of computer crime, 24 janvier 2001, Londres, présentations disponibles sur le site <http://www.jura.uni-muenster.de/eclip>

L'ensemble de ces obligations dont le respect est susceptible d'être sanctionné aussi lourdement peuvent être divisées en deux catégories : celle relative à la collecte même des données **(Paragraphe 1)** et celle se rapportant à la sécurité des traitements **(Paragraphe 2).**

Paragraphe 1 : Le non-respect des obligations liées à la collecte des données

Diverses obligations s'imposent aux responsables de traitement au moment de la collecte des données. Des sanctions administratives et pénales sont applicables aux acteurs qui ne les auraient pas respectées. De plus en plus souvent, les juges n'hésitent pas à intervenir dans le domaine de la protection des données à caractère personnel faisant l'objet des traitements, en sanctionnant différents types de comportements illicites.

Les obligations concernent, tout d'abord, les formalités à accomplir pour déclarer la collecte des données **(A).** En effet, quand bien même des exonérations existent, le principe demeure l'obligation de déclaration de tout traitement. D'autres obligations s'appliquent s'agissant de la manière dont la collecte est mise en œuvre, et du respect des droits des personnes impliquées **(B).** Dans ce contexte, les questions stratégiques touchent à l'information et au recueil du consentement de personnes. D'autres obligations encore s'imposent au moyen de mise en œuvre des traitements **(C).** Les infractions commises dans ce domaine relèvent du non-respect des finalités de traitement, des droits d'accès, de modification et d'opposition de personnes, de la qualité des données ou encore de la durée de leur conservation.

A. Obligation de déclaration et de respect des formalités

Cette obligation a pour objectif de lutter contre la création de fichiers clandestins comportant des renseignements identifiants, ainsi que les traitements de données qui auraient différé de ce qui a été déclaré auprès de l'autorité de contrôle. Rentrent dans cette dernière catégorie les traitements dont certains éléments seraient restés dissimulés par rapport à la déclaration déposée, ceux qui auraient fait l'objet d'une description trop inexacte quant à la nature des données traitées ou à la finalité du traitement, ou encore ceux correctement déclarés de leur initialisation, mais qui auraient subi par la suite des évolutions modifiant la nature des données ou de la finalité en question[322]. Dans la pratique, il s'agit souvent de comportements pouvant être considérés comme anodins par rapport à d'autres infractions en la matière : un employé qui amène à son domicile des extraits des fichiers clients de l'entreprise ; un blogueur dévoilant, dans le cadre d'un litige, les coordonnées de ses adversaires, etc.

Ainsi, en France, en fonction de la nature des données et de la finalité du traitement, peuvent être exigés : une déclaration normale, une déclaration simplifiée, une demande d'autorisation ou encore un engagement de conformité à une autorisation unique. Seulement, certains types de traitements bénéficient d'une dispense de déclaration. Le non-respect des formalités de déclaration ou de demande d'autorisation est constitutif d'un délit sanctionné de cinq ans d'emprisonnement et de 300 000 euros d'amende au titre de l'article 226-16 du Code pénal. Cet article réprime le fait, « y compris par négligence, de procéder ou de faire procéder à des traitements de données à caractère personnel sans qu'aient été respectées les formalités préalables à leur mise en œuvre prévues par la loi ». L'article suivant (226-16-1-A) poursuit, pour préciser l'obligation d'observation des normes simplifiées ou d'exonération établies par la CNIL, pour certains types de traitements.

Quelques exemples d'infractions en la matière viennent confirmer la nécessité d'observation de procédures déclaratives. Ainsi, en 2005, un dirigeant de société qui a procédé à un traitement automatisé de données sans déclaration préalable à la CNIL, a été jugé coupable du délit prévu à l'article 226-16 du code pénal et condamné à 5 000 euros (le montant se justifie par le fait qu'il a également été jugé coupable de l'infraction de la mise en œuvre d'un traitement malgré l'opposition des personnes concernées)[323].

Cependant, les condamnations sur le seul fondement du non-respect des formalités sont rares, et, la plupart du temps, les sanctions ne s'appliquent que lorsque l'infraction s'accompagne d'autres violations de données. La situation va peut-être changer au fur et à mesure que les données identifiantes gagnent en valeur marchande. Le premier pas a déjà été franchi en France où la Cour de cassation a

---

322 F. Mattatia, « Traitement des données personnelles. Le guide juridique », op.cit., p. 99.

323 CA Toulouse, 3e ch. corr. 12 janv. 2005

considéré qu'un fichier non déclaré à la CNIL devait être analysé comme une chose hors commerce, dont la cession devait être annulée en raison de son objet illicite.

Par ailleurs, depuis la réforme de 2004, la loi informatique et liberté permet aux entreprises et organisations de désigner un correspondant informatique et liberté afin de bénéficier d'un allégement des formalités administratives auprès de la CNIL et de garantir la conformité des traitements de données à caractère personnel au sein de l'organisation.

En revanche, la proposition du Règlement européen va encore plus loin en imposant tout simplement aux entités procédant aux traitements de désigner un délégué à la protection des données (une sorte de « commissaire aux comptes de données à caractère personnel). En application de l'article 35, cette obligation concerne, d'une part, les traitements mis en œuvre par les organismes publics et les traitements mis en œuvre par une personne morale et concernant plus de 5 000 personnes sur une période de 12 mois consécutifs. D'autre part, les responsables de traitement et les sous-traitants dont les activités de base consistent en des traitements qui soient du fait de leur nature, de leur portée et/ou de leur finalité, exigent un suivi régulier et systématique des personnes concernées ; soit portent sur des catégories particulières de données (données relevant l'origine raciale ou ethnique, les opinions politiques, la religion ou les croyances philosophiques, l'orientation sexuelle ou l'identité de genre, l'appartenance et les activités syndicales ; les données génétiques ou biométriques, les données de santé ou relatives à la vie sexuelle ; les données relatives aux sanctions administratives, aux jugements, à des infractions pénales ou à des suspicions, à des condamnations, à des mesures de sûreté connexes ; données de localisation, fichiers informatisés de grande ampleur contenant des données sur des enfants ou sur des employés).

B. Obligations liées à la mise en œuvre de la collecte des données

L'information des personnes sur la collecte de leurs renseignements personnels, ainsi que leurs consentements sont deux conditions *sine qua non* de la collecte et de l'utilisation de données à caractère personnel menées de manière légitime.

En France, l'article 226-18 du Code pénal prévoit que la collecte de données par un moyen frauduleux, déloyal ou illicite est punie de cinq ans d'emprisonnement et de 300 000 euros d'amende, voire 1 500 000 euros, lorsque le contrevenant est une personne morale (art. 131-38 et 226-24 du Code pénal), encore que - dans ce dernier cas - peuvent s'ajouter d'autres sanctions non financières telles que la fermeture de l'établissement (art. 131-29, 2° à 5° et 7° à 9° et 226-24 du Code pénal). Par ailleurs, cette disposition sanctionne la violation de deux obligations différentes : d'une part, « le fait de collecter des données par un moyen frauduleux, déloyal ou illicite » et, d'autre part, « le fait de procéder à un traitement d'informations nominatives concernant une personne physique malgré l'opposition de cette personne, lorsque cette opposition est fondée sur des motifs légitimes »[324]. Dans ce contexte, la Cour de cassation définit la notion de collecte déloyale comme « le fait de recueillir, à leur insu, des adresses électroniques personnelles de personnes physiques sur l'espace public d'Internet, ce procédé faisant obstacle à leur droit d'opposition ».

Les dispositions sanctionnant la collecte par un moyen frauduleux, déloyal ou illicite constituent donc le moyen d'intervenir en cas de collecte illicite de la manière la plus générale possible. Or, il existe d'autres dispositions sanctionnant, de manière plus particulière, les comportements plus précis s'agissant d'infractions liées à la collecte de données.

C. Obligations liées à la mise en œuvre du traitement des données

Un objectif précis doit être prévu pour chaque fichier ou traitement et les informations exploitées doivent être cohérentes par rapport à l'objectif du fichier. Ainsi, ce principe de base de la protection des données à caractère personnel prévoit que les données devant être traitées soient exclusivement exigées par la finalité du traitement en question[325]. À ce titre, elles devront être adéquates, pertinentes et non excessives par rapport à la finalité pour laquelle elles ont été enregistrées. Dans le cas contraire, il est possible que l'infraction du détournement de la finalité puisse être constatée. Comme le précise un

---

[324] Cass. Crim. 14 mars 2006, n° 05-83423, Fabrice H. c/ ministre public.

[325] P. Kaiser, *La protection de la vie privée par le droit*, Paris, éd. Economica, 1995, p. 462.

auteur, « Le détournement de finalité n'est pas celui de l'information à proprement parler, contrairement à ce qui est parfois écrit « il faudrait dans ce sens plutôt envisager le vol du bien informationnel. En effet, les données nominatives n'ont pas des finalités en elles-mêmes, mais seulement une utilité par rapport à la finalité du traitement ; en conséquence, la finalité du traitement qui doit être seule considérée, déteint sur les informations. »[326]

En application des textes légaux, le principe de finalité des traitements impose que les données soient « collectées pour des finalités déterminées, explicites et légitimes, et ne sont pas traitées ultérieurement de manière incompatible avec ces finalités » (article 6 de la directive 95/46/CE). La finalité doit donc être explicite, pour assurer une véritable transparence sur la portée des opérations envisagées sur les données. Se verront ainsi sanctionnés, les responsables de traitement qui décriront les finalités de leurs traitements en des termes trop vagues ou extensifs, qui ne répondront donc pas aux critères de l'exigence spécifique - tels que « l'amélioration des usages », « finalités marketing », « recherche future » ou « sécurité informatique »[327].

C'est sur le fondement de ce type d'arguments que la CNIL a sanctionné Google dans la décision déjà mentionnée, en estimant que les fonctionnalités de ses services recouvrent en réalité des prestations diversifiées, dépassant le cadre de la finalité unique déclarée aux utilisateurs, et ceci « compte tenu notamment de la diversité des données collectées (données de géolocalisation, échanges de mails, requêtes dans le moteur de recherche, paiement par Google Wallet, mises en ligne d'informations sur Google+, etc.), et des différents statuts d'utilisateurs concernés par la collecte de données »[328].

Pour la Commission, les fins poursuivies par un traitement ne doivent pas être formulées « d'une manière trop large ou en des termes pouvant prêter à la confusion »[329]. Ensuite, le principe de proportionnalité exige que les données soient « adéquates, pertinentes et non excessives au regard des finalités pour lesquelles elles ont été collectées et de leurs traitements ultérieurs » et qu'elles ne puissent

[326] J. Frayssinet, « Informatique, fichiers et libertés », Paris, Litec, 1992, p. 136.
[327] G29, avis n° 03/2013, 2 avr. 2013, WP 203, p. 16.
[328]CNIL, délib. N° 2013-420, 3 janv. 2014, préc.
[329] J. Frayssinet, préc. p. 173.

être conservées que « pendant une durée (n'excédant) pas la durée nécessaire aux finalités » (toujours l'article 6 de la directive). Le critère de la proportionnalité intimement lié à celui du respect de la finalité constitue un garde-fou contre des hypothèses de « dérive de finalité », illustrées par exemple par les risques découlant des systèmes de vidéosurveillance dans les lieux publics.

Comme relève un auteur, « le principe de proportionnalité ne peut évidemment se satisfaire que d'une finalité précise sans quoi il serait ruiné ; mais, en même temps, on sait que l'on recueille bien plus d'informations que celles utiles pour cette finalité ; et que là est la tentation, celle qui conduit à la dérive des finalités »[330]. Ainsi, la limitation de la finalité emporte non seulement la possibilité de déterminer les personnes qui auront accès aux données concernées et le type de données collectées, mais aussi les destinataires et les utilisateurs des données en question, ainsi que la durée de leur conservation, qui doit être en adéquation avec la finalité retenue.

Cette obligation de préciser les finalités explicitement contribue à la transparence et à la prévisibilité, en palliant dans une certaine mesure le caractère nécessairement précaire de toute projection dans le futur. Enfin, la protection accordée par les textes qui implique le principe du respect des droits des personnes dont les données sont traitées pour leur permettre de contrôler ou d'empêcher l'utilisation d'informations les concernant, comprend également le droit d'information sur l'existence de traitement, le droit d'opposition à celui-ci, ainsi que le droit de rectification de données[331]. Le droit d'accès et de rectification s'applique lorsque les données sont « inexactes, incomplètes, équivoques, périmées ».

Dans ce contexte, la CNIL a eu l'occasion de sanctionner une entreprise qui a procédé à l'extraction de données contenues dans les annuaires universels à des fins purement commerciales, de filtrage de

---

[330] L. Cadpux, « La vidéosurveillance des lieux publics », dans « Nouvelles technologies de l'information et libertés individuelles », N. Mallet-Poujol (dir.), Paris, Doc.fr, 1998, p. 17.

[331] Ces trois principes fondamentaux applicables aux traitements de données à caractère personnel sont également posés d'autres législations européennes : les lois adoptées en Allemagne au niveau de Landers (comme la loi du Land de Hesse en 1970), ainsi qu'au niveau fédéral (loi allemande du 27 janv. 1977 - Bundesdatenschutzgesetz) ; ou encore la loi suédoise de 11 mai 1973 relative aux « datalag ».

profils Facebook, et ceci quand bien même cette opération est non seulement sans lien avec la finalité initiale de ces annuaires, mais qu'en outre les dispositions de l'article R. 10-4 du Code des postes et des communications électroniques, qui les régissent, en interdisent toute autre utilisation[332]. Dans une autre décision, la CNIL a également émis un avertissement à l'encontre d'un fournisseur de titres de transport qui a utilisé les données collectées dans le cadre de la gestion des fiches clients pour la gestion de résiliations de prélèvements automatiques effectués pour le paiement des titres[333].

Tout détournement de finalité est, dans ce contexte, sanctionné en France de cinq ans d'emprisonnement et 300 000 euros d'amende au titre de l'article 226-21 du Code pénal[334]. Sous un autre angle, ce type d'infraction semble, en effet, encore plus dangereux pour les libertés individuelles que celle consistant en la mise en œuvre des traitements clandestins de données, incriminée par l'article 226-16 du Code pénal, dès lors que l'atteinte aux libertés est dissimulée sous couvert d'une activité d'apparence légale[335]. C'est d'ailleurs sur le fondement de cet article qu'en 2006, la Cour de cassation a confirmé la condamnation de deux policiers qui ont utilisé des données provenant des fichiers de la police nationale pour fournir des informations sur les membres de la franc-maçonnerie[336]. De même, depuis 2012, une instruction est ouverte contre le groupe Ikea dans une affaire impliquant sa direction soupçonnée d'avoir payé des détectives privés pour consulter des fichiers de la police concernant les salariés, les clients, les candidats à l'embauche, etc. Ce dernier volet des prérogatives dont disposent les personnes par rapport à leurs données à caractère personnel est, par ailleurs, intimement lié à la durée de détention de ces données à laquelle sont autorisés les responsables de traitements.

Les professionnels ont tendance, notamment pour des raisons commerciales, à conserver le plus longtemps possible les données personnelles à leur disposition. Or, les données à caractère personnel

---

332 CNIL, délib. N° 2011-203, 21 sept. 2011, préc.

333 CNIL, délib. N° 2009-002, 20 janv. 2009, C. Doulcet, « Le passe Korrigo des transports urbains rennais sanctionné par la CNIL », Gaz. Pal. 21-22 oct. 2009, p. 11.

334 Dans ce sens, v. CA Aix-en-Provence, 7e ch., sect. A, 30 juin 2009, A. Lepage, « Détournement de finalité de données à caractère personnel contenues dans le STIC », Comm. comm. électr. n° 3, mars 2010, comm. 27. V. ég. TGI Rennes, 8 déc. 1988 : Expertises, 1989, n° 115, p. 104 et s., note J. Frayssinet.

335 R. Gassin, Rép. Dalloz Pénal, « Informatique et libertés », 1987, n° 336.

336 Cass. crim. 20 juin 2006, 05-86.491, inédit.

ne peuvent être conservées indéfiniment. En effet, la durée de conservation doit être fixée par le responsable de traitements. Elle doit être raisonnable en fonction de l'objectif du fichier et ne pas excéder le temps nécessaire pour atteindre la finalité du traitement[337]. En France, la conservation des données, pour une durée supérieure à celle déclarée, est sanctionnée par cinq ans d'emprisonnement et 300 000 euros d'amende au titre de l'article 226-20 du Code pénal, et ceci « sauf si cette conservation est effectuée à des fins historiques, statistiques ou scientifiques dans les conditions prévues par la loi. ».

Ce principe de limitation dans le temps de la conservation de données constitue la principale garantie du droit à l'oubli numérique, dont le contenu est plus profondément analysé plus loin dans cette étude. Cette limitation est, en effet, importante dans le sens où elle vise à éviter l'accumulation de données et la tentation de les utiliser pour d'autres finalités.

Il n'existe pas de durée fixe et tout dépend du type de données et des finalités de leur traitement. En France, par exemple, l'article R.10-13 du CPCE prévoit la durée d'un an à compter de leur enregistrement de conservation pour les données de trafic collectées pour les besoins de la recherche, de la constatation et de la poursuite des infractions pénales. Le décret n° 2011-219 du 25 février 2011 impose lui aussi, mais cette fois aux prestataires d'accès et d'hébergement, de conserver pour la même durée les données de nature à permettre l'identification de toute personne ayant contribué à la création de son contenu. En matière de prospection commerciale, la norme simplifiée n° 48 fixe la durée de conservation des données clients à trois ans à compter de la fin de la relation commerciale et des données de prospects trois ans à compter cette fois du dernier contact établi[338].

A contrario, les durées de conservation plus longues seraient constitutives de violation des droits des personnes concernées. Par voie de conséquence, des sanctions sont prévues pour dissuader les responsables de traitement de conserver les données au-delà des durées admises. En matière de sanctions administratives, la CNIL censure les traitements dans lesquels la durée de conservation effective dépasse les limites imposées par la norme simplifiée que le

---

[337] À l'exception de données anonymisées, c'est-à-dire dépourvues de tout lien avec la personne concernée, qui, elles, peuvent être conservées plus longtemps.
[338] CNIL, délib. N° 2012-209, 21 juin 2012, art. 5.

responsable de traitement s'était engagé à respecter[339], ou annoncées dans le formulaire de déclaration soumis antérieurement à la Commission[340].

Le Conseil d'État a pu, à son tour, se prononcer pour censurer des traitements qui ne respectaient pas les limitations de durée de conservation de données. Il s'est, par exemple, opposé à la validité du décret, dit ELOI, par lequel le Ministère de l'Immigration souhaitait déroger à la durée de conservation de certaines données personnelles relatives à des étrangers en passant de trois mois à trois ans, à compter de la date effective d'éloignement, et ceci dans le but de faciliter son travail en vue de prendre de nouvelles mesures d'éloignement[3418]. Dans une autre décision, il a censuré un traitement qui ne comportait aucune mention de durée de conservation[342]. On peut aussi faire allusion au non-respect des règles liées à la sécurité des traitements.

Paragraphe 2 : Le non-respect des règles liées à la sécurité des traitements

Tout responsable de traitement de données à caractère personnel doit adopter des mesures de sécurité physique et logique adaptées à la nature des données et aux risques présentés par le traitement. L'article 34 de la loi Informatique et libertés précise que « le responsable du traitement est tenu de prendre toutes précautions utiles, au regard de la nature des données et des risques présentés par le traitement, pour préserver la sécurité des données et, notamment, empêcher qu'elles soient déformées, endommagées, ou que des tiers non autorisés y aient accès. ». Il pourra ainsi s'agir notamment de restrictions d'accès aux locaux ou de mots de passe pour accéder aux fichiers, de pare-feu ou de tout autre programme de protection du système d'information. D'autres mesures à prendre consistent en des montages contractuels adaptés, tels que les accords de non-divulgation.

---

[339] CNIL, délib. N° 2012-214, 19 juill. 2012, CNIL, « Avertissement pour la société Fnac Direct en raison de manquements dans la conservation des données bancaires des clients du site www.fnac.com », 27 juill. 2012 : www.cnil.fr.

[340] CNIL, délib. N° 2010-112, 22 avr. 2010, préc.

[341] CE, 30 déc. 2009, n° 312051, Assoc. SOS Racisme et a.

[342] CE, 18 mars 2005, n° 238206, Synd. National de défense de l'exercice libéral de la médecine à l'hôpital, JCP G 2005, IV, p. 1992, RLDI 2005, n° 6, chron. 171, AJDA 2005, n° 16, p. 911, Gaz. Pal. 27 sept. 2005, n° 270, p. 16, obs. P. Graveleau.

S'agissant de l'obligation de confidentialité des données elle voudrait que seuls soient autorisés à accéder aux données à caractère personnel contenues dans un fichier, les destinataires explicitement désignés pour en obtenir régulièrement communication, ou encore les tiers autorisés ayant qualité pour les recevoir de façon ponctuelle et motivée (comme la police, les autorités fiscales, etc.). À ce titre, l'article 226-22 du CP incrimine « le fait, pour toute personne qui a recueilli, à l'occasion de leur enregistrement, de leur classement, de leur transmission ou d'une autre forme de traitement, des données à caractère personnel dont la divulgation aurait pour effet de porter atteinte à la considération de l'intéressé ou à l'intimité de sa vie privée ; de porter, sans autorisation de l'intéressé, ces données à la connaissance d'un tiers qui n'a pas qualité de les recevoir ». Les sanctions applicables sont de cinq ans d'emprisonnement et de 300 000 euros d'amende. Elles sont de trois ans d'emprisonnement et de 100 000 euros d'amende lorsque la divulgation est non intentionnelle, par négligence ou par imprudence. Le but est d'éviter des violations de données à caractère personnel qui pourraient résulter, par exemple, d'une intrusion dans des bases de données de gestion clientèle, des failles permettant de récupérer des numéros de cartes de crédit de clients dans une boutique en ligne, ou encore de l'envoi d'un e-mail confidentiel à une large liste de diffusion.

Ces deux obligations sont des obligations de moyens. Le responsable de traitements n'est donc pas tenu de garantir une sécurité absolue - qui n'existe pas en réalité. Mais les mesures qu'il doit prendre sont à déterminer en fonction de l'état de l'art, de la sensibilité des données ou encore des risques présentés par les technologies utilisées. Les actions qu'il met en œuvre doivent donc être à jour et adaptées en fonction de l'évolution des techniques de sécurisation disponibles et des menaces connues.

Les violations d'obligations de sécurité et de confidentialité sont également nombreuses en matière d'e-commerce. En 2013, la première édition du baromètre Dashlane, sur la protection des données personnelles des consommateurs sur Internet, faisait valoir que 70 des 100 premiers sites français d'e-commerce commettent différentes fautes en matière de sécurité des données clients qu'ils détiennent. Les violations varient : envoi du mot de passe et de l'identifiant en clair dans un message unique, acceptation de mots de passe pas suffisamment forts, absence de procédure de blocage de compte au bout de plusieurs saisies erronées de mot de passe, etc.

Tout cela crée un risque d'accès illicite et met donc les données des personnes en péril. En cas d'attaque réussie sur un traitement de données aussi mal sécurisé, le responsable du traitement serait donc à la fois victime de l'attaque et coupable du défaut de sécurisation. Pire encore, l'attaquant risque d'être relaxé s'il est considéré qu'en l'absence de sécurisation de données, il ne pouvait pas supposer que les contenus auxquels il accédait étaient confidentiels.[343]

En plus, dans l'hypothèse de la sous-traitance du traitement de données, envisagée par l'article 35 de la loi informatique et libertés, le sous-traitant est également tenu de « présenter des garanties suffisantes pour assurer la mise en œuvre des mesures de sécurité et de confidentialité mentionnées à l'article 34. Cette exigence ne décharge pas le responsable du traitement de son obligation de veiller au respect de ces mesures ». Il incombe donc au responsable de traitement de mettre en place des aménagements contractuels qui permettront d'apporter les garanties nécessaires, mais également de procéder à des vérifications réelles du respect d'engagements en matière de sécurité - comme le montre la délibération de la CNIL en date du 7 août 2014, où elle sanctionne l'opérateur téléphonique Orange du fait de l'existence de lacunes de sécurité chez un des prestataires de la société qui a, de ce fait, subi une faille ayant entraîné la compromission de données de plus d'un million d'abonnés[344].

La directive « Vie privée et communications électroniques » (n° 2009/136) prévoit qu'en cas de violation de données à caractère personnel, les fournisseurs de services et communications électroniques accessibles au public doivent avertir de ce vol l'autorité nationale compétente (en France la CNIL) et, dans certaines circonstances, l'abonné ou le particulier concerné. Plus particulièrement, le Règlement européen n° 611/2013 met en place une procédure d'information à respecter. Les personnes concernées sont notamment les FAI et les opérateurs de téléphonie. La question reste ouverte s'agissant de ceux pour qui l'activité de fourniture d'un service de communication électronique n'est qu'accessoire (comme

---

[343] Voir dans ce sens affaire Kitetoa, CA Paris, 12e ch. corr., sect. A, 30 oct. 2002.

[344] Délib. N° 2014-298 du 7 avr. 2014 prononçant un avertissement à l'encontre de la société Orange.

les hôtels ou les cafés proposant un service wifi). Étant donné que leur statut diffère en fonction des pays, l'obligation de notification ne s'applique pas partout. Or, plus récemment, les articles 31 et 32 de la proposition de règlement sur la protection de données élargissent l'obligation de notification à tous les responsables, de traitement de données à caractère personnel, concernés par le champ d'application du texte. S'il est adopté en l'état, cet article permettra d'harmoniser l'application de cette obligation.

Les violations de l'obligation sécurité visées sont celles qui entraînent une altération des données à caractère personnel, leur divulgation non autorisée ou celles qui permettraient un accès non autorisé. Il n'est pas nécessaire, pour que l'infraction puisse être caractérisée, que les données atteintes soient effectivement utilisées par la suite de manière illicite.

En France, l'obligation de notification est entérinée par l'article 34 bis de la loi informatique et libertés qui l'imposent aux fournisseurs de services de communications électroniques accessibles au public. Sur le plan pénal, seule l'absence de notification à la CNIL est sanctionnée par l'article 226-17-1 du CP. S'agissant du non-respect de l'information de la personne dont les données étaient atteintes, seule la mise en demeure par la CNIL est possible, et ceci uniquement dans le cas où la Commission estime que les mesures de protection appropriées afin d'anonymiser les données atteintes n'ont pas été mises en place par le responsable. La même condition est posée par le Règlement qui impose désormais que la notification de l'abonné soit effectuée « sans retard injustifié après constat de la violation de données à caractère personnel », mais qui prévoit une dérogation à ce principe si le FAI démontre qu'« il a mis en œuvre les mesures de protection technologiques appropriées et que ces dernières ont été appliquées aux données concernées par ladite violation de sécurité ». On pense ici aux différentes mesures techniques d'organisation appropriées pour prévenir, détecter et empêcher les violations de données à caractère personnel. Des sanctions beaucoup plus importantes sont toutefois - comme pour les autres types de violation de règles de traitement de données à caractère personnel - prévues par le texte européen qui donne droit aux autorités de contrôle de données nationales d'imposer des amendes pouvant aller jusqu'à 100 000 000 euros ou 5 % du chiffre d'affaires.

De l'autre côté de l'Atlantique, suite au piratage à grande échelle des données détenues par Sony Pictures, un projet législatif promu par le Président Obama prévoit l'harmonisation au niveau fédéral des règles concernant les notifications de failles. Les entreprises mettant en œuvre les traitements de données à caractère personnel de nature à pouvoir être utilisées dans des cas d'usurpation d'identité et de fraude bancaire seraient alors tenues d'informer leurs clients sur des violations éventuelles dans un délai maximum de 30 jours[345].

En France, un récent incident chez l'opérateur téléphonique Orange démontre à quel point les prestataires ont commencé à prendre conscience de l'importance de respecter les mesures préconisées par les textes nationaux et européens. En mai 2014, Orange a reconnu que lors d'une intrusion, les données à caractère personnel de 1,3 million de clients et de prospects ont été volées (noms et prénoms, et lorsque renseignés : adresse e-mail, numéro de téléphone mobile et fixe, nom de l'opérateur mobile et Internet ainsi que la date de naissance). Cette nouvelle violation de données personnelles succédait à une précédente intrusion survenue, trois mois plus tôt, qui avait touché près de 800 000 personnes. À cette occasion, le prestataire a prévenu ses abonnés du risque de *phishing* susceptible de résulter de cette violation de données qui « ainsi récupérées pourraient être utilisées pour contacter les personnes concernées par courrier électronique, par SMS ou par téléphone ». En outre, Orange aurait assuré son obligation de notification de la violation des données aux personnes concernées par e-mail contenant un lien « click to call back » via lequel l'opérateur s'engageait à rappeler les personnes ayant cliqué dans un délai de 48 h pour répondre à leurs questions. Le délai entre la découverte de l'intrusion et la communication officielle s'expliquait, quant à lui, par la nécessité de faire toute la lumière sur la réalité de la violation et de prendre les mesures qui s'imposaient pour supprimer la faille.

Or, dans plusieurs affaires, les autorités de contrôle ont reproché aux prestataires victimes d'incidents de sécurité de ne pas avoir réagi de manière appropriée face aux conséquences de failles sur l'intégrité et la confidentialité des données de personnes. Telle était, par exemple, l'opinion de la CNPD, l'autorité de contrôle

---

345 Data Security and Breach Notification Act, 12 mars 2015, adresse : http://energycommerce.house.gov/sites/republicans.energycommerce.house.gov/files/analysis/20150312DataSecurityDraft.pdf.

luxembourgeois, dans l'affaire où le site d'e-commerce eBay a connu une cyberattaque à la suite de laquelle un très grand nombre de mots de passe et de données à caractère personnel de nature non financière ont été compromis. La CNPD considérait notamment qu'eBay n'avait pas adéquatement notifié ses utilisateurs.

En réalité, il est évident que cette obligation de notification d'incidents de sécurité est susceptible d'aller à l'encontre des intérêts commerciaux des entreprises qui ne souhaitent pas publiquement informer du contexte dans lequel se sont retrouvées les informations à elles confiées. En gardant les incidents secrets, elles pensent être capables de mieux maintenir le contrôle sur leur réputation. Certes, les conséquences d'une cyberattaque peuvent être désastreuses pour l'image de marque des grandes entreprises, et elles sont encore pires pour les PME, lesquelles ne se remettent parfois pas d'un vol de données commerciales.

Par ailleurs, il convient d'ajouter que l'article 64 a consacré le principe de la responsabilité pénale des personnes morales pour les infractions prévues par ladite loi, commises pour leur compte par leurs organes ou représentants. Il s'est surtout agi de prendre en compte la diversité des acteurs du cyberespace susceptibles de voir leur responsabilité engagée en raison d'actes répréhensibles. Les peines encourues sont l'amende dont le taux maximum est égal au quintuple de celui prévu pour les personnes physiques, l'affichage de la décision prononcée ou la diffusion de celle-ci, soit par la presse écrite, soit par tout moyen de communication au public par voie électronique, la fermeture définitive ou temporaire d'une durée de cinq ans au plus, d'un ou de plusieurs des établissements de l'entreprise ayant servi à commettre les faits incriminés, ou même la dissolution de la personne morale.

Section 3 : La consécration du principe de la responsabilité pénale des personnes morales en matière de cybercriminalité

La loi sur la cybercriminalité a consacré le principe de la responsabilité pénale des personnes morales. Le domaine de cette responsabilité intègre toutes les personnes morales à l'exception de l'État et de ses démembrements. Cependant, cette responsabilité des personnes morales n'exonère pas les personnes physiques qui sont auteures ou complices des mêmes faits incriminés. Cette précision est de taille, car ces infractions imputables aux personnes morales sont commises par des personnes physiques, organes ou représentants de ces personnes morales et pour le compte de celles-ci. En effet, sont considérés comme opérateurs, les fournisseurs d'accès à des réseaux de communication électronique accessibles via une borne wifi, les individus dont l'activité a spécifiquement pour objet, l'offre d'un service payant de connexion en ligne tel que les patrons ou gérants de *Cybercafés*, les personnes qui offrent, dans un cadre public, une connexion Internet à leurs clients ou à des visiteurs, notamment les hôtels, les restaurants ou encore les aéroports[346].

Il faut préciser que les points d'accès wifi qu'on appelle les hotspots wifi[347] et les cybercafés ont favorisé l'accessibilité à Internet. Ils constituent aujourd'hui un des moyens favoris pour les cybercriminels, en raison notamment du relatif anonymat qu'ils pourraient procurer, la connexion étant publique et non privée. Ainsi, il convient d'établir un meilleur contrôle des cybercafés et des hotspots wifi **(paragraphe 1),** mais également de mettre en place un régime de responsabilité plus sévère pour les fournisseurs et les hébergeurs Internet étrangers **(paragraphe 2).**

Paragraphe 1 : Un meilleur contrôle des cybercafés et des hotspots wifi

Nous parlerons tout d'abord des cybercafés **(A)**, puis des hotspots wifi **(B)**.

A. Les cybercafés

Les adresses IP permettent de suivre et de connaître les activités effectuées à partir des ordinateurs. Elles permettent également l'identification de leurs utilisateurs. Mais cette identification est rendue plus difficile lorsque la personne est connectée dans un cybercafé. En effet, ne s'agissant pas de l'ordinateur de l'utilisateur, l'adresse IP ne suffit plus à remonter jusqu'à ce dernier. Afin de combattre cet anonymat qui profite aux cybercriminels, il paraît essentiel que les gérants de cybercafés procèdent à des contrôles d'identité et à un fichage de leur clientèle. Mais cette exigence paraît

---

[346] Code des postes et des télécommunications, art. L.32.
[347] Les hotspots wifi ont été créés en 2003.

difficilement réalisable en pratique. En effet, de quelle nature devrait être l'identification des utilisateurs d'un cybercafé ? La production d'un document d'identité et le fichage de chaque personne, préalablement demandés avant toute utilisation d'un ordinateur relié à Internet dans un cybercafé, paraît difficilement réalisable sur le plan technique. De plus, elle apparaît également contestable au regard des libertés individuelles garanties[348].

Il en va de même pour la traçabilité des moyens de paiement utilisés, pour autant qu'ils ne soient pas réalisés en espèces. Enfin, l'idée d'un stockage des données qui transitent dans un cybercafé est également difficilement envisageable puisqu'il faudrait alors que le professionnel se dote de moyens importants et coûteux[349].

La solution pourrait peut-être venir de contrôles inopinés réalisés dans les cybercafés afin de vérifier le respect de la réglementation[350]. En réalisant de tels contrôles, l'autorité en charge pourrait ainsi s'assurer du bon respect de la réglementation en vigueur dans les cybercafés. Par ailleurs, de tels contrôles sont déjà mis en place dans d'autres domaines[351]. Mais cette possibilité existe actuellement, puisque la Commission nationale de contrôle des interceptions de sécurité[352] peut à tout moment procéder à des contrôles relatifs aux opérations de communications techniques. En France, le non-respect de cette loi est sanctionné d'une peine allant jusqu'à cinq ans d'emprisonnement et 300 000 euros d'amende. Néanmoins, cela reste insuffisant face au peu de moyens dont dispose la CNCIS qui est dans l'impossibilité technique et matérielle de pouvoir réaliser suffisamment de contrôles dans les milliers de cybercafés existant en France.

Reste encore la possibilité de *« réaliser une grande campagne de sensibilisation, à destination des professionnels concernés, quant aux risques liés à l'utilisation de ces points d'accès, à la réglementation à respecter et aux moyens d'y parvenir »*[353]. En tout état de cause, ceci

---

348 Notamment la liberté de communication et du droit d'accès à Internet. Cité supra pp. 297 et s.

349 Les professionnels qui gèrent les "*cybercafés*" ne s'assurent pas de l'identité des utilisateurs et omettent de stocker les données requises.

350 Sur réquisition du procureur de la République, par des enquêteurs spécialisés.

351 On pense au domaine de la restauration avec notamment les contrôles d'hygiène inopinés.

352 Encore appelée la CNCIS.

353 *« Rapport sur la cybercriminalité »*, Groupe de travail interministériel sur la lutte

n'aurait qu'une *« importance limitée si des délinquants professionnels, y compris en matière de terrorisme, connaissant les failles de ces dispositifs de nature à renforcer leur impunité, n'y avaient pas recours »*[354]. Ainsi, la réponse devrait relever, avant tout de la sensibilisation de l'ensemble des responsables concernés. Sans doute, l'effort en la matière a-t-il trop privilégié l'accès au réseau Internet à toute personne, au nom des libertés individuelles, en négligeant les questions de sécurité.

B. Les hotspots wifi

L'avantage pour les réseaux wifi est la mobilité qu'ils offrent. Les utilisateurs qui disposent d'un appareil avec la technologie wifi peuvent se connecter à ce réseau sans fil pendant leur déplacement. Les restaurants, les hôtels, les aéroports, mais aussi les cybercafés proposent aujourd'hui ces hotspots wifi, publics et parfois gratuits. Une telle mobilité est une aubaine pour les cybercriminels, car ils peuvent alors plus facilement préserver leur anonymat. En effet, contrairement au réseau domestique classique et filaire pour lequel l'identification est plus aisée à établir, les connexions via Wifi offrent un moyen de communication permettant une connexion anonyme. Ces accès peuvent venir de professionnels de l'Internet, mais aussi d'opérateurs non commerciaux qui peuvent alors négliger les obligations légales qui pèsent pourtant sur eux en termes de conservation de données pendant la période réglementaire.

Dans le cas d'espèce, la mission principale d'un aéroport, d'un hôtel, d'un restaurant n'est pas de fournir obligatoirement un accès Internet ; mais dans notre société actuelle hyperconnectée, cela fait partie des services qui se doivent d'être proposés naturellement aux clients. Il s'avère dès lors nécessaire d'encadrer l'utilisation de cette nouvelle technologie. Le législateur a très vite cherché à étendre la notion de fournisseur d'accès à Internet, en visant sans aucune distinction toutes les entités publiques ou privées qui proposent un tel accès, avec les risques que cela peut générer **(1).** Il a ensuite réaffirmé les obligations pesant sur les opérateurs wifi **(2).**

---

contre la cybercriminalité, février 2014, *op. cit.* pp. 206 et s.

354 *Ibid.*

1. L'extension de la notion de fournisseur d'accès Internet.

La définition ouverte par l'article L.32 du CPCE tend à s'appliquer à toute entité mettant à disposition d'un public une connexion Internet sans distinction, selon qu'il s'agit de son activité propre ou d'une mise à disposition d'une connexion wifi dans le cadre d'une activité connexe. Cette nouvelle position veut remettre dans la sphère des *« services de communications électroniques »* certains services qui ont longtemps échappé à tout encadrement, parce qu'ils seraient fournis par des entreprises qui interviennent à un stade intermédiaire du processus de communication.

Cette extension mérite néanmoins une explication. En effet, presque toutes les entreprises proposent aujourd'hui la mise à disposition d'une connexion wifi à leurs employés et à leurs clients. L'autorité de régulation des communications électroniques et des postes[355] a tenu à apporter quelques explications afin d'éviter toute extrapolation du texte. Dans une lettre périodique, l'agence a tenu à préciser que la notion de *« services de communications électroniques »*[356] visés par l'article L.32 du CPCE concernait principalement les exploitants de réseaux et les fournisseurs de services liés aux réseaux. Cette définition ne comprend pas *« les acteurs n'intervenant pas dans l'émission, la transmission ou la réception des signes, des sons, des signaux ou images constitutifs de la communication électronique »*[357].

Pourtant, cette extension a été réaffirmée par la loi du 23 janvier 2006 sur la lutte contre le terrorisme et portant sur les diverses dispositions relatives à la sécurité et aux contrôles frontaliers. En effet, tout en alourdissant les obligations qui pèsent sur les fournisseurs d'accès Internet, elle a étendu la définition de ces derniers. La nouvelle rédaction de l'article L. 34-1 du CPCE dispose ainsi que les personnes qui,

> *Au titre d'une activité professionnelle principale ou accessoire, offrent au public une connexion permettant une communication en ligne par l'intermédiaire d'un accès au réseau, y compris à*

[355] Encore appelée l'ARCEP. Voir son site Internet : http://www.arcep.fr

[356] ARCEP, *« Les opérateurs de réseaux ouverts au public et de fourniture au public de services de communications électroniques »*, 21 janvier 2016. Disponible sur : http://arcep.fr/index.php?id=8055

[357] Ibid.

titre gratuit, sont soumises au respect des dispositions applicables aux opérateurs de communications électroniques en vertu du présent article.

La loi du 23 janvier 2006 assimile les entreprises disposant d'une connexion et la mettant à la disposition du public, à un opérateur de communications électroniques et les soumet aux obligations qui en découlent.

On peut rappeler que la jurisprudence avait déjà eu l'occasion de se prononcer sur l'identification d'une entreprise comme opérateur de communications électroniques. En effet, dans un arrêt du 4 février 2005[358], la Cour d'appel de Paris avait estimé qu'une banque qui mettait à la disposition du public une connexion était assimilable à un opérateur de communications électroniques. En l'espèce, si le juge a retenu la qualité de *prestataire technique* telle que définie à l'article 43-7 de la loi de 1986 modifiée par la loi du 1er août 2000 pour l'entreprise, il faut noter que *cette qualification n'avait pas été contestée par la banque et le juge ne s'est en réalité pas prononcé expressément sur la qualification de celle-ci comme FAI*[359].

Pour autant, *cette décision du juge d'appel revient à retenir de manière indirecte une définition très large du FAI qui ne fait qu'ajouter à la confusion déjà créée par les textes en la matière*[360]. En fin de compte, les caractéristiques d'un fournisseur d'accès Internet vont dépendre de la notion de mise à disposition du public. Par exemple, les clients des hôtels et restaurants répondent à cette notion de public ; les établissements accueillant ces clients sont considérés comme des FAI.

2. Les obligations des opérateurs wifi

Afin de prévenir les risques liés à l'émission d'ondes sur la santé publique, l'ARCEP a fixé les conditions d'émissions des ondes électromagnétiques émises par les bornes wifi, conditions consacrées par le décret n° 2002-775 du 3 mai 2002[361]. Au-delà du respect des

---

358 CA Paris, 14e chambre, section B, 4 février 2005, RG n° 04/20 259

359 CAPRIOLI (E.), « Les collectivités locales soumises aux obligations des fournisseurs d'accès à Internet », éd. num., La Gazette des communes, des départements et des régions [2005].

360 Ibid.

361 Décret n° 2002-775 du 3 mai 2002 pris en application du 12° de l'article L.32 du code des postes et des télécommunications et relatif aux valeurs limites d'exposition

normes d'émission, deux obligations légales pèsent sur les opérateurs wifi ainsi que sur les gérants de cybercafés. En effet, ces derniers doivent assurer la sécurité de la connexion **(a),** mais également la collecte et le stockage de données techniques pendant un an **(b).**

a. La sécurisation de la connexion

En vue de lutter contre le téléchargement illicite qui tend à se généraliser sur Internet, la loi *Création et sécurité* ou loi HADOPI, impose aux fournisseurs d'accès une obligation de sécuriser les connexions. La LCEN dispose que « les personnes dont l'activité est d'offrir un accès à des services de communication au public en ligne, informent leurs abonnés de l'existence de moyens techniques permettant de restreindre l'accès à certains services ou de les sélectionner, et leur propose au moins un de ces moyens »[362].

Néanmoins, on constate qu'en pratique cette loi souffre de nombreuses lacunes. En effet, elle vise uniquement les réseaux *peer-to-peer*[363] tels que *BitTorrent* ou *eMule*. Les utilisateurs se sont alors tournés vers d'autres solutions pour continuer leurs agissements illégaux, comme les sites de streaming proposant des liens pour télécharger des films, des séries ou des musiques[364]. Ces pratiques ne tombent pas sous le coup de la loi HADOPI.

---

du public aux champs électromagnétiques émis par les équipements utilisés dans les réseaux de télécommunication ou par les installations radioélectriques, JO du 5 mai 2002. Le niveau des champs électromagnétiques produits par les réseaux wifi publics est fixé à 2450 MHz par l'ARCEP quand les ondes émises par la radio FM et la téléphonie mobile sont fixées respectivement entre 87,5 et
108 MHz et entre 900 et 1900 MHz, des niveaux de fréquences bien plus bas qui risquent davantage de nuire à la santé. Jusqu'à présent, les études démontrent qu'aucun impact sur la santé ne peut être relevé lorsque ces niveaux d'exposition sont respectés. Rapport de l'Agence française de sécurité sanitaire de l'environnement et du travail (AFSSET), avril 2005, « l'exposition au wifi est toujours en champ lointain (au moins 50 cm) et la puissance d'émission est faible. S'agissant de la technologie wifi, les puissances très faibles engagées, ainsi que les fréquences élevées impliquent une exposition très inférieure par rapport à celle de la téléphonie mobile classique ». Leur non-respect est pénalement sanctionné par une peine de six mois d'emprisonnement et 190 000 euros.

362 DOMAT (J.), Les *lois civiles dans leur ordre naturel*, Paris, éd. Cavelier, t.1 [1771], p. 204.

363 Technologie permettant l'échange direct de données entre ordinateurs reliés à Internet, sans passer par un serveur central.

364 Ces sites de streaming offrent également la possibilité de visionner directement le contenu sur la toile sans téléchargement.

Par ailleurs, les fournisseurs d'accès doivent également fournir un logiciel de filtrage et en informer les utilisateurs. Le Code de propriété intellectuelle prévoit que « le titulaire d'un accès à des services de communication au public en ligne doit veiller à ce que cet accès ne soit pas utilisé à des fins de reproduction ou de représentation d'œuvres de l'esprit sans l'autorisation des titulaires des droits [...] en mettant en œuvre les moyens de sécurisation qui lui sont proposés par le fournisseur de cet accès en application du premier alinéa du I de l'article 6 de la loi n° 2004-575 du 21 juin 2004 pour la confiance dans l'économie numérique »[365]. L'obligation de sécurisation de la connexion affirmée, aucune disposition pour l'heure n'a été adoptée concernant les moyens mis en œuvre pour son implémentation, notamment les logiciels de filtrage. En effet, si les opérateurs wifi disposent d'un logiciel de filtrage, la qualité de ces logiciels peut encore être remise en cause.

b. La collecte et le stockage de données

La loi du 23 janvier 2006 a introduit, dans le Code des postes et des télécommunications, une obligation pour les opérateurs de communications électroniques. Il s'agit de la conservation de certaines données de caractère technique concernant leurs utilisateurs pendant une durée d'un an[366], afin que les autorités puissent disposer d'indices suffisants en cas de recherche de preuve dans le cadre de la prévention des actes de terrorisme. Une obligation qui touche les opérateurs wifi[367]. Ainsi, doivent être conservées « les informations permettant d'identifier l'utilisateur, les données relatives aux équipements terminaux de communication utilisés, les caractéristiques techniques ainsi que la date, l'horaire et la durée de chaque communication, les données relatives aux services complémentaires demandés ou utilisés et leurs fournisseurs, les données permettant d'identifier le ou les destinataires de la communication »[368].

---

365 Code de la propriété intellectuelle, art. L. 335-12.

366 Code des postes et des télécommunications, art. L 34-1, *« Afin de prévenir les actes de terrorisme, les agents des services de police et de gendarmerie nationale peuvent exiger des opérateurs la communication des données conservées et traitées par ces derniers »*.

367 Voir Avis n° 2005 -0918 du 13 octobre 2005 sur le projet de loi relatif à la lutte contre le terrorisme.

368 Code des postes et des télécommunications, art. L 34-1-1 ; ICON SA, « La réglementation du wifi public », p. 4. Disponible sur :

Mais les opérateurs n'ont aucune obligation de constituer des fichiers nominatifs, seules les données techniques sont retenues. Au-delà de ces données techniques, la loi informatique et libertés s'applique à la collecte et au traitement de toutes les données à caractère personnel dans le respect de la vie privée des utilisateurs[369].

Paragraphe 2 : La mise en place d'un régime de responsabilité des professionnels de l'Internet

La coopération étroite avec les professionnels de l'Internet, que ce soit les hébergeurs[370] ou les FAI[371], est au cœur de la lutte contre la cybercriminalité. Ce sont eux qui détiennent les données susceptibles de permettre l'identification de l'auteur d'une infraction. Ils disposent aussi des moyens techniques pour prévenir ces mêmes infractions comme pour y mettre un terme. C'est pourquoi la question de la responsabilité des fournisseurs d'outils de recherche est au cœur de l'actualité judiciaire récente, et mériterait d'être examinée **(A).** Par ailleurs, le même souci de coopération nous conduit également à nous interroger sur le régime de responsabilité des moteurs de recherche **(B).**

A. La responsabilité des fournisseurs d'outils de recherche

Il convient de noter que leur responsabilité peut être engagée en raison des contenus illicites publiés sur leur réseau, si, après en avoir eu connaissance, ils n'ont pas « agi promptement pour retirer ces informations ou en rendre l'accès impossible ». Cette responsabilité reste toutefois limitée.

En France, la procédure de notification de contenu illicite a été instaurée par la LCEN[372]. Elle a pour but d'obtenir le retrait du

---

http://fntv-services.com/document/Icon-Fiche_pratique_1_Reglementation_wifi_public.pdf

[369] L'informatique ne doit porter atteinte ni à l'identité humaine, ni aux droits de l'homme, ni à la vie privée, ni aux libertés individuelles ou publiques.

[370] Un hébergeur web ou hébergeur Internet est une entité ayant pour vocation de mettre à disposition des internautes des sites web conçus et gérés par des tiers.

[371] Un FAI est un organisme qui fournit une connexion Internet. Les plus connus en France sont Orange, Free, SFR. C'est grâce à cette connexion que les utilisateurs peuvent avoir accès à Internet et aux divers services qu'il propose, comme surfer sur le web, envoyer et recevoir des e-mails.

[372] Loi n 2004-575 du 21 juin 2004 pour la confiance dam l'économie numérique, JO 22 juin 2004.

contenu illicite ou le blocage par l'hébergeur du site Internet concerné, et, ce, avant toute intervention de l'autorité judiciaire. Cette procédure est très largement inspirée de la procédure de *notice and take down* introduite aux États-Unis par le Digital Millennium Copyright Act[373], et répond aux exigences de transposition de la directive européenne du 8 juin 2000[374].

Selon l'article 6, I, 3 de la loi LCEN, l'hébergeur bénéficie d'une limitation de responsabilité si, une fois informé de l'existence d'un contenu manifestement illicite, il « a agi promptement pour retirer ces informations, ou en rendre l'accès impossible ».

Le point 5 du même article précise que « la connaissance des faits litigieux est présumée acquise, lorsque les éléments suivants sont notifiés :

- la date de la notification :
- les noms, prénoms, profession, domicile, nationalité, date et lieu de naissance si le notifiant est une personne physique ;
- la forme, la dénomination, le siège social et l'organe qui le représente légalement si le requérant est une personne morale ;
- les noms et domicile du destinataire ou, s'il s'agit d'une personne morale, sa dénomination et son siège social ;
- la description des faits litigieux et leur localisation précise ;
- les motifs pour lesquels le contenu doit être retiré, comprenant la mention des dispositions légales et des justifications de faits ;
- la copie de la correspondance adressée à l'auteur ou à l'éditeur des informations ou activités litigieuses demandant leur interruption, leur retrait ou leur modification, ou la justification de ce que l'auteur ou l'éditeur n'a pu être contacté ».

Selon la Cour de cassation, « la notification délivrée au visa de la loi du 21 juin 2004 doit comporter l'ensemble des mentions prescrites par ce texte »[375]. À défaut, elle ne sera pas opposable à l'hébergeur.

---

[373] www.copyright.gov/lcgislatlon/dmca.pdf.

[374] cur-lex.europa.eu/lexUrlServ/lexUrlServ.do ? uri : CELEX : 32000L0031 : FR : HTML.

[375] Clv. 1", 17 févr. 2011, n° 09· 13.202, n• 09·67.896 et n• 09-15.857, O. 2011. 669 ; Ibid. 2164, obs. P. Slrlnelll ; Ibid. 2363, obs. J. Larrleu, c. le Stanc et P. Tréfigny-Goy.

En revanche, cette notification faite « dans les règles de l'art » crée une présomption d'acquisition de la connaissance du caractère illicite du contenu par le fournisseur d'hébergement. En tout état de cause, pour que la responsabilité des hébergeurs soit engagée, il faut que « le caractère illicite de l'information dénoncée soit manifeste ou qu'un juge en ait ordonné le retrait ». C'est ce qu'a précisé le Conseil constitutionnel dans sa décision du 10 juin 2004[376]. Mais, les sages n'ont pas jugé utile de préciser ce qu'ils entendaient par « manifestement illicite ». À l'origine, la doctrine s'accordait à dire que cette notion visait « principalement les contenus d'une gravité avérée et dont le caractère illicite ne semble pas discutable (...) par exemple, des contenus à caractère pédopornographique, des écrits faisant l'apologie des crimes de guerre ou qui provoquent directement aux actes de terrorisme »[377] à l'exclusion des cas classiques de diffamation. Les juridictions ont, toutefois, retenu une interprétation plus extensive du terme « manifestement illicite » et n'hésitent pas à juger que l'injure et la diffamation publiques « constitue(nt) un trouble manifestement illicite au sens de l'article 809 du code de procédure civile », qui justifie le retrait des textes litigieux[378]. Ainsi, lorsqu'un contenu diffamatoire ou injurieux est notifié à un fournisseur de réseau social, celui-ci doit agir promptement (en général sous 48 heures) pour le retirer ou en rendre l'accès impossible.

En outre, le point 8 de l'article 6 prévoit que « l'autorité judiciaire peut prescrire en référé ou sur requête, à toute personne mentionnée au 2 (FAI) ou, à défaut, à toute personne mentionnée au 1 (hébergeur), toutes mesures propres à prévenir un dommage ou à faire cesser un dommage occasionné par le contenu d'un service de communication au public en ligne. Ainsi, aux termes de la loi française, rien ne s'oppose à ce que le juge prononce, pour l'avenir, une ordonnance qui vise à prévenir d'autres atteintes aux droits des personnes. Les juridictions nationales se sont engouffrées dans cette brèche et, notamment en matière de contrefaçon, ont rendu des décisions qui mettent à la charge de l'hébergeur l'obligation de mettre en œuvre tous les moyens nécessaires en vue d'éviter une nouvelle diffusion

---

[376] Cons. const. 10 juin 2004, n° 2004-496 DC.

[377] l. Thoumyre, Les hébergeurs en ombres chinoises. Une tentative d'éclaircissement sur les incertitudes de la lCEN, Rev. Lamy Or. De l'immatériel, mai 2005, p. 58.

[378] Paris, ch. 14, sect. B. 21 Janv. 2005, n° 04114975.

d'un contenu illicite précédemment notifié, introduisant ainsi le *notice and stay down*[379].

La Cour de Justice de l'Union européenne (CJUEl) a approuvé la jurisprudence française en jugeant que les dispositions communautaires en matière de contrefaçon permettent aux juridictions nationales d'enjoindre au prestataire d'un service en ligne, tel que celui mettant à la disposition des internautes une place de marché en ligne, de prendre des mesures qui contribuent de façon effective, non seulement à mettre fin aux atteintes portées au moyen de cette place de marché, mais aussi à prévenir de nouvelles atteintes. Ces injonctions doivent être effectives, proportionnées, dissuasives et ne doivent pas créer d'obstacles au commerce légitime[380].

La fermeture récente de Megaupload est un autre exemple du durcissement du régime de responsabilité des hébergeurs. En effet, l'acte d'accusation reproche à Megaupload le manque d'efficacité de ses procédures de *notice and take down* qui, si on lit entre les lignes, auraient dû permettre le *stay down*[381]. Si le glissement de la procédure de *notice and take down* vers une procédure de *stay down* a été initié en matière de droits d'auteur et de droit des marques, les mêmes exigences devraient pouvoir exister pour assurer la protection des droits des personnes et notamment leur e-réputation. Ainsi, à titre d'exemple, un faux profil (usurpation d'identité) signalé sur un réseau social devrait éviter que de nouveaux faux profils du même type réapparaissent. En revanche, l'interdiction posée par la directive du 8 juin 2000, d'imposer à un hébergeur une obligation générale de surveillance, interdit de contraindre un réseau social à mettre en place un système de filtrage *a priori*.

La CJUE a tout récemment jugé que l'exploitant d'un réseau social en ligne, en l'espèce Netlog, ne peut être contraint de mettre en place un système de filtrage général, visant tous ses utilisateurs, pour

---

[379] Not. TGI Paris, 19 oct. 2007, SARL Zadig Production, Jean-Robert V. et Mathieu V. d Sté Google /ne. et AFA. www.juriscom.net/ documents/tgiparis20071019.pdf ; TGI Crétei~ 1" civ., 14 déc. 2010, www.legalls.net/spip.php7article3052

[380] E. Daoud, le commerce en ligne : de la loi de la jungle au respect de la morale et du droit, www.journaldunet.com/ebuslness/expertl 50055/le·commerce·en-ligne-de·la·loi-de·la·jungle-au-respect-de·la· morale·et·du·droit.shtml.

[381] E. Daoud, FBI "' Megaupload + Anonymous : règlements de comptes à OK Corral I, www.journaldunet.com/ebusiness/expert/508461 fbi-vs-megaupload-anonymous-règlements·de comptes-a·ok·cor· ral.shtml

prévenir l'usage illicite des œuvres musicales et audiovisuelles. Selon la Cour, « une telle obligation ne respecterait pas l'interdiction d'imposer à un tel prestataire une obligation générale de surveillance ni l'exigence d'assurer le juste équilibre entre, d'une part, la protection du droit d'auteur et, d'autre part, la liberté d'entreprise, le droit à la protection des données à caractère personnel et la liberté de recevoir ou de communiquer des informations »[382].

La CJUE s'oppose ainsi à une injonction prise à l'encontre d'un intermédiaire technique de mettre en place un système de filtrage généralisé, à titre préventif, à ses frais exclusifs et sans limitation dans le temps. Cette décision ne remet pas en cause la possibilité pour le juge d'enjoindre aux hébergeurs de prendre des mesures visant, non seulement à mettre fin aux atteintes déjà portées aux droits de propriété intellectuelle, mais aussi à prévenir de nouvelles atteintes. En bref, des injonctions pour le futur OUI, mais un filtrage généralisé NON.

On en reste donc au principe du *notice and take down* : si une personne ou une société est informée d'une atteinte manifeste à son e-réputation sur un réseau social, elle en informe le fournisseur du réseau en question qui est tenu d'y mettre un terme. Du fait de l'interdiction du filtrage, la recherche de l'infraction pèse uniquement sur la victime potentielle. Or, celle-ci peut se trouver confrontée à des difficultés procédurales parfois insurmontables, à défaut de réagir promptement. Par exemple la courte prescription qui s'applique en matière d'infractions de presse, ne lui laisse que peu de temps pour réagir[383]. En tout état de cause, pour les atteintes les plus graves à leur e-réputation, les victimes souhaitent le plus souvent se retourner contre l'auteur même des contenus litigieux.

Toutefois, il convient de souligner que l'identification de l'auteur d'une infraction est rendue possible par l'obligation de conservation des données qui incombe aux fournisseurs de réseaux sociaux. Cependant, les fournisseurs de réseaux sociaux ne communiquent ces informations que lorsqu'ils y sont contraints judiciairement.

---

382 CJUE 16 févr. 2012, aff. C· 360/10, Belgisclle Vereniging van Auteurs, Componlsten en Uitgcvers (SABAM) cl Netlog NV. D. 2012. 549, obs. C. Manara ; curia. Europa. Euljcms/upload/docs/application/ pdf/2012·02/cp120011 fr.pdf.

383 CJUE 16 févr. 2012, aff. C· 360/10, Belgisclle Vereeniging van Auteurs, Componlsten en Uitgcvers (SABAM) cl Netlog NV. D. 2012. 549, obs. C. Manara ; curia. Europa. Euljcms/upload/docs/application/ pdf/2012·02/cp120011 fr.pdf.

Les réseaux sociaux qui fournissent à leurs membres un hébergement de données susceptibles d'être consultées par le public doivent être qualifiés d'hébergeurs au sens de la loi pour la confiance dans l'économie numérique. La LCEN et le code des postes et des communications électroniques prévoient, à la charge des fournisseurs d'accès à Internet, des hébergeurs et des opérateurs, l'obligation de conserver les données de connexion et de les communiquer à l'autorité judiciaire sur demande de cette dernière. La durée de conservation de ces données est fixée à un an.

Ce n'est que sept ans après la publication de la LCEN, que le législateur a adopté le décret n° 2011-219 du 25 février 2011 relatif à la conservation et à la communication des données permettant d'identifier toute personne ayant contribué à la création d'un contenu mis en ligne. Aux termes de ce décret[384], pris non seulement au visa de la LCEN, mais aussi du CPCE, les FAI doivent, pour chaque connexion de leurs abonnés, conserver les données suivantes :

« a) l'identifiant de la connexion ;

b) l'identifiant attribué par ces personnes à l'abonné ;

c) l'identifiant du terminal utilisé pour la connexion lorsqu'elles y ont accès ;

d) les dates et heures de début et de fin de la connexion ;

e) les caractéristiques de la ligne de l'abonné ».

Les hébergeurs doivent, quant à eux, conserver pendant un an à compter du jour de la création des contenus, pour chaque opération contribuant à la création d'un contenu :

« a) l'identifiant de la connexion à l'origine de la communication ;

b) l'identifiant attribué par le système d'information au contenu, objet de l'opération ;

c) les types de protocoles utilisés pour la connexion au service et pour le transfert des contenus ;

d) la nature de l'opération ;

e) les dates et heures de l'opération ;

f) l'identifiant utilisé par l'auteur de l'opération lorsque celui-ci l'a fourni ».

---

[384] Modifié par le décret n° 2012-436 du 30 mars 2012.

Les FAI et hébergeurs doivent également conserver les informations fournies lors de la souscription d'un contrat par un utilisateur ou lors de la création d'un compte, à savoir :

« a) au moment de la création du compte, l'identifiant de cette connexion ;

b) les noms et prénoms ou la raison sociale ;

c) les adresses postales associées ;

d) les pseudonymes utilisés ;

e) les adresses de courrier électronique ou de compte associées ;

f) les numéros de téléphone ;

g) les données permettant de vérifier le mot de passe ou de le modifier, dans leur dernière version mise à jour... »

En outre, lorsque la souscription du contrat ou du compte avec l'utilisateur est payante, les prestataires sont tenus de détenir et de conserver les données relatives au paiement, telles que :

« a) le type de paiement utilisé ;

b) la référence du paiement ;

c) le montant ;

d) la date et l'heure de la transaction ».

Tout manquement à cette obligation de conservation des données expose aux sanctions prévues aux articles 6 VI de la LCEN et L. 39-3 du code des postes et communications électroniques : un an d'emprisonnement et 75 000 euros d'amende, et le quintuple pour les personnes morales (en application de l'article 131-38 du Code pénal).

Ce dispositif permet aux instances de répression d'enquêter sur les actes de cybercriminalité et de poursuivre en justice leurs auteurs de façon efficace. Les réseaux sociaux, en leur qualité d'hébergeurs, sont donc soumis à l'obligation de conservation des données. Ainsi, la victime d'un contenu illicite publié sur un réseau social peut obtenir, sur décision judiciaire, communication par ce dernier de l'ensemble des éléments à sa disposition susceptible d'identifier l'auteur du contenu litigieux.

Cette procédure est le plus souvent engagée sur le fondement de l'article 145 du code de procédure civile. Aux termes duquel, « s'il existe un motif légitime de conserver ou d'établir avant tout procès la preuve de faits dont pourrait dépendre la solution d'un litige, les mesures d'instruction légalement admissibles peuvent être ordonnées à la demande de tout intéressé, sur requête ou en référé ». Ces mesures d'instruction, dites *in futurum*, permettent aux parties de s'assurer une meilleure connaissance des éléments du conflit et sont également de nature, parfois, à éviter ou prévenir un procès.

Dans l'affaire précédemment évoquée qui a conduit la 7e chambre correctionnelle du TGI de Paris à condamner pénalement un salarié pour avoir injurié son employeur et son supérieur hiérarchique, l'auteur des propos injurieux avait pris soin de se retrancher derrière un pseudonyme[385]. Afin de l'identifier, l'employeur avait donc saisi le président du Tribunal de Grande Instance de Paris par voie de requête sur le fondement de l'article 145 du code de procédure civile, et avait obtenu de celui-ci une ordonnance enjoignant la société Facebook lnc. à lui communiquer l'ensemble des éléments dont elle disposait permettant l'identification éventuelle de la personne à l'origine des propos litigieux. Saisie judiciairement, Facebook lnc. avait fait droit à cette ordonnance et communiqué l'adresse e-mail qui avait servi à l'ouverture du profil litigieux.

Dans cette affaire, l'adresse e-mail du titulaire du profil comportait le nom et le prénom du salarié et son identification était évidente. Mais il arrive souvent que l'adresse e-mail ne contienne aucun élément d'identification. Dans ce cas, il peut être nécessaire de procéder à d'autres mesures d'instruction *in futurum*, par exemple afin qu'il soit ordonné au FAI d'identifier le titulaire de l'adresse e-mail ou des adresses IP.

Bien entendu, avant d'engager toute action même précontentieuse à l'encontre d'un réseau social, il convient de conserver des preuves de l'atteinte que l'on dénonce par la voie d'un constat d'huissier. Car, une fois informés d'un éventuel contentieux, les fournisseurs de réseaux sociaux ont tendance à procéder rapidement au retrait des publications litigieuses. Lorsque ces étapes sont achevées, la procédure contentieuse classique reprend son cours. De deux choses l'une : soit l'identification de l'auteur des propos a été rendue possible et la victime peut exercer son action devant la juridiction répressive, par le biais d'une citation directe, soit l'identification n'a pas été possible et la victime peut déposer une plainte contre X. Dans cette

---

[385] TGI Paris, 17• ch. cor. • 17 janv. 2012, préc.

dernière hypothèse, elle s'en remet aux enquêteurs spécialisés en criminalité informatique, dont les pouvoirs d'investigations sont largement plus étendus, mais qui sont eux aussi victimes de l'explosion de la cybercriminalité et en sous-effectif.

Il ressort de ce qui précède que l'abus de liberté d'expression sur les réseaux sociaux n'est pas une fatalité. Le caractère anxiogène lié à ces derniers et à leur impact social et médiatique ne doit pas paralyser les victimes d'atteintes à leur e-réputation, qui doivent au contraire surmonter leurs craintes liées au fonctionnement même d'Internet, souvent identifié à une nébuleuse. Sans aller jusqu'au contentieux, on a vu qu'il existe, dans un premier temps, des procédures efficaces de retrait qui permettent de « nettoyer » les réseaux sociaux et plus généralement l'Internet. En outre, la mise en place d'une « veille numérique » permettra une réaction immédiate en cas de campagne de dénigrement via les réseaux sociaux, et évitera de tomber dans le piège de la courte prescription applicable aux infractions de presse. Le risque de réputation doit, en effet, non seulement être pris en considération au stade de la gestion d'une crise, mais aussi au stade de la prévention du risque. Enfin, le droit positif est certainement perfectible, mais en l'état, les victimes des infractions examinées dans la présente étude ont les moyens techniques et juridiques de poursuivre les auteurs des infractions reprochées. On peut également mentionner la responsabilité des moteurs de recherche.

B. La responsabilité des moteurs de recherche

À côté des hébergeurs Internet et des FAI, il existe également les moteurs de recherche[386] tels que *Google, Bing, Yahoo*. La question de la responsabilité des moteurs de recherche du fait du contenu illicite des sites référencés n'est expressément traitée ni dans la directive du 8 juin 2000 précitée, ni dans la loi du 1er août 2000 relative à la liberté de communication[387].

---

386 Un moteur de recherche est un programme de navigation qui référence automatiquement toutes les pages web se trouvant sur le réseau Internet à l'aide d'un programme appelé "*robot*". Lorsque l'utilisateur effectue une requête sur l'un de ces moteurs de recherche, les résultats sont affichés sur la page web de ce dernier, classés par ordre de pertinence par rapport au mot-clé qu'il a choisi.

387 Loi n° 2000-719 du 1er août 2000 modifiant la loi n° 86-1067 du 30 septembre 1986 relative à la liberté de la communication.

Toutefois, les moteurs de recherche ne sont pas totalement exclus de cette directive européenne dont l'exposé des motifs rappelle qu'est visé « tout service fourni, normalement contre rémunération, à distance au moyen d'équipements électroniques de traitement et de stockage des données, à la demande individuelle d'un destinataire de services », tels que « les services qui fournissent des outils permettant la recherche, l'accès et la récupération des données ».

Il n'en reste pas moins que la responsabilité des moteurs de recherche, en raison de la mise en place de liens hypertextes[388] à disposition des utilisateurs, doit pouvoir être engagée. En particulier sur le plan pénal, « l'outil de recherche pourrait voir sa responsabilité engagée, soit comme auteur direct d'une infraction, soit plus probablement comme complice, sur le fondement de l'article 121-7 du Code pénal, pour avoir fourni en connaissance de cause une aide à la commission de l'infraction »[389].

Cependant, tout comme pour les hébergeurs et les FAI, à moins de démontrer le caractère actif du moteur de recherche, de prouver qu'il est l'éditeur du contenu illicite, ou de démontrer que ce dernier a eu connaissance de l'activité illicite et n'a rien entrepris pour la faire cesser, il est actuellement impossible de mettre en jeu la responsabilité d'un hébergeur, d'un FAI ou d'un moteur de recherche, notamment en vertu du principe d'irresponsabilité des prestataires techniques, affirmée par la directive 2000 précitée et reprise par la loi sur la confiance dans l'économie numérique de 2004[390]. En effet, « à défaut de texte normatif interne, la jurisprudence a tendance, s'agissant du droit de la responsabilité, à appliquer aux moteurs de recherche les mêmes critères généraux qu'aux autres prestataires techniques[391] en vérifiant si le fournisseur du moteur de recherche a eu un rôle passif et

---

[388] Le moteur de recherche constitue un intermédiaire entre le fournisseur du contenu et l'internaute en extrayant des sites web des contenus qu'il indexe sur ses propres machines, ce qui lui permet de fournir aux utilisateurs un "*hyperlien*" vers les sites qui comportent les termes ou les mots-clés recherchés par ces derniers.

[389] CAHEN (M.), *« La responsabilité des moteurs de recherche »*, éd. num. Disponible sur : http://www.murielle-cahen.com/publications/p_moteurs2.asp

[390] La directive "commerce électronique" de 2000 « ne retient en effet la responsabilité du prestataire d'hébergement que s'il est prouvé que celui-ci a eu connaissance de l'activité illicite et n'a rien entrepris pour la faire cesser. Par analogie, on pourrait faire le même raisonnement pour les moteurs de recherche ». Disponible sur : http://www.murielle-cahen.com/publications/p_moteurs2.asp

[391] Hébergeurs et FAI.

impartial, ou, au contraire, un rôle actif dans la diffusion du contenu, par exemple, dans la sélection des mots-clés et dans la rédaction des messages publicitaires »[392].

Ainsi, si la question de la responsabilité des moteurs de recherche n'est traitée ni à l'échelon européen ni à l'échelon français, il est opportun, à notre sens, de prévoir qu'au même titre que les hébergeurs et les FAI, les fournisseurs de moteurs de recherche devraient contribuer à la prévention et à la sanction des contenus illicites qu'ils référencent, en particulier lorsqu'ils sont requis par la loi.

Cela doit concerner également les fournisseurs de moteurs de recherche étrangers tels que *Google ou Yahoo*, qui sur le même principe que notre proposition sur les hébergeurs et FAI étrangers, devront être soumis à la législation française dès lors qu'ils exercent leurs activités sur le territoire français. Enfin, il est intéressant de noter qu'une brèche a été ouverte dans le régime de responsabilité des prestataires techniques de l'Internet, qui pourrait amener *in fine* à une aggravation de leur responsabilité. En l'espèce, le père d'une victime du massacre du Bataclan du 13 novembre 2015 à Paris a assigné le 14 juin 2016, les sociétés *Google, Facebook et Twitter* devant un tribunal américain en vue d'engager leur responsabilité, en fondant sa prétention à imputer le dommage sur l'usage que les groupes terroristes font des outils Internet proposés par ces sociétés. Les défendeurs ont rappelé qu'ils n'étaient pas des éditeurs et qu'on ne pouvait leur imputer les messages diffusés. Néanmoins, le grief porte ici non pas sur l'usage du réseau comme moyen de transport et de diffusion des messages à caractère terroriste, mais comme mode de recrutement des assassins, comme mode de communication entre eux et de préparation aux actes terroristes, ce à propos de quoi la loi n'exclut pas la responsabilité[393].

En ce sens, *le principe est-il l'irresponsabilité de ceux qui tiennent l'espace numérique* [394]? Cette hypothèse n'étant pas couverte par la loi, le législateur devra nécessairement y répondre en étendant l'irresponsabilité des prestataires techniques de l'Internet au cas

---

[392] « Rapport sur la cybercriminalité », Groupe de travail interministériel sur la lutte contre la cybercriminalité, février 2014, op. cit., pp. 175.
[393] FRISON-ROCHE (M-A.), « La responsabilité, mode de régulation d'Internet ; le père d'une victime d'un massacre assigne les entreprises du net », JoR, éd. num., 20 juin 2016.
[394] Ibid.

d'espèce actuellement non visé par la loi, ou alors, en revenant au principe général de la responsabilité, en *exigeant la suite de la démonstration, notamment la causalité, le dommage...*[395] Relativement à ces menaces sécuritaires, il s'est dégagé la nécessité d'une coopération, susceptible de les contrecarrer ou d'amoindrir leurs conséquences.

[395] Ibid.

CHAPITRE III

LA COOPÉRATION FACE AUX MENACES SÉCURITAIRES

La cybercriminalité et les nouvelles formes de criminalités permises par l'usage des TIC sont presque, par définition, des activités transnationales. Afin de lutter contre ces formes de criminalité, la coopération internationale est donc indispensable. Pourtant, contrastant avec la rapidité de ces activités criminelles et la volatilité des données nécessaires à la poursuite de la cybercriminalité, le cadre existant en matière d'entraide judiciaire est encore assez lent et lourd. Tant que le cadre existant n'est pas ajusté aux besoins réels dans le domaine de la lutte contre la cybercriminalité, il y a un risque réel que les autorités d'enquête utilisent d'autres méthodes d'obtention des preuves numériques sans se conformer au cadre d'entraide judiciaire existant. Cela pourrait avoir pour conséquence un dépassement des limites de la souveraineté nationale et du principe de territorialité.

Dans cette optique, l'étude nationale camerounaise fait remarquer que la loi relative à la cybersécurité et à la cybercriminalité fait de la coopération internationale et de l'entraide policière et judiciaire une priorité. La loi de 2010 relative à la cyber sécurité et à la cybercriminalité au Cameroun traite de l'importance croissante de la coopération internationale dans ses articles 91 à 94. En effet, la coopération internationale en matière pénale comprend l'extradition, l'entraide judiciaire, la reconnaissance mutuelle des jugements étrangers et la coopération informelle entre polices. En raison de la nature transitoire des preuves électroniques, la collaboration pénale internationale dans le domaine de la cybercriminalité suppose que des réponses rapides soient apportées, et que des mesures d'enquête spécialisées à l'instar de la conservation de données informatiques puissent être demandées.

Les modes formels et informels de coopération ont pour objet de faciliter le processus d'obtention du consentement d'un État pour la conduite d'enquêtes policières étrangères ayant une incidence sur sa souveraineté. Or, lorsqu'ils recueillent des preuves, les enquêteurs accèdent de plus en plus souvent, consciemment ou inconsciemment, à des données extraterritoriales sans le consentement de l'État où ces données se trouvent effectivement. Cette situation résulte en particulier du recours à l'informatique en nuage, qui consiste à stocker des données dans divers centres situés dans différents lieux géographiques. Bien qu'il soit techniquement possible de le connaître, le "lieu de situation" des données est une notion artificielle puisque même les demandes d'entraide judiciaire classiques sont souvent adressées au pays où le fournisseur de services a son siège, plutôt qu'au pays où le centre de données se trouve effectivement. Des enquêteurs étrangers peuvent avoir directement accès à des données extraterritoriales lorsqu'ils établissent une connexion à partir d'un ordinateur appartenant à un suspect ou lorsqu'ils utilisent des codes d'accès à ces données obtenues légalement. Ils peuvent, à l'occasion, obtenir, en faisant directement la demande de façon informelle, des données auprès de fournisseurs de services extraterritoriaux, bien que ceux-ci exigent habituellement une procédure régulière.

Quelques observations sont présentées à titre préliminaire. Elles concernent les fondements, la nature et l'évolution de l'entraide répressive entre États, tels que ceux-ci sont envisagés au Cameroun **(section 1).** Cette évolution va dans le sens non seulement d'un renforcement de l'efficacité des procédures en matière pénale **(Section 2),** mais également dans celui d'une protection plus étendue des libertés et des droits fondamentaux des personnes faisant l'objet d'investigations policières et/ou judiciaires **(Section 3).**

Section 1 : Fondement, nature et évolution de l'entraide répressive

L'entraide en matière pénale répond à la nécessité pour les États de lutter contre une criminalité qui leur est commune[396]. Qu'il s'agisse de l'entraide judiciaire ou de la coopération strictement policière, les actes qui en relèvent sont accomplis dans le cadre d'une relation directe entre les États concernés dont la souveraineté doit être respectée. Leur intérêt réciproque à se prêter assistance justifie donc que soit mis en place un certain nombre de dispositifs susceptibles de remédier aux insuffisances des moyens de lutte purement internes, notamment dans le domaine de la cyberdélinquance et de la

[396] D. Rebut, *Droit pénal international,* Précis, Paris, Dalloz, 1re éd. 2012, n° 207, cet auteur parlant de criminalité "partagée" entre l'État requérant et l'État requis.

cybercriminalité **(Paragraphe 1).** Mais, inversement, l'absence d'intérêt réciproque à cette assistance explique que, dans un certain nombre de cas, les États soient conduits à restreindre, voire à refuser, l'entraide sollicitée **(Paragraphe 2).** Aussi la question se pose-t-elle de savoir si et dans quelle mesure les spécificités de la technologie de l'information changent la nature de l'assistance mutuelle **(Paragraphe 3).**

Paragraphe 1 : Renforcement des dispositifs d'entraide

Il y a là une tendance qui est assez générale et à laquelle, évidemment, le Cameroun n'échappe pas. L'observation vaut plus particulièrement pour les États membres de l'Union européenne. Les efforts d'harmonisation des législations nationales ainsi que la reconnaissance mutuelle des décisions judiciaires au sein de l'Union, ont en effet déjà permis d'obtenir des résultats significatifs dans la lutte contre la criminalité transfrontalière. L'un des objectifs poursuivis est en effet de remédier aux insuffisances des droits internes préjudiciables à l'efficacité de la répression, donc aux disparités existantes entre les États dans l'application des règles relatives à l'entraide répressive. Les efforts tendant à harmoniser les législations pénales sont particulièrement sensibles sur le plan européen (Conseil de l'Europe et Union européenne), ce dont témoignent des textes majeurs comme la Convention de Budapest du 23 novembre 2001 sur la cybercriminalité (ratifiée aussi par des États tiers) et son protocole additionnel ou la décision-cadre du 18 décembre 2006 relative à la simplification de l'échange d'informations et de renseignements entre les services répressifs des États membres de l'Union. Il s'y ajoute bien évidemment la Convention d'Entraide judiciaire en matière pénale entre les États membres de l'Union européenne du 29 mai 2000. Cette convention, ouverte initialement à l'adhésion des seuls États membres de l'Union européenne, a été étendue aux États membres du Conseil de l'Europe par son second protocole additionnel qui est désormais en vigueur en France[397]. Destinée à encourager et à faciliter l'entraide entre les autorités judiciaires, policières et douanières en matière pénale, elle améliore et complète la Convention du Conseil de l'Europe du 20 avril 1959 sur l'entraide judiciaire en matière pénale qui constitue

[397] 2L. n° 2005-287 du 30 mars 2005, JO du 31 mars 2005 p. 5793 ; décret n° 2012-813 du 16 juin 2012, JO du 20 juin 2012 p. 10201.

le droit commun de cette entraide en droit pénal français. Tous ces textes engagent évidemment la France qui, pour sa part, met en œuvre les règles qu'ils prescrivent au regard de l'entraide[398].

L'internationalisation de la lutte contre la criminalité transfrontalière, notamment contre la cybercriminalité, se manifeste aussi par un rapprochement des juges. La reconnaissance mutuelle des décisions de justice en matière pénale constitue en effet l'un des apports essentiels de l'évolution récente du droit de l'Union européenne. Ce principe repose sur l'idée de confiance mutuelle entre États membres de l'Union (« degré de confiance élevé »). Il procède de la volonté de créer un espace judiciaire commun et conduit donc à un certain effacement des souverainetés. Il est évidemment applicable aux cybercrimes et aux cyberdélits. La décision- cadre du 13 juin 2002 instituant le mandat d'arrêt européen (MAE) en fournit une illustration significative. Ce mécanisme de remise simplifiée du délinquant aux autorités du pays qui le réclament est en effet considéré comme la « pierre angulaire » de la coopération judiciaire au sein de l'Union. Ainsi la cybercriminalité est-elle incluse dans la liste des 32 catégories d'infractions considérées comme graves en raison de la peine encourue (emprisonnement égal ou supérieur à trois ans selon la loi de l'État membre d'émission) et pour lesquelles l'exigence du contrôle de double incrimination est écartée (en France : CPP art. 695-23). Il est clair que la volonté de renforcer l'efficacité de la coopération et de la lutte contre cette forme de criminalité est ici prédominante[399].

L'évolution dans le même sens se poursuit d'ailleurs en France où un projet de loi visant à transposer le droit de l'Union européenne est actuellement en discussion au Parlement, notamment en ce qui concerne Eurojust[400]. Ce texte prévoit notamment que cette unité de

---

398 Voir note Infra pour la transposition de la décision cadre de 2006 en droit interne (CPP art. 695-9-31 à 695-9-49, créés par Ord. N° 2011-1069 du 8 sept. 2011, JO 9 sept. p.15200).

399 La même observation peut être faite au sujet non seulement des transmissions de commissions rogatoires directement de juge à juge, mais également du dispositif instauré par la décision-cadre du 19 décembre 2008 relative au mandat européen d'obtention des preuves en vue de faciliter la communication des éléments probatoires (objets, documents, données informatiques) nécessaires à la manifestation de la vérité dans le cadre des procédures pénales. Cet outil peut donc se révéler particulièrement utile dans la lutte contre les infractions transfrontalières, notamment en matière de contrefaçon via Internet.

400 Projet de loi transposant en droit français la décision-cadre 2008/909/JAI du

coopération judiciaire à laquelle participe la France – au même titre qu'à Europol et à Interpol s'agissant de la coopération policière – pourra désormais accéder, dans des conditions identiques à celles des autorités judiciaires, aux informations contenues dans les fichiers judiciaires, dans les fichiers de police judiciaire ou dans tout autre fichier contenant des informations nécessaires à l'accomplissement de ses missions. C'est dire que ce dispositif viendra compléter de manière opportune les mécanismes existants tels que le Réseau judiciaire européen[401], les équipes communes d'enquête[402] ou les magistrats ou officiers de liaison.

La possibilité d'effectuer des enquêtes extraterritoriales renforce d'ailleurs l'efficacité de la lutte contre la criminalité organisée dont la cybercriminalité est l'une des manifestations. Des OPJ français (ou des agents étrangers) détachés auprès d'une équipe commune d'enquête peuvent ainsi être amenés à procéder à des infiltrations en territoire étranger (ou sur le territoire français) s'ils sont spécialement habilités à cet effet. Même en dehors de ce cadre, un droit d'observation ou même de poursuite transfrontière (au sens des art. 40 et 41 de la Convention de Schengen du 19 juin 1990) leur est reconnu. En France, ce droit a été validé par le Conseil Constitutionnel qui a estimé qu'il n'y avait pas d'atteinte aux conditions essentielles d'exercice de la souveraineté nationale[403]. Il est vrai que ce droit est soumis à des conditions qui en rendent la reconnaissance légitime (parmi elles : l'autorisation préalable des autorités françaises et l'interdiction faite aux agents étrangers de procéder à des interpellations en territoire français). Cela étant, il est clair qu'une fois ces conditions réunies, les agents concernés peuvent échanger, y compris par voie électronique, les informations qui leur paraîtront utiles à l'enquête effectuée[404]. Ces dispositions présentent certaines limites.

---

27 nov. 2008 (doc. Sénat n° 250, 2011-2012, Étude d'impact).

[401] Dispositif de coopération permettant aux autorités d'un État membre de disposer d'un point de contact sur le territoire de l'État auquel elles adressent une demande d'entraide et de coordonner l'exécution de plusieurs demandes adressées à un même État.

[402] CPP art. 695-2 et 695-3, prévoyant la possibilité de les créer pour des infractions nécessitant la mobilisation d'importants moyens et une action "coordonnée et concertée" entre les États membres concernés.

[403] Cons. const., 25 juill. 1991, Décision n° 91-294 DC du 25 juillet 1991 (JORF du 17 juill. 1991, p 10001).

[404] Voir également infra B 1° et 3° les développements consacrés aux infiltrations

Paragraphe 2 : Limites des dispositifs d'entraide

Ces limites sont traditionnelles, et elles sont de deux sortes. La première résulte de l'exigence de double incrimination. Il a été indiqué précédemment que cette exigence est écartée, s'agissant du mandat d'arrêt européen, pour des infractions entrant dans certaines catégories et présentant un niveau de gravité tel que la nécessité d'un contrôle judiciaire de cette condition ne s'impose plus. Cette dérogation à une règle classique du droit extraditionnel français repose sur l'idée de confiance mutuelle entre les États membres de l'Union européenne. Or, on verra plus loin qu'en pareil cas, les échanges de données intéressant l'enquête sont possibles, et qu'ils le sont sans qu'il soit nécessaire d'obtenir une autorisation judiciaire préalable. Dans la seconde situation, et bien que l'on se situe – si c'est le cas – en dehors du champ du droit extraditionnel, il est nécessaire qu'existe au moins un intérêt réciproque à se prêter assistance. À défaut, la demande d'échange d'informations, au profit de l'État qui a subi seul les effets préjudiciables de la conduite qu'il criminalise, ne pourra aboutir.

Quant aux refus d'entraide, il est logique qu'ils soient appliqués à tout type de recherche effectuée en matière pénale, sur Internet ou ailleurs, dès lors que ces refus sont justifiés par des motifs généraux : préservation de la sécurité publique ou protection des libertés individuelles et des droits fondamentaux. En décider autrement serait évidemment contraire aux principes qui gouvernent la matière.

Paragraphe 3 : Nature de l'entraide au regard de la spécificité des NTIC

Il convient ici de faire deux observations. La première est qu'en droit français, les règles relatives à la coopération pénale internationale en matière de cybercriminalité ne sont pas regroupées dans un texte unique. La différence est donc nette avec la Convention de Budapest et son protocole additionnel qui sont des instruments internationaux portant exclusivement sur ce domaine. Certes, les mécanismes d'entraide entre États ne sont pas propres à ce type de délinquance et de criminalité, même s'ils ne sont pas dépourvus ici d'une certaine spécificité, particulièrement en ce qui concerne la

ainsi qu'aux échanges de données.

coopération policière internationale et européenne. Le droit applicable en la matière est donc à rechercher soit dans des dispositions propres à certaines situations particulières, soit dans les réglementations de portée plus générale relatives à la coopération pénale internationale (par ex. les règles relatives à l'extradition, au mandat d'arrêt européen ou aux échanges d'informations intéressant les enquêtes pénales) qui englobent, le cas échéant, le champ de la cybercriminalité[405]. En droit français, les particularités de celle-ci n'affectent donc pas, pour l'essentiel, les règles de droit commun applicables à l'entraide.

Selon nous, les nouvelles technologies de l'information et de la communication (NTIC) ne changent pas non plus fondamentalement la nature de l'assistance mutuelle. En effet, l'entraide en matière pénale repose traditionnellement sur la communication et l'échange d'informations utiles aux enquêtes. Aussi, les nouveaux procédés de collecte, de transmission et de traitement des informations, comparés aux techniques traditionnelles de renseignement, introduisent-ils dans cette relation d'échange une différence qui est moins de nature que de degré. Leurs spécificités – rapidité, exhaustivité, fiabilité – ne font, en définitive, que faciliter les enquêtes, contribuant ainsi à renforcer l'efficacité de la lutte contre la cybercriminalité. Pour autant, ces nouvelles technologies présentent des dangers au regard des libertés individuelles et des droits fondamentaux. Leurs spécificités sont en effet susceptibles de conférer un caractère très intrusif aux investigations policières et judiciaires qu'elles permettent de mener. Par conséquent, elles ne doivent pouvoir être utilisées que dans les limites de ce qui est nécessaire au bon déroulement des enquêtes et au bon fonctionnement des mécanismes d'entraide mis en œuvre à cette fin. Les règles procédurales applicables au Cameroun répondent à cette double préoccupation d'efficacité répressive et de protection des libertés et des droits des personnes.

Section 2 : Renforcement de l'efficacité des procédures répressives

C'est surtout dans le cadre des procédures de mise en état des affaires pénales – enquête préliminaire/enquête de flagrance/instruction – que le recours aux NTIC se révèle particulièrement utile. Il est même devenu indispensable aux enquêteurs (souvent spécialisés) chargés de

[405] Voir en ce sens D. Chilstein, rapport préc., p. 595.

constater les infractions relevant de la cybercriminalité, d'en rassembler les preuves et d'en rechercher les auteurs. Il est également nécessaire que, dans un souci d'efficacité répressive, les informations ainsi obtenues puissent être transmises et exploitées dans le cadre de l'assistance mutuelle que s'accordent les États concernés. Les mesures coercitives, souvent très intrusives, admises en droit pénal répondent à cette double préoccupation. Il en est de même des règles concernant les échanges de données intéressant les enquêtes et de leur mise en œuvre ainsi que d'autres dispositifs d'assistance mutuelle plus spécifiques. Ces mesures sont susceptibles de s'inscrire dans le cadre d'opérations d'entraide diligentées conformément aux procédures habituelles. Toutefois, certaines d'entre elles comportent des aspects spécifiques à cet égard, qu'il s'agisse de mesures d'investigation ou d'injonction.

Les mesures d'investigation ont pris une importance grandissante avec le développement des NTIC et celui, corrélatif, de la cybercriminalité. Il s'agit principalement des interceptions de télécommunication, des captations de données informatiques à distance, des perquisitions et des saisies de données informatiques, des infiltrations numériques. Leur efficacité procédurale est d'autant plus forte que la coopération entre les États concernés est la plus étroite possible.

Les mesures d'injonction sont de natures différentes. Certaines se situent dans le cadre de procédures judiciaires et ont une finalité répressive. Elles sont destinées à permettre aux autorités judiciaires d'obtenir les informations nécessaires aux enquêtes pénales (enquêtes préliminaires, enquêtes de flagrance, instruction). Il s'agit des réquisitions informatiques proprement dites. D'autres sont de nature plus préventive que répressive. Elles ont pour but d'obtenir le blocage de l'accès aux sites qui véhiculent des messages contraires à l'ordre public. Les problèmes d'entraide ne se posent pas alors dans les mêmes termes et sont résolus différemment. On a aussi remarqué une extension de la protection des libertés individuelles et des droits fondamentaux.

Section 3 : Extension de la protection des libertés individuelles et des droits fondamentaux

La nécessité d'assurer une protection renforcée de ces droits et libertés, notamment de la vie privée et des données à caractère personnel, s'impose en matière pénale comme en tout autre domaine. Il s'agit, au Cameroun, d'une préoccupation constante du législateur et des tribunaux **(Paragraphe 1).** Mais la protection de la personne va au-delà. Elle s'étend au procès pénal lui-même en raison des principes qui le gouvernent : celui du droit à un procès équitable et, de façon plus spécifique, celui de loyauté des preuves **(Paragraphe 2).**

Paragraphe 1 : Protection de la vie privée et des données personnelles

Il convient de rappeler depuis la loi « LOPPSI 2 » du 14 mars 2011, les « captures d'écran » sont autorisées afin, notamment, de repérer des pédophiles. En revanche, comme on l'a indiqué, il est interdit aux enquêteurs de « se promener et de fouiller » à distance dans l'ordinateur objet de leurs investigations. En effet, ces captations de données, opérées grâce à l'installation de dispositifs-espions, ne doivent pas être confondues avec les perquisitions informatiques transfrontières dont la validité est subordonnée à des conditions distinctes. D'autres garanties sont également prévues ; mais elles sont parfois jugées insuffisantes du point de vue des libertés individuelles[406]. Quant à la jurisprudence, on se bornera à signaler un arrêt de la Chambre criminelle de la Cour de cassation du 16 juin 2011, rendu dans une espèce où, la preuve de pratiques anticoncurrentielles ayant été rapportée grâce à l'utilisation d'une technique de saisie sélective de messages échangés par voie électronique, la question était de savoir s'il avait été porté atteinte à la confidentialité des correspondances entre un avocat et son client[407]. Cet arrêt a le mérite de mettre en évidence la nécessité, mais aussi la

[406] Voir not. Sur ces critiques S. Hennequin, C. Ribeyre et A. Lepage, préc. Adde sur les difficultés soulevées par les perquisitions transfrontières, V. D. Bénichou et F. Chopin, préc. 84 C.

[407]Cass. Crim., 16 juin 2011, n° 11-80.345, Bull. crim. N° 135, cassant un arrêt de la Cour d'appel de Paris du 4 janv. 2011 au motif « qu'il lui appartenait de vérifier concrètement (…) la régularité [des opérations] et d'ordonner, le cas échéant, la restitution des documents qu'il estimait appréhendés irrégulièrement ou en violation des droits de la défense ».

difficulté, de concilier les exigences de la répression avec le besoin de protection, observation dont la portée est évidemment générale.

Le Conseil constitutionnel a eu pour sa part l'occasion de se prononcer sur la conformité aux normes constitutionnelles des dispositions législatives applicables dans le cadre d'enquêtes criminelles utilisant les nouvelles technologies de l'information et de la communication. La position qu'il adopte est plutôt nuancée dans la mesure où il prend assez largement en compte les préoccupations répressives du législateur contemporain. Il a ainsi estimé que celui-ci "peut prévoir des mesures d'investigation spéciales en vue de constater des crimes et délits d'une gravité et d'une complexité particulières ». Selon le juge constitutionnel, en effet, « la criminalité organisée justifie la mise en place de dispositifs [spécifiques] dès lors que l'autorisation de les utiliser émane de l'autorité judiciaire, gardienne de la liberté individuelle (Const. 4 oct. 1958, art. 66), et que sont prévues des garanties procédurales appropriées"[408]. » Aussi, certains auteurs soulignent-ils les risques de dérive qu'une telle position est susceptible d'entraîner. « La logique policière, écrit l'un d'eux, qui contamine progressivement l'ensemble des dispositifs de lutte contre les formes graves de criminalité, apparaît inquiétante du point de vue de la préservation des libertés fondamentales »[409].

Quoi qu'il en soit, il convient de rappeler l'existence en France d'un texte très protecteur des données personnelles et de la vie privée : la loi "Informatique et libertés" du 6 janvier 1978 qui s'applique à tout traitement de données, quelle que soit sa finalité[410]. Ce texte comporte des dispositions applicables à la collecte, au traitement et à l'échange d'informations intéressant les enquêtes pénales. De telles opérations nécessitent de faire appel aux nouvelles technologies de l'information et de la communication. Certes, elles doivent être effectuées dans le respect d'un certain nombre d'obligations imposées par la loi aux

---

408 Cons. const., 2 mars 2004, Décision n° 2004-492 DC relative à la loi portant adaptation de la Justice aux évolutions de la criminalité (Loi n° 2004-204 du 9 mars 2004 [Perben II], JO 10 mars 2004, p. 4637).

409 D. Chilstein, rapport préc., p. 595.

410 Loi du 6 janv. 1978, relative à l'informatique, aux fichiers et aux libertés, mod. L. n° 2004-801 du 6 août 2004 relative à la protection des personnes physiques à l'égard des traitements de données à caractère personnel (JO du 7 août 2004, p. 14063) et mod. L. n° 2011-334 du 29 mars 2011 relative au Défenseur des droits (JO du 30 mars 2011 p. 5504).

responsables des traitements[411], et elles le sont sous le contrôle d'une autorité administrative indépendante (la CNIL) ainsi naturellement que de l'autorité judiciaire. Mais des dérogations spécifiques sont prévues pour certaines de ces obligations (art. 8-II et IV, 26, 32 V et VI, 38, 41 et 42, 45, 68, 69) ainsi que pour les droits reconnus aux personnes qui font l'objet de ces traitements (art. 32 et 38 à 43 : information, accès, rectification, opposition). À titre d'illustration, on rappellera que si la loi « Informatique et libertés » autorise les traitements de données à caractère personnel « mis en œuvre pour le compte de l'État (et ayant) pour objet la prévention, la recherche, la constatation ou la poursuite des infractions pénales ou l'exécution des condamnations pénales ou des mesures de sûreté » (art. 26), elle impose en revanche, afin de pouvoir transférer ces données vers un État n'appartenant pas à l'Union européenne, que les services destinataires de ces informations « assurent un niveau de protection suffisant de la vie privée et des libertés et droits fondamentaux des personnes à l'égard du traitement dont ces données font l'objet ou peuvent faire l'objet »[412].

Certes, à défaut de cette garantie, le transfert reste encore possible. Mais il est alors nécessaire, soit que la personne concernée y ait expressément consenti, soit que ce transfert s'impose pour des motifs qui sont limitativement déterminés par la loi telle que la sauvegarde de l'intérêt public ou de la vie d'une personne (L. 6 janv. 1978, art. 69 et art. 8-II). Le transfert est également autorisé, en dépit de l'absence d'un niveau suffisant de protection, lorsqu'il a lieu afin de permettre la « consultation (...) d'un registre public destiné à l'information du public et ouvert à la consultation de celui-ci ou de toute personne justifiant d'un intérêt légitime » (art. 69, 4°).

---

[411]Les données sur lesquelles porte le traitement doivent être collectées et traitées "de manière loyale et licite" et pour des "finalités déterminées, explicites et légitimes", être "adéquates, pertinentes et non excessives" au regard de ces finalités, de même qu'elles doivent être "exactes, complètes, mises à jour si nécessaire" et, à défaut, "effacées ou rectifiées" ; enfin elles ne peuvent pas être conservées pour une durée excédant ce qui est nécessaire aux finalités du traitement. Il s'y ajoute l'interdiction de collecter et de traiter des données de nature sensible (au sens de l'art. 8-I : données relatives notamment aux origines raciales et ethniques des personnes ou à leurs opinions politiques, philosophiques ou religieuses) ainsi que des obligations relatives à l'information des personnes concernées (art. 32), à la durée de conservation des données (art. 6), à la préservation de leur sécurité (art. 34).

[412] CSI art. L. 235-1, al. 1, in fine, et L. n° 78-17 du 6 janv. 1978, art. 68, al. 2, cités supra.

Le régime applicable aux opérations de traitement des données à caractère personnel a donc été adapté aux exigences spécifiques de la lutte contre la criminalité. Dès lors, s'agissant de la coopération policière et judiciaire en matière pénale au sein de l'Union européenne, le fait que la France dispose, grâce à la loi "Informatique et libertés" ainsi qu'aux dispositions introduites dans le Code de procédure pénale aux articles 695-9-31 à 695-9-49 (V. supra), d'un niveau de protection adéquat au sens de la Décision-Cadre 2008/977/JAI du Conseil du 27 novembre 2008 relative à cette coopération, explique que ce dernier texte n'ait donné lieu à aucune mesure de transposition particulière dans notre droit. Certes, le cadre juridique existant est susceptible d'évoluer à l'avenir dans le sens d'un renforcement du droit de chaque personne physique au respect de sa vie privée et à la protection des données personnelles la concernant[413].

L'objectif est de remédier aux importantes disparités actuelles entre les législations nationales couvrant ce domaine et de répondre ainsi pleinement aux exigences de la Charte des droits fondamentaux de l'Union européenne (art. 7 et 8) et du Traité de Lisbonne (TFUE art. 16) 19. Certes, à la différence de la Convention de Budapest du 23 novembre 2001, les textes précédemment cités n'appréhendent pas la cyberdélinquance et la cybercriminalité de manière spécifique. Ils n'en établissent pas moins des règles protectrices auxquelles les États sont tenus de se conformer et qui sont applicables aussi bien dans ce domaine particulier que dans n'importe quel autre. Cette dernière observation s'impose d'autant plus que la Convention de Budapest est décevante ; car hormis son préambule, et à la différence de la Convention de Bruxelles du 29 mai 2000 (art. 23), elle ne fournit guère d'indications sur l'exigence de garanties appropriées, particulièrement en matière de confidentialité. Celles-ci mériteraient pourtant d'être précisées en raison des particularités de cette forme de criminalité et de la spécificité des techniques d'investigation utilisées pour la combattre.

---

413 Voir supra les propositions de nouveau Règlement et de nouvelle Directive non encore finalisées à ce jour et qui suscitent encore de sérieuses réticences en France. Voir la Proposition de Résolution européenne sur la protection des données personnelles présentée par le Sénat le 7 févr. 2013, doc. Sénat n° 343.

Paragraphe 2 : Respect du principe de loyauté des preuves et du droit à un procès équitable

La loyauté dans la recherche des preuves et le respect du droit à un procès équitable figure parmi les principes directeurs du procès pénal qui s'imposent aux enquêteurs, que ces derniers soient ou non spécialisés dans la lutte contre la criminalité informatique. Il est vrai que la preuve de la commission de cybercrimes et délits se révèle souvent difficile à rapporter en raison du caractère immatériel, « virtuel » et « transfrontalier » de l'espace et des modes de transmission utilisés. Mais, en dépit de l'anonymat recherché, et d'une virtuosité de plus en plus fréquente dans le maniement des outils existants (notamment des techniques de contournement des dispositifs de sécurité), l'informatique laisse des traces. Des enquêteurs avertis ont les moyens de les déceler ; ils peuvent toutefois être tentés de le faire en utilisant des méthodes d'infiltration déloyales.

Or, les principes rappelés ci-dessus s'opposent à ce que des preuves obtenues à la suite de provocations policières puissent servir de base à une condamnation. La question envisagée ici comporte des aspects de droit international. Cela s'explique par le fait que les autorités nationales de police entretiennent d'étroites et intenses relations dans la lutte contre la criminalité organisée (terrorisme, infractions à caractère raciste, pédophilie, etc.). Deux arrêts de la chambre criminelle rendus dans une même affaire, l'un le 7 février 2007, l'autre le 4 juin 2008, en fournissent une illustration.

En l'espèce, les autorités de police américaines avaient créé un site Internet destiné à attirer des pédophiles. Grâce à cette technique de « harponnage », elles avaient pu transmettre à la police française des renseignements concernant l'un des individus piégés. La chambre criminelle a considéré qu'il convenait d'écarter les preuves ainsi obtenues et a invalidé l'ensemble de la procédure suivie contre le pédophile ayant fait l'objet de poursuites pénales en France. Elle a déclaré – à deux reprises dans cette affaire – qu'un tel procédé était déloyal et qu'il en résultait une atteinte au droit à un procès équitable[414].

---

[414] Cass. crim., 7 févr. 2007, Bull. crim., n° 37 ; D. 2007. 1079, préc., D. 2007. 2012, note J.-R. Demarchi ; RSC 2008. 663, obs. J. Buisson ; AJ pénal 2007. 233 ; RSC 2007. 331, obs. R. Finielz, préc., RSC 2007. 560, obs. J. Francillon ; Dr. pénal 2007, chron. 29, obs. A. Lepage ; Procédures 2007, comm. 147, obs. J. Buisson ;

Outre que la compétence territoriale française ait été logiquement retenue, ces deux arrêts de principe, rendus au visa de l'article 6.1 de la Convention européenne des droits de l'Homme, et de l'article préliminaire du Code de procédure pénale, sont conformes à la jurisprudence de la Cour de Strasbourg[415]. Ils présentent surtout un grand intérêt, à la fois théorique et pratique. Sur le premier plan, il a été noté en doctrine que la norme de droit pénal interne se trouvait ainsi « internationalisée » au profit du justiciable, qu'elle constituait désormais un « outil transnational » de sa protection[416].

Sur le second, il est clair que les enquêteurs devront se montrer particulièrement vigilants, non seulement pour parvenir à déceler les infractions commises sur le web et à identifier leurs auteurs, mais également afin d'éviter que leurs techniques d'investigation – qui sont très intrusives – ne dépassent les limites admissibles[417]. De manière plus générale d'ailleurs, les autorités nationales, voire internationales, chargées de la lutte contre ce type de criminalité sont tenues de respecter les droits et libertés individuelles des usagers du web.

Cass. crim., 4 juin 2008, Bull. crim., n° 141 ; D. 2008, AJ, p. 1766, note S. Lavric ; D. 2008, Pan. p. 2716, obs. J.-D. Bretzner ; RSC 2008, p. 621, obs. J. Francillon ; AJ pénal 2008. 425, obs. S. Lavric ; Dr. pénal 2008, chron. 10, obs. A. Lepage, préc. ; Dr. pénal 2009, chron. 1, obs. D. Guérin. Adde : M. Quéméner, Réponses pénales face à la cyberpornographie, AJ pénal 2009, p. 107 et s.).

[415] CEDH, 9 juin 1998, Teixeira de Castro c/ Portugal, Rec. 1998-IV, JCP 1999, I, n° 105, n° 38, obs. F. Sudre, RSC 1999, p. 401, obs. R. Koering-Joulin. Aide dans le même sens : CEDH, 22 juill. 2003, Edward et Lewis c/ Royaume-Uni, nos 33647/98 et 40461/98, non publiée, § 49, solution confirmée par la Grande Chambre dans la même affaire : CEDH, Gde Ch., 27 oct. 2004, Rec. 2004-X, § 48. V. sur cette jurisprudence J.-F. Renucci, Traité de droit européen des droits de l'Homme, LGDJ, 2007, n° 340, et les références à la jurisprudence et à la doctrine françaises.

[416] J.-R. Finielz R. et Demarchi, obs. et note préc.

[417] V. en ce sens D. Chilstein, Rapport préc., p. 553 et s., spéc. p. 605, cet auteur observant à juste titre que la logique policière, qui nécessite de lutter « à armes égales » contre les cybercriminels, ne doit pas conduire « à sacrifier systématiquement les garanties de l'État de droit ». À noter, s'agissant des opérations d'infiltration, que si les cyberenquêteurs sont autorisés à participer sous un pseudonyme aux échanges électroniques, il leur est en revanche interdit, à peine de nullité de la procédure, d'accomplir des actes constituant une incitation à commettre des infractions (V. supra).

CONCLUSION

En définitive, la loi de 2010 sur la cybercriminalité a apporté de grandes innovations dans l'arsenal pénal camerounais. Ce texte de droit interne a fini par « sécréter » un véritable cyberdroit pénal au Cameroun, régulateur de la société camerounaise de l'information à dimension humaine inclusive ouverte, dérogatoire à bien des égards des principes du droit pénal commun. II reste à voir comment les tribunaux appliquent cette loi. Quoi qu'il en soit, la loi nouvelle répondra enfin à l'impunité dont jouissaient les criminels informatiques dans notre pays et permettra de réprimer plus effectivement les crimes commis sur les réseaux.

Mais la nature planétaire de la cybercriminalité exige une mobilisation de la communauté internationale contre ce phénomène mondial. L'internationalisation du traitement de la cybercriminalité, gage de l'harmonisation de la cyberrépression, devrait passer par l'adhésion du Cameroun à la Convention de Budapest du 23 novembre 2001sur la cybercriminalité ; ce traité étant ouvert à l'adhésion des États non membres du Conseil de l'Europe et n'ayant pas participé à son élaboration.

CONCLUSION

ANNEXES

Annexe – I

Décisions des juridictions de Yaoundé

Tribunal militaire de Yaoundé
Jugement n° 109 /CRIM/17 du 24 avril 2017
Affaire Ministère public c/ Ahmed Abba
Inédit.

Le Tribunal,

Vu la loi n° 90/052 du 19 décembre 1990 portant sur la liberté de communication sociale ;

Vu la loi n° 2005/07 du 27 juillet 2005 portant Code de Procédure Pénale ;

Vu le Code Pénal en ses dispositions applicables ;

Vu la loi n° 2008/015 du 29 décembre 2008 portant organisation judiciaire militaire et fixant les règles de procédure applicables devant les Tribunaux Militaires ;

Vu la loi n° 2014/028 du 28 décembre 2014 portant répression des actes de terrorisme ;

Vu les pièces du dossier de la procédure ;

Vu les réquisitions du Ministère Public ;

Ouï l'accusé en ses dires, explications et moyens de défense ;

Après en avoir délibéré conformément à la loi ;

Ouï l'accusé qui a eu la parole le dernier ;

Attendu que suivant ordre de mise en jugement direct n° 003/OMJD/CG/TMY du 04 janvier 2016, le nommé AHMED ABBA a été traduit devant le Tribunal Militaire de Yaoundé, statuant en matière criminelle pour répondre des faits de complicité d'acte de terrorisme et non dénonciation des faits de terrorisme, prévus et réprimés par les articles 74, 97, 107 du Code Pénal et 2 de la loi n° 2014/028 du 28 décembre 2014 portant répression des actes de terrorisme ;

Attendu que toutes les parties ont comparu, conclu et requis ; qu'il y a lieu de statuer contradictoirement en l'espèce ;

Attendu que régulièrement notifié des faits de la poursuite, l'accusé, assisté de ses conseils Maîtres TCHOUNGANG Charles et NAKONG Clément, tous deux avocats au bureau du Cameroun, a déclaré plaider non coupable ;

Attendu qu'à l'orée de la procédure, les conseils sus nommés ont soulevé diverses exceptions relatives à la nullité de la procédure en raison de la violation des Droits de la défense au cours de l'enquête préliminaire d'une part, et d'autre part, des sévices subis par l'accusé dans les chambres de sûreté des unités de police judicaire où il avait été gardé à vue ;

Que vidant son délibéré sur ces exceptions, le Tribunal a rendu par jugement avant dire droit n° 69/CRIM/16 du 25 avril 2017, le jugement dont la teneur suit :

« Statuant publiquement, contradictoirement en matière criminelle, en premier ressort, en collégialité et à l'unanimité des voix ;

Rejette les exceptions de nullité de la procédure excipées par Maîtres TCHOUNGANG Charles et NAKONG Clément pour le compte de l'accusé AHMED ABBA, comme non fondées ;

Reserve les dépens » ;

Attendu qu'invité à soutenir les faits de l'accusation, le Ministère Public a déclaré n'avoir qu'un seul témoin, le Docteur BELL BITJOKA Georges, expert judiciaire en cybercriminalité et cryptologie, requis par ses soins à l'effet de procéder à l'expertise des objets saisis au domicile de l'accusé, alors même que la cause était déjà pendante devant le Tribunal Militaire de céans ;

Que réagissant à une telle désignation d'expert, les conseils de la défense ont excipé une fin de non-recevoir tirée de la violation de la séparation des fonctions de justice répressive et du non-respect du principe du contradictoire, le rapport de l'expert commis unilatéralement ne leur ayant pas été communiqué ;

Qu'en outre, lesdits conseils ont requis l'acquittement de l'accusé pour absence d'éléments de preuve ;

Attendu que vidant son délibéré, le Tribunal par jugement avant dire droit n° 180/CRIM/16 du 10 octobre 2016, a annulé avec toutes les conséquences de droit qui en déroulent, la réquisition à expert faite le 24 février 2016 par le Ministère Public, écarté le Docteur BELL BITJOKA comme témoin de l'accusation et rejeté la demande d'acquittement comme prématurée ;

Qu'en outre, il a ordonné une expertise à l'effet d'exploiter, examiner, authentifier, analyser et décrypter toutes les données contenues dans les pièces saisies entre les mains de l'accusé, placées sous scellés et déposées au greffe du Tribunal Militaire de céans sous le n° 103/15, en l'occurrence :

- Une unité centrale compacte PCSR 4109 EK ;
- Des DVD compact discs ;
- Une clé USB ;
- Un GPS ;

Qu'il a commis pour y procéder dans un délai d'un mois les experts agréés BELL BITJOKA Georges et OULOUMOU Jean Pierre, à charge pour ces derniers d'informer l'accusé et ses conseils des lieux, dates et heures de leurs opérations ;

Qu'il a enfin ordonné qu'à la diligence du Ministère Public, une réquisition à opérateur téléphonique soit acheminée aux sociétés de télécommunication CAMTEL, ORANGE CAMEROUN, NEXTTEL et MTN CAMEROUN à l'effet de fournir les listings de l'ensemble des appels et messages téléphoniques émis et reçus par l'accusé AHMED ABBA pour la période allant du 1er Janvier 2014 au 30 juillet 2015 ;

Attendu que constatant au cours de l'audience d'exécution de ce jugement avant dire droit, que le rapport des experts produit avait été dressé, sur la base d'analyses faites hors de la présence de l'accusé et de ses conseils, le Tribunal a à nouveau, par jugement avant dire droit du 08 février 2017, rejeté la demande de mise en liberté introduite par les conseils de la défense, ordonné le retrait du rapport d'expertise ayant ainsi violé le principe du contradictoire, et commis les experts NANCI YOSSI Raoul, BELL BITJOCKA Georges et OULOUMOU Jean Pierre à l'effet de procéder à une nouvelle expertise, en présence de l'accusé et de ses conseils, dont les conclusions devaient être déposées dans un délai de deux (02) semaines ;

Attendu qu'ouvrant la phase de l'accusation, le Ministère Public a fait valoir à la suite de la déposition des experts témoins en l'espèce, que l'arrestation le 30 juillet 2015 à Maroua, de l'accusé AHMED ABBA, a permis d'établir des liens entre lui et certains membres de la secte terroriste BOKO HARAM ;

Qu'au cours de son audition en qualité de suspect, il a reconnu avoir des amitiés avec le nommé MOHAMED BOUKAR, qui lui avait révélé son appartenance à ladite secte ;

Qu'en plus, l'expertise de ses appareils placés sous scellés a révélé l'existence de messages téléphoniques codés, pour certains annonçant la tenue immédiate des attentats, pour d'autres, faisant l'apologie de certains actes de terrorisme ;

Qu'enfin, la mémoire du téléphone du nommé MALAM BA'ANA, bien connu des réseaux terroristes et décédé dans des conditions troubles au Nigéria, retrouvée dans le téléphone portable de l'accusé militait en faveur de la requalification des faits de complicité d'actes de terrorisme en ceux d'apologie et blanchiment des actes de terrorisme ;

Que concluant à la suffisance d'éléments de preuve, le Ministère Public a produit le rapport d'expertise assorti de ses annexes, ainsi que le procès-verbal d'enquête préliminaire n° 1493/11 du 13 novembre 2015, dressé par le service central des recherches judicaires, pour être admis comme pièces à conviction ;

Attendu que consécutivement à cette production de pièces, le Tribunal les a admis comme pièces à conviction et, après avoir notifié de nouvelles qualifications à l'accusé ayant dûment bénéficié d'une remise de cause pour préparer sa défense, il a déclaré plaider non coupable ;

Attendu qu'invité à présenter sa défense, l'accusé qui a entendu déclarer comme témoin sus serment a, avec l'assistance de ses conseils, déclaré qu'il a été interpellé le 30 juillet 2015 à Maroua lors d'un contrôle de routine effectué par les forces de défense ;

Qu'il a passé au total trois (03) mois en garde à vue dans les diverses unités de police judiciaire et de renseignement qui ont procédé à son exploitation ;

Qu'il n'apprendra que trois (03) mois plus tard la raison de son arrestation due à une supposée relation avec des groupes terroristes de la secte BOKO HARAM ;

Qu'il a indiqué qu'en sa qualité de correspondant de la chaîne Radio France Internationale (RFI) en langue Haoussa au Cameroun, il a dans l'exercice de ce métier été en contact avec les nommés ALADJI MOUSTAPHA et MOHAMED BOUKAR, au sujet des actes perpétrés par la secte BOKO HARAM au Cameroun ;

Il a soutenu avoir à chaque fois informé les autorités administratives et militaires en l'occurrence le gouverneur de la Région de l'Extrême Nord, FONKA AWA Augustine, le Colonel TANTAN, commandant de la légion de Gendarmerie ainsi que le commissaire de la surveillance du territoire de l'Extrême Nord nommé AMADOU YOUSSOUF tous en service dans cette région à l'époque des faits ;

Qu'il a précisé que s'agissant des messages envoyés par le numéro de téléphone 697 45 53 70 appartenant à la nommée YOUSSOUF MOUNIRA dont il a décliné les avances, n'étaient que des messages d'encouragement, en pleine période de Ramadan, pour tenir bon dans l'espérance de la béatitude promise au Paradis ;

Qu'il a également envoyé des vidéogrammes à ses partenaires de la BBC ; il a précisé que lesdits vidéogrammes circulaient déjà sur internet avant son envoi ;

Qu'il a en outre, dit ignorer la provenance de la mémoire du téléphone de MALAM BA'ANA et a attribué celle-ci au flux des clients qui écumaient son cyber café et dont la capture a été faite vraisemblablement de manière malencontreuse, à l'occasion d'un téléchargement ;

Qu'enfin, il a soutenu n'avoir jamais fait d'apologies dans ses reportages acheminés à RADIO FRANCE INTERNATIONALE, des actes terroristes perpétrés par BOKO HARAM ;

Attendu qu'auditionné en qualité de témoin de la défense, le nommé ROCLE Yves Denis a soutenu que l'accusé est bel et bien le correspondant de ladite chaîne, a accompli sa tâche de manière professionnelle, sans infraction et a produit l'ensemble de ses reportages initialement rejetés, puis admis, sur la foi de la déclaration certifiée conforme de la Directrice de RADIO FRANCE INTERNATIONALE Cécile REGIE et de Julie VANDAL, responsable de RADIO FRANCE INTERNATIONALE HAUSSA ;

I- SUR L'INFRACTION D'APOLOGIE DES ACTES DE TERRORISME

Attendu que l'article 8 de la loi sus évoquée dispose qu'est « puni d'un emprisonnement de 15 (quinze) à 20 (vingt) ans et d'une amende de 25 000 000 (vingt-cinq millions) de francs CFA, ou de l'une de ces peines seulement, celui qui fait publiquement l'apologie de ces actes de terrorisme. L'infraction est caractérisée même si l'apologie est faite par voie de média, de tract ou par tout autre moyen destiné à atteindre le public » ;

Attendu que l'apologie s'entend de publications laudatrices de certains actes, en l'espèce de terrorisme ;

Qu'en l'espèce, l'ensemble des reportages en langue Haoussa traduits et retransmis dans la pièce de défense N° 1 admis par le Tribunal, ensemble la diffusion d'images sur les réseaux sociaux sans commentaires achèvent de convaincre de l'absence d'apologie des actes terroristes imputés à la secte BOKO HARAM, par l'accusé dont la finalité de reporter pour le compte de la chaîne RADIO FRANCE INTERNATIONALE, ne fait l'ombre d'aucun doute ;

Que l'on peut y lire, outre les reportages sur le climat social régnant dans la zone de l'Extrême-Nord Cameroun, des messages relatifs à l'aide et aux mesures gouvernementales prises pour juguler le phénomène BOKO HARAM ;

Que faute de rapporter la preuve d'apologie des actes terroristes à l'initiative de l'accusé, il y a lieu de le déclarer non coupable ;

II-SUR L'INFRACTION DE BLANCHIMENT DES PRODUITS DES ACTES DE TERRORISME

Attendu qu'il n'est point contesté que la mémoire du téléphone du nommé MALAM BA'ANA a été retrouvée dans le téléphone de l'accusé ;

Que sa défense consistant à s'étonner de la présence de tel élément dans son téléphone portable manque de pertinence ;

Que le téléphone portable étant à usage strictement personnel, les données s'y trouvant ne peuvent l'être que du fait de l'utilisation consciente de son propriétaire ;

Que bien plus, il est surprenant que seul la présence de la mémoire de ce téléphone échappe à ses souvenirs alors même que la multiplicité de documents y trouvés ne semble pas le surprendre ;

Que face à ce qui s'apparente à une mémoire sélective clairsemée de souvenirs conscients d'échanges de SMS eus avec connaissance à peine connue, achève de convaincre de la connaissance suffisante de l'origine mystérieuse de ce clown de téléphone appartenant au nommé MALAM BA'ANA présenté par des sources d'information cohérentes comme étant, un des maillons forts de BOKO HARAM avant son décès dans des conditions troubles ;

Que telle détention d'un objet, de surcroit dissimilé dans la sixième loge, en lien avec des activités terroristes épouse les contours de la qualification juridique ainsi posée ;

Qu'il y a lieu en conséquence de le retenir dans les liens de l'accusation.

III- SUR LA NON DENONCIATION DES ACTES DE TERRORISME

Attendu que l'article 107 du Code Pénal se lit ainsi qu'il suit : « est puni d'un emprisonnement d'un (01) à 05 (cinq) ans et d'une amende de 50 000 (cinquante mille) à 5 000 000 (cinq millions) de francs CFA, ou de l'une de ces deux peines seulement, le citoyen qui en temps de paix, n'avertit pas les autorités militaires, administratives ou judicaires dès le moment où il a connaissance, de toute activité de nature à nuire à la défense nationale » ;

Qu'en l'espèce, l'examen minutieux des déclarations et constatations menées sur les appareils de l'accusé, révèle que celui-ci a bel et bien été en contact avec certains membres de la secte BOKO HARAM ;

Qu'au cours de son audition à l'enquête préliminaire, il a reconnu avoir été en contact régulièrement avec les nommés ABOU

KATA'ADA, MOUHAMED BOUKAR et MALLAM MOUSSA avec lesquels il entretenait d'étroites relations ;

Que déposant comme témoin sous serment devant le Tribunal, il a reconnu avoir été en contact avec ces terroristes et a soutenu avoir alerté les autorités à chaque fois qu'il a eu vent d'une information ;

Mais attendu que ni l'exploitation de son téléphone portable, encore moins son ordinateur portable dont le disque dur a curieusement été retiré, ne permettent d'attester de la saisine d'une quelconque autorité pour corroborer l'hypothèse d'une dénonciation ;

Que de manière plus précise, il ressort du procès-verbal d'audition de l'accusé à l'enquête préliminaire, lequel procès-verbal a été admis comme élément de preuve au cours de cette procédure, que ce dernier avait manqué de faire tenir aux autorités administratives et militaires, un enregistrement d'un échange téléphonique avec le nommé ABOUKATA'ADA, au cours duquel ce terroriste lui communiquait des informations sur l'enlèvement des ressortissants français dans la zone de WAZA ;

Qu'il a plutôt fait tenir cet enregistrement au nommé MALLAM BASHIR qui serait à ses dires, son correspondant basé à Lagos au Nigéria ;

Que la découverte de poèmes et messages énigmatiques vient ajouter un trouble dans la compréhension des agissements de l'accusé ;

Que s'agissant spécifiquement du message reçu du numéro de téléphone « 697455370 », dont il dit appartenir à une connaissance dont il a repoussé les avances, il se lit ainsi qu'il suit : « l'avion à destination 2 janna tout firdons se ateri à l'aéroport 2ramadanoul karim, il décolera dans quelq jrs, depech toi d'achète ton passeport chez les agents tara wih, tahajud, zikir, koran e sadakat. Attention mais le billet VIP se vend à lailatoulgadir, ne soit pas en retar, q dieu ns dne la force S accepte nos ibadates, italliga » ;

Que l'accusé ayant prétendu qu'il s'agissait d'un message d'encouragement pour le jeûne pendant la période de ramadan, il est surprenant que ceux-ci se soient poursuivis jusqu'à 32 juillet 2015, alors même qu'à cette date, le ramadan était arrivé à son terme ;

Que la coïncidence avec la prolifération des attentats courant le mois de juillet 2015, interloque tout de même compte tenu du style de ce message ;

Que cette mosaïque d'éléments achève de convaincre que l'accusé a eu connaissance d'informations capitales relatives aux agissements de BOKO HARAM qu'il a manqué de mettre à la disposition des autorités administratives et militaires ;

Qu'en agissant de la sorte, il s'est rendu coupable de l'infraction de non dénonciation des actes de terrorisme ;

Qu'il échet d'entrer en voie de condamnation contre lui ;

Attendu que l'accusé AHMED ABBA est un délinquant primaire et s'est illustré par une bonne tenue devant la barre ;

Qu'il y a lieu de lui accorder les circonstances atténuantes ;

Attendu que pour la réalisation des faits mis à sa charge, l'accusé utilisait certains objets dont certains ont été saisis entre ses mains et placés sous scellés au greffe du tribunal de céans sous le numéro n° 103 /15 ;

Qu'il convient d'ordonner leur confiscation ;

Attendu qu'aux termes de l'article 14 de la loi n° 2014/028 du 23 décembre 2014 portant répression des actes de terrorisme : « dans les cas prévus aux articles 2, 3, 4, 5, 6 et 7 ci-dessus, la juridiction compétente, en cas de condamnation, prononce en outre les peines accessoires prévues à l'article 19 du code pénal » ;

Attendu que dans le cas d'espèce, l'accusé AHMED ABBA a été reconnu coupable de blanchiment des produits des actes de terrorisme ;

Qu'il échet, en application des dispositions légales sus évoquées, d'ordonner certaines des déchéances de l'article 30 du code pénal ;

Attendu que la partie qui succombe, supporte les dépens ;

PAR CES MOTIFS,

Statuant publiquement, contradictoirement à l'égard des parties en matière criminelle et en premier ressort, après en avoir délibéré conformément à la loi, en présence des assesseurs militaires et à l'unanimité des membres de la collégialité ;

Déclare l'accusé AHMED ABBA non coupable des actes de terrorisme des article 74 du Code Pénal et 8 de la loi n° 2014/018 du 23 décembre 2014 portant répression des actes de terrorisme ;

L'acquitte pour faits non établis ;

Le déclare en revanche coupable de non dénonciation des actes de terrorisme et de blanchissement des produits des actes de terrorisme des articles 74 et 107 du code pénal et 4 de la loi n° 2014/0180 du 23 décembre 2014 portant répression des actes de terrorisme ;

Lui accorde les circonstances atténuantes en raison de sa qualité de délinquant primaire et de sa bonne tenue devant la barre ;

En répression, le condamne à dix 10 ans d'emprisonnement ferme ;

Décerne à cet effet mandat d'incarcération contre lui ;

Le condamne en outre aux dépens liquidés à présent à la somme de 55 726 325 (cinquante-cinq millions sept cent vingt-six mille trois cent vingt-cinq) francs CFA ;

Dit que l'accusé doit s'acquitter à l'immédiat de la susdite somme au greffe du tribunal de céans sous peine d'y être contraint par corps pour une durée de cinq (05) ans conformément à l'article 564 du code de procédure pénale.

Décerne mandat d'incarcération contre lui à cette fin ;

Ordonne la confiscation du scellé n° 103/15 constitué de :

- Une unité centrale compacte PCSR 5109 EK ;
- Des DVD compact discs ;
- Des téléphones portables ;
- Une clé USB ;
- Un GPS ;

Ordonne la publication de la présente décision dans les journaux d'annonces légales ci- dessus ;

Cameroun Tribune, le Messager, l'Anecdote, Mutation, The Guardian Post ;

Dit que l'accusé sera interdit de porter toute décoration ;

Dit qu'en outre, il est interdit de tenir une école ou même d'enseigner dans un établissement d'instruction et d'une façon générale d'occuper des fonctions se rapportant à l'éducation ou à la garde des enfants, le tout en application des articles 13 de la loi n° 2014/018 du 23 décembre 2014 portant répression des actes de terrorisme, 19 et 30 du Code Pénal ;

Informe les parties du délai de 10 jours pour exercer la voie de recours appropriée ;

En foi de quoi la minute du présent jugement a été signée par Monsieur le Président, les Assesseurs militaires qui l'ont rendu et le Greffier Audiencier, en approuvant _______renvois en marge, _____ Lignes et _______mots rayés nuls.

Cour d'Appel du Centre

Arrêt n° 13/Crim/Mil du 21 Décembre 2017

Affaire Ahmed Abba *C/* Ministère Public

Inédit.

La Cour,

Vu le jugement n° 109/crim/17 rendu 24 avril 2017 par le Tribunal Militaire de Yaoundé, statuant en chambre criminelle ;

Vu l'appel interjeté contre ce jugement le 25 avril 2017 par la SCPA TCHOUNGANG et NAKONG, conseils de AHMED ABBA suivant déclaration écrite reçue sous acte n° 131/APP/G/TMY ;

Ouï Monsieur le Président en la lecture de son rapport ;

Ouï le Commissaire du Gouvernement en ses réquisitions ;

Ouï les conseils de l'appelant en leurs plaidoiries ainsi que l'intéressé en ses dernières déclarations ;

Vu la loi N° 2006/015 du 29 décembre 2006 modifiée, portant organisation judiciaire ;

Vu la loi N° 2005/07 du 27 juillet 2005 portant code de procédure pénale ;

Vu les pièces du dossier de procédure ;

Après en avoir délibéré conformément à la loi, en collégialité et à l'unanimité des voix ;

En la forme

Considérant que par déclaration écrite sus évoquée, AHMED ABBA a, sous la plume de la SCPA TCHOUNGANG et NAKONG ses conseils, interjeté appel contre le jugement dont le dispositif est intégralement repris dans les qualités du présent arrêt ;

Considérant que cet appel est régulier comme fait dans les forme et délai légaux ; qu'il mérite par conséquent d'être reçu ;

Considérant que l'appelant a comparu et fait valoir les éléments et moyens au soutien de son recours, puis a eu la parole pour ses dernières déclarations ; qu'il échet de statuer par arrêt contradictoire ;

Au fond

Considérant qu'au triomphe de son recours, AHMED ABBA affirme à travers son mémoire d'appel, ses dépositions audience tenante et les plaidoiries de ses conseils que les moyens de preuve choisis par l'accusation notamment les pièces de l'enquête préliminaire et le rapport d'expertise du 22 février 2017 ne sont nullement de nature à caractériser l'une quelconque des infractions à lui reprochées ;

Qu'en effet, en invoquant les dispositions des articles 308 et 336 alinéa 'b' du code de procédure pénale, le Ministère Public a produit le procès-verbal d'audition du suspect du 16 novembre 2015, celui de saisie daté du 25 novembre 2015, celui de synthèse d'enquête préliminaire du 27 novembre 2015 ainsi que le rapport d'expertise du 22 février 2017 ;

Considérant que s'agissant du procès-verbal d'audition du suspect, l'appelant soutient que son audition s'est déroulée dans des conditions d'illégalité inacceptables, en violation flagrante des droits de la défense et du principe de la présomption d'innocence ; qu'il en est de même du procès-verbal subséquent dont la violation des articles 37 et 116 alinéa 3 du Code de procédure pénale n'est plus à démontrer ;

Qu'en outre, les conditions physiques dans lesquelles il a subi l'audition traduisent des violations de la dignité humaine alors que le préambule de la constitution de la République du Cameroun du 18 janvier 1996 et les dispositions de l'article 122 alinéas 1 et 2 du code de procédure pénale exposent clairement le traitement qui doit être réservé à toute personne en général et à un suspect en particulier ;

Qu'au terme de son audition, la possibilité ne lui pas été donnée de relire ses déclarations et la signature apposée sur le procès-verbal querellé a été obtenu au forceps ;

Qu'un tel document obtenu en violation des dispositions de l'article 3 alinéa 1-a du code de procédure pénale est frappé de nullité et ne peut par conséquent constituer la preuve de la commission d'une infraction ;

Considérant qu'il résulte du procès-verbal de synthèse présenté par l'accusation et acquis aux débats que connaissant la conduite criminelle de certains de ses interlocuteurs membres de la secte BOKO HARAM et ayant reçu d'eux des informations de nature à nuire à la défense nationale il (appelant) n'en a pas averti les autorités militaires, administratives ou judiciaires alors que pendant qu'il exerçait son petit métier dans une cabine téléphonique, il lui arrivait de dénoncer régulièrement à la Direction de la Surveillance du Territoire et auprès de certaines autorités administratives, des personnes dont les agissements lui paraissaient suspects et potentiellement membres de la secte sus indiquée ;

Que l'exploitation de son ordinateur portable et de sa boîte email a fait ressortir que par des enregistrements sonores, des échanges entre les terroristes et lui sur les enlèvements des ressortissants français et sur l'attaque du village Djakana ont permis d'établir qu'il existait des contacts entre eux ; que le contenu de ces documents n'a jamais été révélé aux autorités mais plutôt à un certain 'iibahir' basé au Nigéria et chargé de les transmettre au média RFI ;

Considérant que ce procès-verbal constitue un accessoire à celui d'audition ; qu'il doit subir le même sort que ce dernier en vertu du principe selon lequel l'accessoire suit le principal ;

Considérant que le procès-verbal de saisie indique quant à lui des pièces à conviction relatives aux faits incriminés, alors que seule la juridiction de jugement a le pouvoir de procéder à de telles qualifications ; qu'il s'agit là une fois de plus de la violation du principe de la présomption d'innocence consacrée par le préambule de la constitution de la République du Cameroun du 18 janvier 1996 et l'article 8 du code de procédure pénale ;

Qu'un tel procès-verbal établi dans ces conditions est nul et ne saurait administrer la preuve de la commission d'une infraction ;

Considérant relativement au rapport d'expertise du 22 février 2017 que l'appelant critique avec véhémence les éléments considérés par les experts comme les plus pertinents, étant entendu que ces experts procèdent tantôt par déduction, tantôt par interprétation et sont à chaque fois épris de doute ;

Qu'à titre d'exemple, l'emploi de l'expression « sources d'information ouvertes » relativement aux informations provenant de son portable (de l'appelant), sans préciser lesquelles, démontrent à suffire qu'il s'agit de déduction ;

Qu'en plus, il a été établi au cours de ses dépositions que le paquet CD/DVD dans lequel se trouve le prétendu dossier MALLAM BA'ANA (DVD 3- DATA Disc) tel qu'intitulé ne fait pas partie des quatre paquets répertoriés dans la boîte de CD1, et il ne pouvait donc s'agir que de l'analyse d'un paquet inexistant ;

Considérant que s'agissant de la messagerie cryptée suspecte dans les téléphones GIONEE et HTC ayant un lien présumé avec le terrorisme, il ressort que ce message annonce un ou plusieurs attentats terroristes ;

Que l'expression « ce qui permet de penser... » achève de convaincre qu'il s'agit de déduction empreinte de doute puisque les experts n'ont pas pris la peine de rechercher la traduction des mots contenus dans ce message, toute chose qui ajoute à la déduction ;

Que de même, confrontés pendant leur expertise à un message reçu par lui (l'appelant) à partir d'un numéro téléphonique qualifié de suspect (697 45 53 70), les experts n'ont pas daigné rechercher à qui appartenait ce numéro et encore moins si le numéro en question était toujours valide ; Que pourtant les débats ont prouvé à juste titre qu'il ne s'agissait pas d'un numéro suspect qui envoyait des messages cryptés avec un langage spécial annonçant des attentats ;

Considérant que les abondantes images photos et vidéos d'actes terroristes et la conclusion des experts qui disent « lesquelles (images) laissent apparaître que les photographes qui les ont prises se trouvaient à chaque fois à proximité des lieux d'attentats » ne spécifient pas en quoi lesdites images ont été prises « à chaque fois à proximité des lieux d'attentats ;

Qu'aussi, le terme « laissent apparaître » induit la déduction et le doute ;

Qu'en définitive, les moyens de preuve produits par l'accusation et admis comme pièces à conviction par la Cour sont illégaux et irréguliers et sont inaptes à emporter la conviction de la juridiction quant à la constitution des infractions de blanchiment des produits des actes de terrorisme et de non dénonciation à lui reprochés (à l'appelant) ; qu'il convient pour la Cour de ne point en tenir compte ;

Qu'il y a lieu en conséquence d'infirmer le jugement entrepris ; Que la Cour en statuant à nouveau, le déclare non coupable de tous les chefs mis à sa charge puis l'acquitte pour faits non établis ;

Considérant que pour une analyse objective des moyens apportés par les parties au soutien de leurs positions respectives concernant les infractions reprochées à l'appelant, il échet de les examiner séparément ;

I- SUR LE BLANCHIMENT DES PRODUITS D'ACTES DE TERRORISME

Considérant que pour établir cette infraction, l'accusation indique que les experts ont exposé avoir trouvé au cours de leurs opérations d'expertise, la copie d'un CD appartenant à un certain MALLAM BA'ANA, de nationalité nigériane, lequel d'après les sources d'informations ouvertes, a entretenu des liens étroits avec la secte BOKO HARAM, en étant de son vivant l'homme de main du Secrétaire d'Etat de YOBO State au Nigéria, et il fut assassiné dans des conditions troubles par les éléments de BOKO HARAM ;

Que l'appelant disposait par ailleurs d'un « clown de téléphone appartenant au susnommé présenté par des sources d'informations cohérentes comme étant un des maillons forts de BOKO HARAM avant son décès » ;

Qu'en scrutant les éléments constitutifs de l'infraction de blanchiment des produits des actes de terrorisme, l'accusation aboutit à la conclusion selon laquelle l'appelant a recelé, détenu et dissimulé des biens constitutifs des produits des actes de terrorisme et c'est pour cela qu'elle requiert la confirmation du jugement attaqué sur ce point ;

Considérant que pour être établi, le blanchiment des produits des actes de terrorisme requiert le rassemblement d'un certain nombre d'attitudes de la part de son auteur qui, en toute connaissance de cause accepte d'obtenir, de garder, de transformer, d'étendre, de cacher, de masquer, de camoufler, de voiler, d'exploiter, de se servir, de tirer profit, de répartir ou de distribuer même occasionnellement des biens constitutifs des produits des actes de terrorisme ;

Qu'en d'autres termes, il fallait pour l'accusation établir que AHMED ABBA a, de par son comportement et de son attitude laissé conclure au-delà de tout doute raisonnable qu'il s'est servi des produits transformés des actes de terrorisme par un gain personnel à travers ses contacts personnels et téléphoniques avec les membres de la secte BOKO HARAM ;

Considérant que la seule présence du téléphone appartenant à MALLAM BA'ANA dans le mémoire du téléphone de l'appelant ne saurait suffire à caractériser l'infraction de blanchiment des produits des actes de terrorisme telle que ci-dessus exposée, encore faut-il pour l'accusation spécifier avec exactitude l'acte concret posé par AHMED ABBA dans le dessein d'obtenir le résultat recherché ou bénéfice quelconque ;

Que pour être caractérisée, une infraction doit être circonscrite dans tous ses contours et ses éléments constitutifs ;

Que pour le cas d'espèce, si l'accusation a pu établir que l'appelant avait dans le mémoire de son téléphone le clown de celui appartenant au nommé MALLAM BA'ANA présenté comme un membre influent de la secte BOKO HARAM, elle n'a cependant pas rapporté au-delà de tout doute raisonnable que AHMED ABBA a tiré un gain quelconque de ce clown de téléphone ;

Considérant que cet état de choses jette un doute sérieux sur les faits de blanchiment des produits des actes de terrorisme reprochés à l'appelant ;

Qu'il y a lieu en conséquence et contrairement à l'opinion du premier juge, d'infirmer le jugement appelé sur ce point et en vertu de la maxime « in doubio proreo », déclarer AHMED ABBA non coupable de ces faits et l'acquitter au bénéfice du doute ;

II-SUR LA NON DENONCIATION DES ACTES DE TERRORISME

Considérant qu'il a été établi à l'issue des débats et en dépit des dénégations de AHMED ABBA que ce dernier avait à sa disposition l'enregistrement d'un entretien téléphonique avec le nommé ABOUKATA'ADA au cours duquel ce terroriste unanimement reconnu lui communiquait des informations sur l'enlèvement des ressortissants français dans la zone de WAZA, qu'il a fait plutôt tenir au nommé MALLAM BASHIR qui serait à ses dires son correspondant basé à Lagos au Nigéria, au lieu d'en faire part aux autorités camerounaises ;

Considérant par ailleurs qu'il ressort de la conversation entre AHMED ABBA et le terroriste MOHAMED BOUKAR objet du troisième fichier WAV de taille 688 ko d'une durée de deux minutes et cinquante-trois secondes que les terroristes ont posé des bombes sur la route qu'empruntent les éléments du Bataillon d'intervention Rapide (BIR), et sont également à l'origine de l'incendie du village

Takana et de la mort de plusieurs soldats dont le véhicule a sauté sur une bombe ;

Que nanti de telles informations de nature à nuire à la défense nationale au moment où les attaques et les attentats terroristes se faisaient de plus en plus récurrents, AHMED ABBA s'est volontairement et en toute connaissance de cause abstenu d'avertir les autorités militaires, administratives ou judiciaires camerounaises, se rendant indubitablement et sans conteste coupable du délit de non dénonciation des actes de terrorisme au sens des articles 74 et 107 du code pénal ;

Considérant qu'il échet de confirmer en conséquence le jugement entrepris sur la partie déclarative de culpabilité en ce qui concerne ce délit et les circonstances atténuantes accordées à AHMED ABBA ;

Qu'en répression, il y a lieu de le condamner à vingt-quatre mois d'emprisonnement ;

Considérant que les scellés dont la confiscation a été ordonnée et les peines et mesures de sûreté prononcées à l'encontre de AHMED ABBA ayant un lien étroit avec la rétention des informations cruciales pour la défense nationale dont l'intéressé s'est rendu coupable, il échet de confirmer le jugement entrepris pour le reste ;

Considérant que la partie qui succombe doit être condamnée aux dépens,

PAR CES MOTIFS,

Statuant publiquement, contradictoirement, en chambre militaire, en appel, en deuxième ressort, en formation collégiale et à l'unanimité des voix ;

En la forme

Reçoit l'appel interjeté ;

Au fond

Infirme le jugement entrepris en ce qu'il a déclaré AHMED ABBA coupable des faits de blanchiment des produits des actes de terrorisme ;

Statuant à nouveau sur ce point ;

Déclare AHMED ABBA non coupable desdits faits ;

L'acquitte au bénéfice du doute ;

Confirme le jugement attaqué sur la partie déclarative de culpabilité pour ce qui est du délit de non dénonciation des actes de terrorisme des articles 74 et 107 du code pénal et les circonstances atténuantes ;

En répression, condamne AHMED ABBA à vingt- quatre (24) mois d'emprisonnement ;

Confirme pour le reste du jugement ;

Condamne l'appelant aux dépens liquidés quant à présent à la somme de 55 752 825 (cinquante-cinq millions, sept cent cinquante-deux mille huit cent vingt-cinq) francs ;

Fixe la durée de la contrainte par corps à 05 ans au cas où il y aurait lieu de l'exercer ;

Décerne d'ores et déjà mandat d'incarcération contre AHMED ABBA à cette fin et L'avertit de ce que pour compter de demain 22 décembre 2017, il dispose de 10 jours pour se pourvoir en cassation ;

Ainsi fait, jugé et prononcé en audience publique les mêmes jours, mois et an que ci-dessus ;

En foi de quoi la minute du présent arrêt a été signée par le Président, les membres de la collégialité et le Greffier.

Annexe - II
Décisions des juridictions de Dschang

Tribunal de Première Instance de Dschang
Jugement n° 784/COR du 22 Novembre 2019
Affaire Ministère Public et Vanlier Feulefack Josiane c/ Zebaze Mbozo'o Armand Stéphane
Inédit.

Le Tribunal,

Attendu que par la voie de flagrant délit, ZEBAZE MBOZO'O Armand Stéphane est traduit par devant le Tribunal de Première Instance de céans statuant en matière correctionnelle pour répondre des faits d'outrage public à la pudeur, outrage aux mœurs, publications obscènes, diffamation, injures et d'infraction à la loi sur la cybercriminalité, prévus et réprimés par les articles 74, 263, 264, 265 (1-b), 305 (1 et 8), 307(1) du code pénal, 74 (3) et 78 de la loi n° 2010/012 du 21 Décembre 2010 relative à la cybercriminalité ;

Attendu que la victime a opéré par désistement ; qu'il échet de statuer contradictoirement à l'égard des parties ;

Attendu qu'à la première audience, l'identité du prévenu a été vérifiée ; Que ce dernier a plaidé coupable, pour demander et obtenir un délai de trois jours pour préparer sa défense ;

Attendu que dans son exposé des faits, le Ministère Public a fait état de ce que suite à son licenciement du collège « Albert CAMUS » de Dschang où il était enseignant, ZEBAZE MBOZO'O Armand Stéphane s'en est pris à la nommée VANLIER FEULEFACK Josiane, Principale dudit collège ;

Qu'ainsi il a créé un compte « Facebook » au nom de la victime pour y diffuser des images à caractère pornographique ;

Que tout aussi, il a tenu un discours public en traitant dame VANLIER de prostituée, telle injure reprise dans les tracts qu'il a jetés dans la ville, contenant les photos de la victime, non sans avoir propagé partout que celle-ci entretient des rapports sexuels avec ses élèves ;

Attendu qu'appelé à faire toute déclaration utile, le prévenu s'est confondu en excuse tout en disant regretter son acte ;

Attendu que le Tribunal a accepté le fait pour lui d'avoir plaidé coupable ;

Attendu néanmoins que la victime VANLIER FEULEFACK Josiane a opéré par désistement suivant correspondance du 23 Octobre 2019 ;

Qu'il échet d'en prendre acte et dire l'action publique éteinte relativement aux délits de diffamation et d'injures ;

Que dès lors, et au regard de l'aveu du prévenu de déclarer ce dernier coupable de publications obscènes, outrage public à la pudeur, outrage aux mœurs et d'infraction à la loi sur la cybercriminalité ;

Attendu que ZEBAZE MBOZO'O Armand Stéphane est délinquant primaire ; Qu'il échet de surseoir à l'exécution de la peine à être contre lui prononcée ;

Attendu que la partie qui succombe supporte les dépens ;

PAR CES MOTIFS,

Statuant publiquement, contradictoirement à l'égard des parties en matière correctionnelle et en premier ressort ;

Déclare le prévenu coupable d'outrage public à la pudeur, outrage aux mœurs, publication obscènes et d'infraction à la loi sur la cybercriminalité, articles 74, 263, 264, 265(1-b) du code pénal, 74(3) et 78 de la loi n° 2010/012 du 21 Décembre 2010 relative à la cybercriminalité ;

Constate l'extinction de l'action publique relativement aux délits de diffamation et d'injures suite au désistement de la victime ;

En répression, le condamne à 01 (un) an d'emprisonnement et à 100.000Frs d'amende ;

Dit qu'il sera sursis à l'exécution de cette peine pendant une durée de 03 ans ;

Prend acte du désistement de la partie civile ;

Condamne le prévenu aux dépens liquidés à 38 265 Frs ;

Décerne contre lui mandat d'incarcération pour le recouvrement des frais de justice ainsi évalués ;

Lui rappelle le délai de 10 jours dont il dispose pour relever appel.

En foi de quoi, le présent jugement a été signé du Président et du Greffier, en approuvant _______renvois en marge, _____ Lignes et _______mots rayés nuls.

TRIBUNAL DE PREMIERE INSTANCE DE DSCHANG
JUGEMENT N° 920/COR DU 12 OCTOBRE 2018

Affaire Ministère Publique et Fotsing Patrick Rodrigue C/ Foueze Romaric Clotaire et Kamga Noumbissi Stanislas

Inédit.

Le Tribunal,

Vu les lois et règlements en vigueur ;

Vu les pièces du dossier de procédure ;

Ouï le Ministère Public en ses réquisitions orales ;

Ouï les prévenus qui ont eu la parole les derniers ;

Attendu que suivant procès-verbal d'interrogatoire au parquet du 10 janvier 2018, les nommés FOUEZE Romaric Clotaire et KAMGA NOUMBISSI Stanislas ont été traduit devant le Tribunal de Première Instance de Dschang statuant en matière correctionnelle pour y répondre des faits d'escroquerie en coaction au préjudice de FOTSING Patrick Rodrigue ;

Que ces faits sont prévus et réprimés par les articles 74 et 318 (1)(c) du code pénal ;

Attendu que toutes les parties ont comparu ;

Qu'il échet de statuer contradictoirement à leur égard ;

Attendu qu'identifiés et notifiés de la prévention, les prévenus ont plaidé non coupable ;

Qu'ils ont sollicité et obtenu un renvoi pour préparer leur défense ;

Attendu qu'à l'ouverture des débats, l'accusation a fait comparaître deux témoins à savoir FOTSING Patrick Rodrigue et TAGUETIEU Rostanie Léonelle ;

Que le premier dans sa déclaration sous serment a mentionné qu'un jour d'octobre 2017, de retour de Bafoussam FOUEZE Romaric Clotaire l'a appelé téléphoniquement pour lui dire qu'il a une grande possibilité d'affaire ;

Qu'il est allé à la rencontre de ce prévenu qui l'a amené dans un bureau où il rencontré un monsieur qui lui a demandé s'il avait déjà entendu parler de l'activité Q-Net et il a répondu par la négative ;

Qu'ils lui ont expliqué que c'est une activité dans laquelle il suffit d'y souscrire et d'apporter 06 personnes pour être rémunéré à hauteur de 200 à 300 dollars américain ;

Qu'il est sorti pour se renseigner ailleurs et lorsqu'il est arrivé chez FOUEZE Romaric n'a cessé de l'appeler pour le convaincre à souscrire à cette activité ;

Que celui-ci mettait une pression et que KAMGA NOUMBISSI Stanislas lui avait même dit qu'il avait déjà reçu un gain dans cette activité ;

Que les prévenus ne cessaient de lui faire la pression et c'est ainsi que le 19 octobre 2018, il a fait venir ceux-ci chez lui et leur a donné 300.000F sur les 365 000 F exigés en présence de sa copine qu'il a invité pour être témoin de cette transaction ;

Que lorsqu'ils ont reçu les 300 000 F ils l'ont amené dans un bureau en lui disant que c'était pour valider l'achat qu'il avait effectué ;

Que FOUEZE Romaric Clotaire a pris un format sur lequel il a mentionné des informations le concernant et lui a demandé de signer ;

Que suite à cette transaction on lui a demandé d'attendre deux semaines pour entrer en possession de son achat ;

Qu'il a remis son argent aux prévenus sous un reçu par la suite ;

Que TAGUETIEU Rosatanie Leonelle a déclaré que courant octobre 2017 FOUEZE Romaric Clotaire qui est un camarade d'université de son copain FOTSING Patrick Rodrigue a approché ce dernier pour lui proposer une opportunité d'affaire ;

Que celui-ci l'a appelée pour lui faire part de cette situation et elle lui demandé d'attendre sa présence ;

Qu'elle est arrivée et ce même Romaric est venu lui faire part de cette opportunité d'affaire ;

Qu'elle s'est mise avec son copain pour réunir cette somme qu'ils ont remis aux prévenus le 19 octobre 2017 ;

Que les prévenus lui ont dit qu'ils obtiendront un produit par la suite ;

Que jusqu'à ce jour ils n'ont rien reçu de cette activité ;

Que la victime s'est tout simplement faite arnaquer par les prévenus ;

Attendu que dans ses réquisitions intermédiaires le Ministère Public a appelé les prévenus à présenter leur défense, les éléments de preuve étant suffisants ;

Que le Tribunal a estimé que tout était réuni pour que les prévenus présentent leur défense conformément aux dispositions de l'article 366 du code de procédure pénale ;

Que ceux-ci ont choisi de déposer comme témoin sous serment ;

Attendu que dans sa défense, FOUEZE Romaric Clotaire a déclaré qu'ils ont mis sur pied une activité numérique appelée Q-Net et il a fait appel à la victime pour les rejoindre dans cette opportunité de réussite ;

Qu'il a demandé à la victime d'apporter une somme de 365.000F pour le démarrage de l'activité ;

Que celle-ci n'avait que 100.000F en sa possession et a fait appel à sa copine pour apporter le reste de la somme exigée ;

Qu'il est allé à la rencontre de la victime avec son coprévenu et cette dernière leur a remis une somme de 300 000 F, qu'il a complété à 350.000F de sa poche et son coprévenu lui a remis 10.000F ;

Qu'à la suite de ce versement, ils ont amené la victime dans leur bureau pour les formalités d'adhésion ;

Qu'ils l'ont soumis à une formation dans le souci de l'imprégnation de l'activité en question ;

Que la victime s'est inscrite comme représentant de Q-Net ;

Que le 19 octobre 2017 que la victime a effectué son achet en ligne par le versement de la somme litigieuse ;

Qu'à la suite de cet achat la victime a reçu la confirmation de son adhésion ;

Qu'il a produit comme pièce à conviction un reçu de versement de la somme de 497 euro du 20 octobre 2017 et un de 27 euro du même jour ;

Qu'il a également produit des fascicules sur l'activité Q-Net et les documents sur la page virtuelle Q-Net de la victime ;

Qu'ils ont dit à la victime que les 365 000 F étaient le prix d'achat d'un produit et que ledit produit devrait être livré deux semaines après ;

Que c'est lorsqu'ils étaient en détention que le produit en question avait été apporté plusieurs mois après sa commande ;

Attendu que dans sa déposition KAMGA NOUMBISSI Stanislas a déclaré qu'il est représentant indépendant de la société Q-Net qui est une vitrine de vente des produits et services en ligne ;

Qu'en octobre 2017 ils ont approché la victime pour lui faire part de cette opportunité d'affaire et l'inviter à y adhérer ;

Qu'ils ont demandé à la victime de faire un achat d'au moins 1000BV (365 000 F) pour faire partie des représentants indépendants de Q-Net ;

Que courant octobre 2017, la victime leur a fait un versement de 300.000F ;

Qu'ils lui ont dit de travailler avant de gagner dans cette activité ;

Que travailler voulait dire faire adhérer d'autres personnes dans le projet afin d'en bénéficier des avantages ;

Qu'à la suite de son versement, la victime a commencé à bénéficier de quelques avantages notamment des formations sur le marketing des réseaux ;

Que le produit que la victime avait acheté a trainé à être livré ceci indépendamment de leur volonté ;

Que c'est pendant leur garde à vue que le produit avait été présenté à la victime qui a refusé de le recevoir ;

Que ça faisait 09 mois qu'il était dans cette activité avant d'approcher la victime pour son adhésion ;

Que les 497 euros représentaient le prix d'achat du produit en Malaisie ;

Qu'ils ont reçu de la victime la somme de 300.000F et ont complété les 65 000 F restant ;

Attendu que dans ses réquisitions, l'accusation a penché sur la culpabilité et la condamnation des prévenus les faits étant constants ;

Que dans ses plaidoiries le conseil des prévenus Maître TCHOUANDEM D. Elise est allée dans le sens de la non culpabilité et de la relaxe pure et simple des prévenus les preuves de l'infraction à eux reprochée n'ayant pas été rapportées ;

Que les prévenus n'ont jamais approché la victime dans le but de lui extorquer de l'argent mais plutôt d'entrer en relation d'affaires avec elle ;

Attendu que pour être constituée, l'infraction de coaction d'escroquerie au sens des articles 74, 96 et 318(1)(c) du code pénal, suppose le fait pour les auteurs de porter atteinte à la fortune d'autrui ensemble et de concert, c'est-à-dire en déterminant fallacieusement autrui par des manœuvres, soit en affirmant ou dissimulant un fait, à se séparer de son bien à leur profit et au préjudice de celle-ci ;

Que dans le cas d'espèce, les prévenus ont ensemble amené la victime à souscrire entre leur main à une affaire qu'ils lui ont fait croire qu'elle était lucrative ;

Que c'est à la suite de plusieurs manœuvres et de la pression de ceux-ci que la victime leur a remis une somme de 300 000 F.

Que pour convaincre cette dernière ils ont complété les 65 000 F qui manquaient pour avoir la somme exigée pour le démarrage de l'activité en question ;

Que de même les prévenus n'ont pas informé au préalable la victime que la condition pour bénéficier des avantages et des retombées de l'affaire était de venir avec six personnes ;

Qu'enfin ils ont fait savoir à la victime qu'elle avait effectué un achat et que son article devrait lui parvenir dans les deux semaines qui suivaient l'achat ;

Que jusqu'à ce jour aucun article n'a été remis à la victime ;

Que tout ceci visait un seul but, spolier la victime de son argent notamment la somme de 300 000 F à eux remis par celle-ci à son préjudice ;

Attendu qu'au regard de cette analyse, il y a lieu de dire preuves suffisantes contre les prévenus d'avoir commis les faits mis à leur charge ;

Qu'il échet de les déclarer coupable et les condamner en conséquence ;

Attendu que la victime s'est constituée partie civile et a réclamé la somme de 300.000F à titre de dommages-intérêts ;

Que n'ayant pas produit de pièce justificative cette réclamation reste à la discrétion du Tribunal ;

Que les prévenus ayant accepté avoir reçu de cette victime cette somme ;

Qu'il échet de la lui allouer à titre de réparation du préjudice subi ;

Attendu que pour la peine, le Ministère Public a requis pour les peines de droit et l'admission au bénéfice des circonstances atténuantes, leur passé pénal étant irréprochable ;

Qu'ayant succombé ils supportent les dépens ;

PAR CES MOTIFS,

Statuant publiquement, contradictoirement en matière correctionnelle et en premier ressort, après avoir délibéré conformément à la loi ;

Déclare les prévenus coupables des faits d'escroquerie en coaction des articles 74,96 et 318(1)(c) du code pénal ;

Leur reconnaît des circonstances atténuantes en leur qualité de délinquants primaires ;

En répression les condamne à 13 mois de prison avec sursis pendant 03 ans et à 100.000F d'amende chacun ;

Le condamne en outre aux dépens solidaire liquidés à 28 965 F ;

Fixe à 09 mois la durée de la contrainte par corps en cas de non-paiement des condamnations pécuniaires ;

Dit que le cautionnement déposé par les prévenus supporte les condamnations pécuniaires. En cas d'insuffisance, ceux-ci paient le supplément ; et en cas de reliquat, ordonne son remboursement ;

Décerne mandat d'incarcération contre les condamnés ;

Reçoit FOTSING Patrick Rodrigue en sa constitution de partie civile ;

L'y dit entièrement fondée ;

Condamne les prévenus à lui payer solidairement la somme de 300.000F à titre de dommages-intérêts ;

Avise les parties qu'elles disposent de 10 jours pour faire appel de cette décision à compter du lendemain du prononcé de la présente décision ;

En foi de quoi le présent jugement a été signé par le Président et le Greffier audiencier, approuvant…… lignes……mots rayés nuls et…. renvois en marge.

GLOSSAIRE

A

Adresse IP (Internet Protocol) : numéro qui permet d'identifier un ordinateur sur le réseau Internet ou adresse numérique d'un ordinateur connecté à Internet (ex.121.128.55.203).

Adresse URL (Uniform Resource Locator) : adresse unique permettant de localiser une ressource ou un document sur Internet avec la méthode pour y accéder, le nom du serveur et le chemin à l'intérieur du serveur (Ex:http://www.entreprise.com/index.html).

Anonymous (en français : *anonyme*) est un groupe d'*hacktivistes* se manifestant notamment sur Internet. Le nom de ce collectif est considéré comme un mot passe-partout désignant des membres de certaines communautés d'internautes agissant de manière anonyme dans un but particulier.

ANSSI : Agence nationale de sécurité des systèmes d'information créée par décret n° 2009-834 en date du 7 juillet 2009.

B

Bit : information représentée par un symbole à deux valeurs généralement notées 0 et1, associées à deux états d'un dispositif.

Botnet : réseau d'ordinateurs compromis par des logiciels malveillants à l'insu de leurs propriétaires.

C

Cheval de Troie : programme malveillant d'apparence inoffensive contenant une fonction illicite connue de l'attaquant seul lui permettant de prendre le contrôle de la machine infectée à l'insu de l'utilisateur.

Cloud Computing : ***« Informatique en nuage »***. Est *« un mode de traitement de données d'un client, dont l'exploitation s'effectue par Internet, sous la forme de services fournis par un prestataire »* in le Journal officiel du 6 juin 2010

CNIL : Commission nationale de l'informatique et des libertés, autorité indépendante créée par la loi n° 78-17 du 6 janvier 1978 relative à l'informatique et aux fichiers (www.cnil.fr).

Contrefaçon : reproduction, usage, apposition ou imitation d'une marque identique ou similaire à celle désignée dans l'enregistrement, sans l'autorisation du propriétaire ou du bénéficiaire du droit exclusif d'exploitation.

Courrier électronique (e-mail) : service majeur d'Internet permettant aux utilisateurs munis d'une adresse électronique de s'envoyer instantanément des messages.

Cyberespace : terme créé en 1984 par William GIBSON dans son ouvrage *Neuromancien* où il décrit un univers technologique très noir. Repris et popularisé, ce terme désigne aujourd'hui l'espace de communication ouvert par l'interconnexion mondiale des ordinateurs.

D

Défacement : défaçage ou défiguration (defacing en anglais) « est un anglicisme désignant la modification non sollicitée de la présentation d'un site web, à la suite de son piratage. Il s'agit donc d'une forme de détournement de site web par un hacker ».

DNS (Domain Name Service) : serveur dont le rôle est de réaliser des résolutions par exemple d'une adresse IP à une adresse en langage courant. L'attaque par DNS permet ainsi de rediriger en toute transparence une adresse vers le site d'un pirate.

Déni de service (Denial of Service) : technique consistant à saturer les serveurs par de multiples connexions simultanées.

E

E-réputation : Image que les internautes se font d'une marque ou d'une personne. Cette notoriété numérique façonne l'identité d'une marque, la différenciant de ses concurrentes. Dans le cas des personnes, l'on parlera aussi d'identité numérique (E-reputation.org).

F

Fournisseur d'accès Internet (FAI) : intermédiaire entre l'internaute et le réseau Internet. Les principaux fournisseurs d'accès à Internet en France sont Orange, SFR, Free. Un FAI attribue l'adresse IP et est soumis à des obligations en matière de conservation des données de connexion.

H

Hacking : anglicisme désignant l'intrusion, l'entrée non autorisée dans un système informatique par les hackers.

Hébergeur : prestataire Internet mettant à disposition des internautes des sites web conçus et gérés par des tiers. Aux internautes, il donne accès aux contenus déposés dans leurs comptes par des webmasters souvent à travers un gestionnaire de fichiers.

I

Ingénierie sociale : ensemble des techniques de manipulation psychologique ou d'exploitation comportementale d'un individu ou d'un groupe par des personnes malfaisantes dans le but de les inciter à amoindrir, contourner ou supprimer les mesures de sécurité d'un système.

K

Keylogger : enregistreur de frappe de touches de clavier qui sont ensuite adressées au pirate agissant à distance.

L

Logiciel espion (Spyware) : logiciel qui contient un programme-espion et qui emploie la connexion Internet de l'utilisateur pour recueillir et transmettre à son insu des données personnelles.

M

Malware : logiciel malveillant qui comporte un ensemble de programmes tels que les virus, vers, spywares, *keyloggers*, chevaux de Troie, *backdoors*… conçus par un pirate pour être implantés dans un ordinateur à l'insu de l'utilisateur.

Money Mule : intermédiaire prêtant ses comptes aux cyberdélinquants moyennant un pourcentage (Moneymuling).

N

Nom de domaine : Les domaines identifient des sous-parties ou des régions du réseau Internet. Ils sont désignés par des abréviations situées à la fin des adresses électroniques appelées extensions. Le suffixe.fr indique que le site est français. Les noms de domaines se composent de groupes de lettres toujours séparés par un point de la partie précédente de l'adresse.

O

OCLCTIC : Office central de lutte contre la cybercriminalité liée aux technologies de l'information et de la communication créé en 2000 et dépendant de la Direction centrale de la Police judiciaire.

P

Pare-feu (Firewall) : programme logiciel et/ou matériel utilisé comme filtre entre l'ordinateur et Internet. Il permet de réguler les flux d'informations transmises depuis ou vers un ordinateur.

Peer to Peer (P2P ou pair à pair) : les réseaux P2P (*Kazaa, Napster, eMule…*) permettent à plusieurs ordinateurs d'être directement connectés entre eux à partir du réseau Internet pour échanger directement des fichiers entre eux, sans passer par un serveur. Ils permettent souvent de télécharger illégalement de la musique, des films, des logiciels, des photos…

Pharming : c'est une attaque visant à corrompre les caches DNS de plusieurs serveurs, à rediriger les requêtes à destination d'un site de confiance vers un site sous le contrôle d'un attaquant, qui tentera ensuite d'installer des logiciels malveillants ou de captation de données confidentielles par ingénierie sociale ou phishing traditionnel.

Phishing (Hameçonnage) : technique d'ingénierie sociale consistant à faire la copie graphique d'un site légitime, principalement un site financier ou de vente en ligne, pour obtenir les identifiants de l'utilisateur et lui pirater son compte bancaire par exemple.

R

Réseau social : il permet la mise en relation des personnes partageant les mêmes centres d'intérêt personnel ou professionnel (Facebook, Twitter, Friendster, LinkedIn…).

S

Smishing : phishing par SMS.

Spyware : logiciel espion analysant l'activité d'un ordinateur à l'insu de son propriétaire pour y récupérer au besoin des informations confidentielles (personnelles comme financières).

STAD (Système de traitement automatisé de données) : ensemble protégé ou non par un dispositif de sécurité et composé d'une ou plusieurs unités de traitement automatisé de mémoire, de logiciels, de données.

Système informatique : Il s'agit de l'ensemble des matériels et des logiciels ainsi que tous les moyens de télécommunications qui permettent d'automatiser les fonctions et les informations.

T

TCP/IP (Transmission Control Protocol Internet) : Suite de protocoles des noms des deux protocoles majeurs (TCP et IP). TCP/IP représente d'une certaine façon l'ensemble des règles de communication sur Internet et se base sur la notion d'adressage IP, c'est-à-dire le fait de fournir une adresse IP à chaque machine du réseau afin de pouvoir acheminer des paquets de données.

V

Ver : programme autonome utilisant les réseaux en cherchant les failles de sécurité pour se répliquer de machine à machine.

Virus : programme ou code malicieux inclus généralement dans un format de fichier couramment utilisé et stocké dans un système d'exploitation à l'insu de son utilisateur. Ce code est susceptible de s'auto-exécuter à un moment précis ou lors du lancement d'un logiciel. Son objectif est de rendre le système hors d'usage en détruisant certains fichiers indispensables ou en saturant les ressources de la machine.

VPN Virtual network (réseau privé virtuel) **:** réseau invisible des autres utilisateurs connectés.

Vulnérabilité : faiblesse dans un système informatique permettant à un attaquant de porter atteinte à l'intégrité, au fonctionnement de ce système ou à la confidentialité et l'intégrité des données qu'il contient.

Web2.0 : expression employée pour la première fois en 2005 par Tim O'REILLY pour désigner une mutation du web statique (1.0) vers un web participatif dit social dans lequel l'internaute devient fournisseur d'informations.

Z

Zombies : ensemble de machines compromises, contrôlées à distance par un pirate informatique.

BIBLIOGRAPHIE

I- OUVRAGES :

A-OUVRAGES GÉNÉRAUX :

ASCENSIO (H.), DECAUX (E.) et PELLET (A.), *Droit international pénal*, Éditions A. Pedone, Paris, 2012, 1053 p.

BARTIN (E.), *Étude de droit international,* Paris, 1899, 284 p.

BEAUVALLET (O.), *Les investigations judiciaires internationales*, ouvrage collectif avec une préface de Jean PRADEL, Éditions Berger Levrault, mai 2014, 340 p.

BITAN (H.), *Droit et expertise des contrats informatiques*, Ed. Lamy Axe Droit., 2017, 542 p.

BOULOC (B.), MASPULU (H.), *Droit pénal général et procédure pénale*, 18e, Sirey- Dalloz, Paris, 2011, 640 p.

CARNEROLI (S.), *Les contrats commentés du monde informatique, logiciels, bases de données, multimédias, Internet, collection création informatique communication*, Éditions Larcier, Bruxelles, 2007, 161 p.

CASTETS-RENARD (C.), *Droit de l'Internet : droit français et européen*, Éditions Montchrestien, 2e édition, Paris, 2012, 492 p.

CHAWKI (M.), *Combattre la cybercriminalité*, éd. Saint-Amans, 2010, 459 p.

DE BELLEFONDS (X-L.), *Le droit du commerce électronique, que sais-je*, Éditions presses universitaires de France, Paris, 2005, 128 p.

DE BOISSIERE (J-B.) & WARUSFEL(B.), *La nouvelle frontière de la technologie européenne*, Calmann-Lévy, France, 1991, 360 p.

DE COSTER (T.), DEMOULIN (M.), JACQUEMIN (H.), MONTERO (E.), VANDERCAMMEN (M.) & VERBIEST (T.), *Les Pratiques du commerce électronique, Cahiers du centre de recherches informatique et droit,* Bruylant, Bruxelles, 2007, 191 p.

DE FROUVILLE (O.), *La preuve pénale, internationalisation et nouvelles technologies, Perspectives sur la Justice*, La documentation française, Paris, 2007, 255 p.

DEBBASCH (C.), ISAR (H.), & AGOSTINELLI (X.), *Droit de la communication, audiovisuel, presse, Internet*, 1re édition, Dalloz, droit public et science politique, Paris, 2002, 800 p.

DELMAS MARTY (M.), *Les sources du droit international pénal : l'expérience des tribunaux pénaux internationaux et le statut de la Cour Pénale internationale*, publié par l'unité de recherche de droit comparé, Société de Législation comparée, Paris, 2005, 488 p.

DEVEZE (J.), FRAYSSINET(J.) &. LUCAS (A.), *Le droit de l'informatique et de l'Internet*, Paris, Presses universitaires de France, 2001, 748 p.

DOCQUIR (B.), FESLER (D.) & DEHARENG (E.), *Le Droit des nouvelles Technologies et de l'Internet*, 2e éd, Paris, Ed Bruylant, 2012, 136 p.

DOUTRELEPONT (C.), VAN BINST(P.) & WILKIN (L.), *Libertés, droits et réseaux dans la société de l'information*, groupe de recherche en Informatique et sciences humaines, collection de la faculté de droit, Université de Bruxelles, Bruylant, LGDJ, Paris, 1996, 357 p.

DUPUY (P-M.), *Droit international public*, précis Dalloz, 8e édition, 2006, 956 p.

FAUCHOUX (V.) & DEPREZ (P.), *Communication et commerce électronique : le droit de l'Internet*, Ed. LITEC, Paris, 2008, 432 p.

FERAL-SCHUHL (C.), *Cyberdroit : le droit à l'épreuve de l'Internet*, Dalloz, 6e éd., 2011-2012, 1124 p.

FINES (L.), *Les crimes invisibles, délits contemporains, dénonciation et temps de réaction*, Liber, Montréal, 2013, 110 p.

GHERNOUTI-HELIE (S.), *La cybercriminalité : le visible et l'invisible*, Presses Polytechniques et universitaires Romandes, 2009, 124 p.

GHERNAOUTI-HELIE (S.) & DUFOUR (A.), *De l'ordinateur à la société de l'information*, collection que sais-je, 2e édition, PUF, Paris, 2001, 125 p.

GUINCHARD (S.) & BUISSON (J.), *Procédure pénale*, Lexis Nexis, 10e édition, Paris, 2014, 1458 p.

JABER (A.), *Les infractions commises sur Internet,* éd. L'Harmattan, 2011, 318 p.

LUCAS (A.), DEVEZE (J.) & FRAYSSINET (J.), *Droit de l'informatique et de l'Internet*, éd. PUF, Coll. Thémis Droit, Paris, 2001, 748 p.

MALLET-POUJOL (N.), *La création multimédia et le droit*, Lexis Nexis Litec, 2e éd., 2003, 228 p.

MANIER (D.) ; *Les dix plaies d'Internet*, Dunod, 2008, 180 p.

MARCELIN (S.), *Droit de l'informatique et des réseaux*, Lamy, 2005, 134 p.

MATTATIA (F.), *Loi et Internet : Un petit guide civique et juridique*, 1er éd, Paris, Ed EYROLLES, 2013, 234 p.

PANSIER (F-J.) & JEZ (E.), *La criminalité sur Internet*, Paris, PUF, 2000, 127 p.

PIATTI (M.), *Les libertés individuelles à l'épreuve des NTIC*, Paris, PUF, 2001, 212 p.

PRADEL (J.) & DALLEST (J.), *La criminalité organisée en droit français, Droit international et Droit comparé*, Editions Lexis Nexis, Paris, 2012, 468 p.

QUÉMÉNER (M.), *Cybermenaces, entreprises, Internautes*, Economica, 2008, *Cybersociété, entre espoirs et risques*, L'Harmattan, 2013, 246 p

QUÉMÉNER (M.) & CHARPENEL (Y.), *Cybercriminalité, Droit pénal appliqué*, Economica, 2010, n° 698, 272 p.

QUÉMÉNER (M.) & FERRY (J.), *Cybercriminalité, défi mondial*, Economica, 2e éd., 2009, 81 p.

RAY (J-E.), *Le droit du travail à l'épreuve des NTIC*, 1er éd, Paris, Ed Liaisons, 2001, 247 p.

TISSIER (G.), *Les marchés noirs de la cybercriminalité,* Technologies de l'information, éd. Num., 2011., 73 p.

VIER (C.), *L'Internet et le Droit*, Victoires Éditions, Paris, 2001, 486 p.

WATIN-AUGOUARD (M.), *Préface du livre Cybercriminalité Défi mondial*, VII., 308-376 p.

WAUTELET (M.), *Les cyberconflits, Internet, autoroutes de l'information et cyberespace : Quelles menaces ?* Éditions Complexe, GRIP, Bruxelles, 1998, 102 p.

ZIMMERMANN (R.), *La coopération judiciaire internationale en matière pénale*, 3e Édition, Bruylant, Bruxelles, 2009, 850 p.

B-OUVRAGES SPECIALISÉS :

ARPAGIAN (N.), *La cybersécurité, que sais-je ?,* Éditions presses universitaires de France, Paris, 2010, 128 p.

BA Abdoul, *Internet, cyberespace et usages en Afrique*, Paris, Édition L'Harmattan, 2003, 286 p.

BALLE F., *Médias & Sociétés*, collection Domat politique, Édition Montchrestien, 15e édition, Paris, 2011, 750 p.

BAUDIN (L.), *Les cyber-attaques dans les conflits armés, qualification juridique, imputabilité et moyens de réponse envisagés en droit international humanitaire*, Paris, Éditions L'Harmattan, Paris, 2014, 252 p.

BAUER (A.) & HUYGHE (F-B.), *Les terroristes disent toujours ce qu'il faut faire*, Paris, PUF, 2011, 368 p.

BECKET (B.), *Introduction aux méthodes de la cryptologie* traduit de l'anglais par Philippe Béguin, Philippe Klein et Éric Henault, publié à Paris, Milan, Barcelone : Masson, collection Logique, mathématiques, informatique, 1990, 332 p.

BENGHOZI (P-J.), BUREAU (S.) & MASSIT-FOLLEA (F.), *L'Internet des objets*, Ed. Maison des Sciences de l'Homme, Coll. PRATICS, Paris, 2009, 170 p.

BENSOUSSAN (A.) & Le ROUX (Y.), *Cryptologie et signature électronique : aspects juridiques*, Hermès Sciences publications, Paris, 1999, 175 p.

BENSOUSSAN (A.), *Informatique, télécoms et Internet*, 5e éd, Paris, Ed Lefebvre Francis, 2012, 1000 p.

BITAN (H.), *Droit des créations immatérielles : logiciels, bases de données, autres œuvres sur le web 2.0*, éd. Lamy, Coll. Axe droit, 2010, 454 p.

BONJAWO (J.), *Révolution numérique dans les pays en développement, l'exemple africain*, Dunod, Paris 2011, 192 p.

BOYER (B.), *Cybertactique conduire la guerre numérique*, préface du Contre-amiral Arnaud COUSTILLIERE, collection cyberespace et cyberdéfense dirigée par Nicolas ARPAGIAN, Éditions NUVIS, Paris, 2014, 280 p.

BUSKENS (I.), *Les Africaines et les TIC : enquête sur les technologies, la question de genre et autonomisation*, Paris : L'Harmattan ; Québec : Presses de l'Université Laval ; Ottawa : Centre de recherches pour le développement international, DL 2011, 272 p.

Chamoux (J-P.), *Menaces sur l'ordinateur*, Paris, Seuil, 1986, 223 p.

CHENEAU-LOCQUAY (A.), *Les fractures numériques nord/sud en questions*, CEAN- CNRS/ AFRICA'NTI, collection Cahier des sciences sociales sur les enjeux des technologies de la communication dans les sud, Éditions L'Harmattan, DL 2004 ; 148 p.

DESGENS-PASANAU (G.), *Protection des données à caractère personnel*, Loi informatique et libertés, 2e éd, Paris, LexisNexis, 2013, 294 p.

DOSSE (S.), KEMPF (O.) & MALIS (C.), *Le cyberespace nouveau domaine de la pensée stratégique*, collection cyber stratégie, Economica, juin 2013, 192 p.

DREYFUS (N.), *Marque et Internet, protection, valorisation, défense*, collection ALamy Axe droit, Wolter Kluwer, France, 2011, 470 p.

DU MANOIR DE JUAYE (T.), *Le droit de l'intelligence économique*, Édition LexisNexis, Paris, Litec, 2007, 262 p.

FARCHY (J.), *Internet et le droit d'auteur, la culture*, Napster, CNRS éditions, collection CNRS Communication, Paris, 2003, 208 p.

FAUCHOUX (V.), DEPREZ (P.) & BRUGUIERE (J-M.), *Le droit de l'Internet : lois, contrats et usages*, 2e [éd], Paris, LexisNexis, 2013, 419 p.

FDIDA (S.), *Des autoroutes de l'information au cyberespace*, Collection Dominos, Éditions Flammarion, paris, 1997, 126 p.

FERAL-SCHUHL (C.), *Cyberdroit, le droit à l'épreuve de l'Internet*, 6e éd., Dalloz, Paris, 2010, 1852 p.

FILIOL(E.) & RICHARD (P.), *Cybercriminalité, enquête sur les mafias qui envahissent le web*, Dunod, Paris, 2006, 224 p.

FILIOL (E.), *Les techniques virales avancées*, Éditions Springer, Collection IRIS, Paris, DL 2006, 303 p.

FILIOL (E.), *Les virus informatiques : théorie, pratique et applications*, collection IRIS, Éditions Springer Verlag, 2004, 575 p.

FOREST (D.) & KAUFMAN (G.), *Droit de l'informatique*, éditions Gualino-Lextenso, Paris, DL 2010, 112 p.

FOREST(D.), *Droit des données personnelles*, Paris, Éditions Gualino-Lextenso, DL 2011, 120 p.

FRANCILLON (J.), *Cybercriminalité aspects de droit pénal international*, Rapport au nom de l'Association internationale de Droit pénal, XIXe Congrès international de Droit pénal, 2013, 37 p.

GABAS (J-J.), *Société numérique et développement en Afrique, usages et politiques publiques*, GEMDEV-KARTHALA, 2005, 384 p.

GRENIER (J-G.), *Dictionnaire d'informatique et d'Internet*, La maison du dictionnaire, Paris, 2000, 300 p.

GUEDON (J-C.), *La planète cyber Internet et le cyberespace*, découvertes Gallimard Techniques, mars 1996, 128 p.

GUISNEL (J.), *Guerres dans le Cyberespace, services secrets et Internet*, Éditions La Découverte, Paris, 1995, 372 p.

HUET(J.) & DREYER (E.), *Droit de la communication numérique*, Lextenso éditions LGDJ, 2011, 384 p.

IFRAH (L.), *L'information et le renseignement par Internet*, PUF, coll. Que sais-je ? 2010, 128 p.

ITEANU (O.), *Tous cybercriminels, la fin d'Internet ?* Jacques-Marie Laffont, 2004, 322 P.

JAGLAND (T.), *Préface, Livre blanc sur le crime organisé transnational*, 2013, 54 p.

JEZ (E.) & BEAURAIN (N.), *Les noms de domaine de l'Internet : aspects juridiques*, éd. LITEC, collection Droit@Litec Maîtriser, Paris 2001,157 p.

LAMERE (J-M.), LEROUX (Y.) & TOURL (Y-J.), *La sécurité des réseaux, méthodes et techniques*, Édition DUNOD informatique, Paris, 1989, 392 p.

LARRIEUX (J.), *Droit de l'Internet*, Ellipses Marketing, 2e éd., Paris, 2010, 120 p.

LAURENT (J.), *L'histoire secrète de Wikileaks, enquête sur la première grande affaire d'espionnage du XXIe siècle*, Collection contre-enquête, DL 2011, 272 p.

LEDJOU (J-M.), & RANDRIANASOLO-RAKOTOBE (H.), *Des réseaux et des hommes, les Suds à l'heure des technologies de l'information et de la communication*, Éditions Gemdev-Karthala, Paris, 2013, 432 p.

LEMOINE (V.), *Le régime juridique des constatations policières sur Internet*, éditions L'Harmattan, Paris, 2014, 266 p.

LEPAGE (A.), *Libertés et Droits fondamentaux à l'épreuve de l'Internet*, Litec, Paris, éd. Juris-Classeur, 2002, 328 p.

LEROY (F.), *Réseaux sociaux et Cie, le commerce des données personnelles*, Actes Sud, questions de société, 2013, 240 p.

MARTIN (D.), *La criminalité informatique Cybercrime : sabotage, piratage, etc. évolution et répression*, Éditions presses universitaires de France, Collection Criminalité internationale, 1997, 196 p.

MATTATIA (F.), *Traitement des données personnelles, le guide juridique, la loi informatique et libertés et la CNIL, Jurisprudences,* Éditions EYROLLES, Paris, 2013, 188 p.

Internet et les réseaux sociaux : que dit la loi ? », 2e éd, Paris, Ed EYROLLES, 2016, 237 p.

Le droit des données personnelles, 2e éd, Paris, Ed EYROLLES, 2016, 234 p.

MOREILLON (L.), & WILLI-JAYET(A.), *Coopération judiciaire pénale dans l'Union européenne*, Collection dirigée par Christine KADDOUS et Pierre MERCIER, HELBING & LICHTENHAHN, BRUYLANT, LGDJ, 2005, 798 p.

OSSAMA (F.), *Les nouvelles technologies de l'information : enjeux pour l'Afrique subsaharienne*, Paris, Montréal, L'Harmattan, 2001, 194 p.

OUATTARA (A.), *La preuve électronique, étude de droit comparé Afrique, Europe*, Canada, collection Horizons Juridiques Africains, Centre de Droit économique, PUF d'Aix-Marseille, 2011, 222 p.

PIETTE-COUDOL (T.), *La signature électronique*, Éditions Litec, Paris, 2001, 131 p.

QUEMENER (M.) & CHARPENEL (Y.), « *Cybercriminalité : droit pénal appliqué* », Éditions Economica, 2010, 272 p.

QUEMENER (M.), *Cybercriminalité : défi mondial*, Édition Economica, Paris, 2007, 308 p.

ROSE (P.), *Menace sur les autoroutes de l'information*, Paris, L'Harmattan, 1996, 314 p.

La Criminalité informatique Paris, Coll. Que-sais-Je ? PUF, 1987, 128 p.

La criminalité informatique à l'horizon, Saint-Denis, IHESI, 1992, 165 p.

ROSE (C.) & LAMERE (J-M.), *Menaces sur les autoroutes de l'information*, Ed. L'Harmattan, 2000, 314 p.

SOUPIZET (J-F.), *La fracture numérique Nord-Sud*, collection « Nouvelles Technologies de l'Information et de la Communication », éditions Economica, Paris, 2005., 248 p.

TOURE (P-A.), *Le traitement de la cybercriminalité devant le juge : L'exemple du Sénégal*, Éditions L'Harmattan, mars 2014, 618 p.

VENTRE (D.), *Cyberattaque et Cyberdéfense*, éditions LAVOISIER, Hermès science, collection cyberconflit et cybercriminalité, Paris, 2011 ; 312 p.

VERBIEST (T.) & WERY (E.), *Le droit de l'Internet et de la société de l'information,* Bruxelles, Larcier, 2001, 648 p.

VIRILIO (P.), *La bombe informatique*, édition Galilée, collection l'espace critique dirigée par Paul VIRILIO, Paris, 1998, 160 p.

II- THÈSES ET MÉMOIRES

ALBRIEUX (S.), « La responsabilité du Fournisseur de Moyens de Communication électronique », Université Panthéon-Assas, Paris II, Thèse de Droit privé, 2004, 371 p.

ANMONKA TANO-BIAN (J-A.), « La répression de la cybercriminalité dans les États de l'Union européenne et de l'Afrique de l'Ouest », Université de Paris Descartes, 2015, 642 p.

ARNAL (J.), « Cybercriminalité et droit pénal », Université de Montpellier I, Thèse de droit privé, 2008, 539 p.

Beraud (C.), « Les libertés individuelles confrontées à la cybercriminalité », Aix-Marseille, 2015, 404 p.

BOOS (R.), « La lutte contre la cybercriminalité au regard de l'action des États ». Droit. Université de Lorraine, 2016, 408 p.

CASILE (J-F.), « Le Code pénal à l'épreuve de la délinquance informatique », Thèse de droit et de Science politique, Presses universitaires d'Aix-Marseille, 2002, 559 p.

CHAMPY (G.), « La fraude informatique », thèse de droit, Aix-Marseille III, 1990., 370 p.

CHAWKI (M.), « Le droit pénal à l'épreuve de la cybercriminalité : étude comparative de la politique criminelle face aux NTIC », Lyon 3, 2006, 929 p.

COUMET (C.), « Données personnelles et réseaux sociaux », Mémoire, Université Paul Cézanne U III, 2008-2009, 85 p.

EL CHAER (N.), « La criminalité informatique devant la justice pénale », Université de Poitiers, thèse sous la direction de Jean PRADEL, 2003, 463 p.

HARIVEL (J.), « Libertés publiques, libertés individuelles Risques et enjeux de la société numérique », Université Paris 1 Panthéon Sorbonne, 2018, 632 p.

Jong Ho Choi, « Les comportements des internautes et l'évolution de la cybercriminalité : Étude comparée entre la France et la Corée du Sud », Montpellier 1,2007, 460 p.

KABORE (A.), « La problématique des perquisitions et saisies en ligne en Afrique de l'Ouest : état des lieux et perspectives Cas du Burkina Faso, du Mali, du Sénégal et du Togo », Mémoire de master, Université Gaston Berger, Année Académique 2006-2007,83 p.

O Mouhamadou, « L'administration électronique et le droit public », Thèse de droit public, Université de Paris 1, 2004, 395 p.

ROBIN (J-N.), « La matière pénale à l'épreuve du numérique », Université de Rennes 1, 2017, 681 p.

SERRES (D.) & CLUZEAU (A.), « La Cybercriminalité nouveaux enjeux de la protection des données », Université Laval, Mémoire de Maîtrise en droit de l'entreprise, 2008, 73 p.

Vallet (C.), « La réglementation des contenus illicites circulant sur le réseau Internet en droit comparé », mémoire, Université Laval de Québec, 2005, 145 p.

VERGUCHT (P.), « La répression des délits informatiques dans une perspective internationale », 1996, Montpellier, 551 p.

ZAGBA (F.), « La protection du consommateur numérique en Côte d'Ivoire : cas de la téléphonie mobile », Mémoire, Université Catholique de l'Afrique de l'Ouest, 2014-2015, 117 p.

III -ARTICLES

AL-NEMRAT (A.), JAHANKHANI (H.) & PRESTON (D-S.), « Global Security, Safety, and Sustainability Communications » in *Computer and Information Science*, Volume 92, 2010, pp. 55-62.

ANDRIEU (E.), « Internet et la protection des données personnelles », Legicom, 2000/1 et 2, pp. 155 -166.

BALL (L-D.), « Computer Crime in The Information Technology Revolution », T. FORESTER (Cambridge, MIT Press), 1985 pp. 543-544.

BELLOIR (P.), « La répression pénale du ''phishing'' », RLDI, 2006, n° 12 pp. 30-57.

« L'application des règles de procédure pénale aux infractions commises sur le réseau Internet », Legalis.net. 2002. II, pp. 6-21.

BIGOT (J-P.), « Dépolluer le numérique : le filtrage d'Internet est souhaitable, mais pas sans une réforme de sa gouvernance », Gazette du Palais 24 juillet 2010, n° 205, pp. 15-25.

BURGORGUE-LARSEN (L.), « Les nouvelles technologies », Pouvoirs, 2009/3, n° 130, pp. 65-80.

CAPITANT (S.), « La radio en Afrique de l'Ouest, un ''média carrefour'' sous-estimé ? », *Réseaux* 4/2008, n° 150, pp. 189-217.

CASILE (J-F.), « Plaidoyer en faveur d'aménagements de la preuve de l'infraction informatique », *Rev. sc. crim.,* janvier-mars 2004, pp. 65-76.

CHENEAU-LOQUAY (A.), « L'Afrique au seuil de la révolution des Télécommunications, les grandes tendances de la diffusion des TIC », *Afrique contemporaine*, 2010/2, n° 234, pp. 93-112.

DEBOVE (F.), « Vers un droit pénal de la criminalité organisée ?», Petites affiches, n° 226, 12 novembre 2002, pp. 6.-14.

DE LA CHAPELLE (B.), « Souveraineté et juridiction dans le cyberespace » in *Hérodote* Revue de géographie et de géopolitique, 2014/1-2, n° 152-153.

DIOUF (N.), « Infraction en relation avec les nouvelles technologies de l'information et procédure pénale : l'inadaptation des réponses nationales face à un phénomène de dimension internationale », Afrilex, n° 4, 2004, pp. 267-292.

FAYARD (M-C.), - « La localisation internationale de l'infraction », Rev. sc. crim., 1968, pp. 753-779.

FRANCILLON (J.), « Le droit pénal face à la cyberdélinquance et à la cybercriminalité », RLDI, 2012, pp. 99-106.

« Les crimes informatiques et d'autres crimes dans le domaine de la technologie informatique en France », Revue inter. Dr. PEN., 1993, pp. 191-317.

Grabosky, (P.), « Computer crime in a bordeless World », Annales internationales de criminologie, 2000, vol, XXXVIII, n° 1/2, pp. 67-92.

GRANDE (E.), « Droit pénal et principe de légalité : la perspective du comparatiste », *Revue internationale de droit comparé.*, Vol. 56, n° 1,2004., pp. 119-129.

GRUNVALD (S.), « Police et LOPPSI 2 : quels enjeux pour la justice pénale ? », *Archives de politique criminelle*, 2011/1, n° 33, pp. 63-78.

HAGUENAU (C.), « Sanctions pénales destinées à assurer le respect du droit communautaire », Revue de Marché Commun de l'Union européenne, avril 1993, pp. 354-355.

HERZOG (J-B.), « La compétence des juridictions pénales pour les infractions commises à l'étranger, Études de droit contemporain, Contribution française au 7e congrès international de droit comparé », Uppsala, 1966, p. 553, n° 18.

ITEANU (O.), « L'Icann, un exemple de gouvernance originale ou un cas de law intelligence ? », Les Cahiers du numérique, 2/ 2002, Vol. 3, pp. 145-157.

LACROIX (D.), « Ranger la terre. Le nommage des domaines est-il l'expression d'une stratégie des États-Unis de domination des réseaux ? » in *Hérodote* Revue de géographie et de géopolitique, 2014/1-2, n° 152-153.

LAFRANCE (J-P.), « Le laboratoire Internet, Réseaux », 1996, volume 14, n° 77, pp. 171-183.

LARDEUX (G.), « Les cyberdélits », Rev. Lamy droit de l'Immatériel, 2012, pp. 84-93.

LEJEUNE (F.), « Contrefaçon, Internet et compétence internationale : le droit d'auteur échapperait-il à la théorie de la focalisation ? », Auteurs & Média, 2044/4-5, pp. 425-442.

LEPREVOST (F.) & WARUSFEL (B.), « Échelon : origines et perspectives d'un débat transnational », *Annuaire français de Relations internationales,* volume 2, 2001, Éd. Bruylant, pp. 865-888. »

LEVY (M.), « Les fournisseurs d'accès et d'hébergement face à la cybercriminalité », Paris, GP, 2005, pp. 33- 37.

MARTIN (D.), « La cybercriminalité : une criminalité à géométrie variable », in *Rapport moral sur l'argent dans le Monde 2005*, Revue d'économie financière, 2005, pp. 101-114.

NOCETTI (J.), « Internet, gouvernance et démocratie », Politique étrangère, 4/2014, Hiver, pp. 198-201.

PADOVA (Y.), « Un aperçu de la lutte contre la cybercriminalité en France », RSC, 2002, pp. 765 -781

PESCATORE (P.), « Le recours, dans la jurisprudence de la Cour de justice des Communautés européennes, à des normes déduites de la comparaison des droits des États membres » in *Revue internationale de droit comparé*, vol. 32, n°2, Avril-juin 1980, pp. 337-359.

POIDEVIN (B.) & GELLES (V.), « Internet mobile, les applications iPhone et la LCEN », Expertises décembre 2010, n° 353, pp. 423-425.

SOULIER (J-L.) & SLEE(S.), « La protection des données à caractère personnel et de la vie privée dans le secteur des communications électroniques. Perspective française », Revue internationale de droit comparé, Vol. 54, N° 2, avril-juin 2002, pp. 663-676.

STIG (S.), « Ordinateurs et droit (à propos d'un projet de loi suédois sur les ordinateurs) », Revue internationale de droit comparé. Vol. 25, N° 1, janvier-mars 1973, pp. 55-67.

TOZZO (E.), « La réforme des médias publics en Afrique de l'Ouest, Servir le gouvernement ou le citoyen », Politique africaine, 2005/1, n° 97, pp. 99-115.

TRUDEL (P.), « Le droit de l'Internet au Canada », in *L'Internet et le droit - Droit français, européen et comparé de l'Internet*, Paris, Victoire Éditions, PUF, 2001, pp. 157-178.

« L'influence d'Internet sur la production du droit » in Georges CHATILLON. *Le droit international de l'Internet*. Brussels, Bruylant, 2003, pp. 89-101.

« Les mutations du droit à l'âge numérique » in Hervé FISCHER (éd.). *Les défis du cybermonde*. City of Québec, P.U.L., 2003, pp. 51-55.

« L'élaboration des règles de conduite pour les environnements Internet : éléments de méthode » in Daniel POULIN, Éric LABBÉ, François JACQUOT & Jean-François BOURQUE., *Guide juridique du commerçant électronique*, Montréal, Éditions Thémis, 2003 pp. 285-306.

« La responsabilité civile sur Internet selon la Loi concernant le cadre juridique des technologies de l'information » in *SERVICE DE LA FORMATION PERMANENTE, BARREAU DU QUÉBEC*., « Développements récents en droit de l'Internet », Cowansville, Éditions Yvon Blais, 2001, pp. 107-141

VIVANT (M.), « Les captations illicites de signaux parasites et le Nouveau Code pénal », Revue droit et défense, 1994, n° 3, pp. 4.-9

WARUFSEL (B.), « Procédure pénale et technologies de l'information : De la Convention sur la Cybercriminalité à la Loi sur la sécurité quotidienne », Revue Droit & Défense, n° 1,2002, pp. 17-22.

WARUFSEL (B.), « La sécurité nationale, nouveau concept du droit français », in *Les différentes facettes du concept juridique de sécurité – Mélanges en l'honneur de Pierre- André Lecocq*, Lille2, décembre 2011, pp. 461-476.

WEILL (P-A.), État de la législation et tendances de la jurisprudence relative à la protection des données personnelles en droit pénal français, Revue internationale de droit comparé, vol. 39 n° 3, juillet- septembre 1987, pp. 655-675.

Wojcik (S.), « Prendre la démocratie électronique au sérieux. De quelques enjeux et controverses sur la participation politique en ligne », in E. Forey et C. Geslot (dir.), *Internet, machines à voter, démocratie,* L'Harmattan, pp.111-141.

IV- COLLOQUES ET CONFÉRENCES.

Actes du VIIIe Congrès de l'Association française de droit pénal organisé du 28 au 30 novembre 1985 à l'Université de Grenoble, Le droit criminel face aux Technologies nouvelles de la Communication, Agence de l'informatique, Economica, Paris, 1986.

Actes du 2e colloque africain sur la Recherche en Informatique CARI 94, 12-18 octobre

1994, Ouagadougou (Burkina Faso) éditeur scientifique, Joachim ORSTOM, Institut français de Recherche scientifique pour le développement en coopération, collection Colloques et séminaires, Paris, 1994.

12e Colloque sur l'informatique juridique en Europe, Ljubjana (Slovénie), 2-4 octobre

1995 : Les registres informatisés dans le secteur public (en droit civil, pénal et administratif), Council of Europe, collection Informatique et droit.

Conférence interministérielle de l'OCDE : un monde sans frontière concrétiser le potentiel du commerce électronique 1998, Ottawa 7-9 octobre 1998, Direction de la Science de Technologie et de l'industrie, Comité de Paris, OCDE, 1998.

Colloque de l'Institut de Recherche en propriété intellectuelle HENRI-DESBOIS : Commerce électronique et propriétés intellectuelles, Paris, novembre 2000.

Colloque organisé le 6 octobre 2000 par l'institut de Recherches Carré de malberg, La convention EUROPOL l'émergence d'une police européenne ? Collection de l'université Robert Schuman, Presses universitaires de Strasbourg, 2001.

Colloque de l'IRPI « Contrefaçon sur Internet : les enjeux du droit d'auteur sur le web 2.0 », Paris, octobre 2008.

Communication de la Commission européenne, « Vers une politique générale en matière de lutte contre la cybercriminalité », MEMO/07/199, 22 mai 2007.

FAUVARQUE- COSSON B. et ZOLINSKY C., Colloque du 11 octobre 2013 : le cloud computing, l'informatique en nuage, société de législation comparée : juin 2014.

Protection de la vie privée dans la société de réseaux mondialisée : une conférence internationale de l'OCDE avec le soutien du comité consultatif économique et industriel auprès de l'OCDE, BIAC, collection les documents de travail de l'OCDE, Paris 16-17 février 1998.

V -TEXTES DE LOI

- Acte uniforme relatif au droit des sociétés commerciales et du groupement d'intérêt économique en date du 30 janvier 2014 (entré en vigueur le 5 mai 2014).
- Charte africaine des Droits de l'Homme et des Peuples, adoptée par la dix-huitième Conférence des Chefs d'État et de gouvernement le 27 juin 1981 à Nairobi au Kenya et entrée en vigueur le 27 octobre 1986.
- Convention du Conseil de l'Europe et des États non membres relative à la lutte contre la cybercriminalité du 23 novembre 2001, complétée par son protocole additionnel relatif à l'incrimination d'actes de nature raciste et xénophobe commis par le biais de systèmes informatiques.
- Convention de l'Union africaine sur la cybersécurité et la protection des données à caractère personnel, adoptée par la 23e Session ordinaire de la Conférence de l'Union à Malabo, le 27 juin 2014.
- Décret n° 2000-405 du 15 mai 2000 portant création de l'Office central de lutte contre la criminalité liée aux technologies de l'information et de la communication (OCLCTIC), NOR : INTX0004111D.
- Décret n° 2011/1521/PM du 15 juin 2011 fixant les modalités d'application de la loi n° 2010/021 du 21 décembre 2010 régissant le commerce électronique au Cameroun.
- Loi n° 2010/012 du 21 décembre 2010 relative à la cybersécurité et la cybercriminalité au Cameroun.
- Loi n° 2010/013 régissant les communications électroniques au Cameroun.
- Loi n 2010/021 du 21 décembre 2010 régissant le commerce électronique au Cameroun.
- Loi n° 2000/010 du 19 décembre 2000 régissant les archives au Cameroun.
- Résolution de l'ONU 45/95 du14 décembre 1990 adoptant les principes directeurs pour la réglementation des fichiers informatisés contenant des données à caractère personnel et sur

les Principes de Paris concernant le statut et le fonctionnement des institutions nationales pour la protection et la promotion des droits de l'Homme, adoptés par Résolution 48/134 de l'Assemblée générale de l'ONU le 20 décembre 1993.

TABLE DES MATIÈRES

Structures éditoriales du groupe L'Harmattan

L'Harmattan Italie
Via degli Artisti, 15
10124 Torino
harmattan.italia@gmail.com

L'Harmattan Hongrie
Kossuth l. u. 14-16.
1053 Budapest
harmattan@harmattan.hu

L'Harmattan Sénégal
10 VDN en face Mermoz
BP 45034 Dakar-Fann
senharmattan@gmail.com

L'Harmattan Cameroun
TSINGA/FECAFOOT
BP 11486 Yaoundé
inkoukam@gmail.com

L'Harmattan Burkina Faso
Achille Somé – tengnule@hotmail.fr

L'Harmattan Guinée
Almamya, rue KA 028 OKB Agency
BP 3470 Conakry
harmattanguinee@yahoo.fr

L'Harmattan RDC
185, avenue Nyangwe
Commune de Lingwala – Kinshasa
matangilamusadila@yahoo.fr

L'Harmattan Congo
67, boulevard Denis-Sassou-N'Guesso
BP 2874 Brazzaville
harmattan.congo@yahoo.fr

L'Harmattan Mali
Sirakoro-Meguetana V31
Bamako
syllaka@yahoo.fr

L'Harmattan Togo
Djidjole – Lomé
Maison Amela
face EPP BATOME
ddamela@aol.com

L'Harmattan Côte d'Ivoire
Résidence Karl – Cité des Arts
Abidjan-Cocody
03 BP 1588 Abidjan
espace_harmattan.ci@hotmail.fr

L'Harmattan Algérie
22, rue Moulay-Mohamed
31000 Oran
info2@harmattan-algerie.com

L'Harmattan Maroc
5, rue Ferrane-Kouicha, Talaâ-Elkbira
Chrableyine, Fès-Médine
30000 Fès
harmattan.maroc@gmail.com

Nos librairies en France

Librairie internationale
16, rue des Écoles – 75005 Paris
librairie.internationale@harmattan.fr
01 40 46 79 11
www.librairieharmattan.com

Librairie l'Espace Harmattan
21 bis, rue des Écoles – 75005 Paris
librairie.espace@harmattan.fr
01 43 29 49 42

Lib. sciences humaines & histoire
21, rue des Écoles – 75005 Paris
librairie.sh@harmattan.fr
01 46 34 13 71
www.librairieharmattansh.com

Lib. Méditerranée & Moyen-Orient
7, rue des Carmes – 75005 Paris
librairie.mediterranee@harmattan.fr
01 43 29 71 15

Librairie Le Lucernaire
53, rue Notre-Dame-des-Champs – 75006 Paris
librairie@lucernaire.fr
01 42 22 67 13

www.ingramcontent.com/pod-product-compliance
Lightning Source LLC
LaVergne TN
LVHW011311061026
849535LV00005B/1507